Grundlagen der kommunalen Fremdenverkehrsförderung
Kommunale Fremdenverkehrsbetriebslehre

Prof. Dr. Hartmut Luft

Grundlagen der kommunalen Fremdenverkehrsförderung
Kommunale Fremdenverkehrsbetriebslehre

2., erweiterte und aktualisierte Auflage

FBV Medien-Verlags GmbH

Die Deutsche Bibliothek — CIP-Einheitsaufnahme

Luft, Hartmut:
Grundlagen der kommunalen Fremdenverkehrsförderung : Kommunale Fremdenverkehrsbetriebslehre / Hartmut Luft. – 2., erw. Aufl.
Limburgerhof : FBV-Medien-Verl.-GmbH, 1995

ISBN 3-929469-07-3

2., erweiterte Auflage 1995
© FBV Medien-Verlags GmbH, D-67117 Limburgerhof, 1995
Alle Rechte vorbehalten. Nachdruck, auch auszugsweise,
nur mit Genehmigung des Verlags.
Layout und Druckvorlage: Jürgen Herber
Druck: Druck Partner Rübelmann, Hemsbach
Printed in Germany

ISBN 3-929469-07-3

Inhaltsverzeichnis

Vorwort IV
Anmerkungen zur 2. Auflage VI

I.   Zielsetzung der kommunalen Fremdenverkehrsförderung 1

II.   Ausgangsbetrachtungen für die kommunale Fremdenverkehrsförderung .. 2
    1 Die fremdenverkehrsörtliche Problemsituation 2
    2 Die touristischen Aufenthaltsbedingungen eines Fremdenverkehrsortes 3
       a. Standortbegründende touristische Angebotsfaktoren 3
       b. Das kapazitätsbezogene touristische Angebot 7
          (1) Das gewerbliche Angebot 7
          (2) Das öffentliche touristische Angebot 8
       c. Standortfördernde touristische Angebotsfaktoren 11
    3 Die Zusammensetzung des fremdenverkehrsörtlichen Nachfrageaufkommens 13
    4 Nachfragetendenzen 19
    5 Der Fremdenverkehr in Wechselbeziehung mit der Ortsbevölkerung 22

III. Die Standorte des Kur- und Erholungsverkehrs 24
    1 Begriffsbestimmung für Kur- und Erholungsorte 24
    2 Unterteilung der Kur- und Erholungsorte 25
       a. Traditionelle Gliederung 25
       b. Ordnungssystematik der staatlichen Anerkennung als Kur- und Erholungsort 25
       c. Reformen im Anerkennungsverfahren 29
    3 Heilkurverkehr und Kurformen 29
    4 Kur- und Erholungsorte im Wandel 32

IV. Orientierungsrahmen für die kommunale Fremdenverkehrsorganisation 34

V.   Die Gemeinde/Stadt als Organisationsträger der kommunalen Fremdenverkehrsförderung 36
    1 Die gemeinwirtschaftliche Aufgabenstellung der Gemeinde/Stadt 36
       a. Grundlegende Angebotspolitik 36
       b. Grundlegende Kommunikationspolitik 36
          (1) Allgemeine Werbung 38
          (2) Öffentlichkeitsarbeit 46

2 Überblick über die gemeindeeigenen Trägerschaftsformen für die kommunale Fremdenverkehrsförderung 48
3 Die Wahl der angemessenen Organisationsform 49
4 Kommunale Wirtschaftsunternehmen ohne Rechtspersönlichkeit 51
   a. Fremdenverkehrsamt (reiner Regiebetrieb) 51
   b. Kurverwaltung (Eigenbetrieb) 54
5 Effizienzbewertung der Fremdenverkehrsförderung durch reine Regiebetriebe und Eigenbetriebe 60
6 Die GmbH (Eigengesellschaft) in der Alternativdiskussion 62

VI. Die gesamtörtliche Wahrnehmung der Absatzfunktion 65
1 Das erweiterte (absatzorientierte) Aufgabenfeld der kommunalen Fremdenverkehrsförderung 65
2 Kooperativ organisierte Fremdenverkehrsförderung 68
   a. Die GmbH als „Beteiligungsgesellschaft" 68
   b. Fremdenverkehrsverein 71
3 Gesamtörtliche Vermarktungsaktivitäten 79
   a. Touristik-Service mit Zimmernachweis/Zimmervermittlung 81
   b. Zimmervermittlung im EDV-Verbund mit Reisebüros 87
   c. Verkaufswerbung/Marketingservice 92
   d. Eigentouristik (Eigenveranstaltung) 92
   e. Distributionspolitik (Verkaufsförderung/Verkauf) 97

VII. Kooperationsstrukturen zur intraregionalen, interregionalen und nationalen Zusammenarbeit im Fremdenverkehr 103
1 Fremdenverkehrsgemeinschaften 103
2 Landesfremdenverkehrsverbände 106
3 Deutscher Fremdenverkehrsverband (DFV) 109
4 Deutsche Zentrale für Tourismus (DZT) 110

VIII. Fremdenverkehrsörtliche Einnahmen 114
1 Rechtsgrundlagen und Rechtfertigung für die fremdenverkehrsspezifischen Abgaben „Kurabgabe" und „Fremdenverkehrsabgabe" 114
2 Kurabgabe 116
3 Fremdenverkehrsabgabe 119
4 Zweitwohnungssteuer 121

IX. Der Umgang mit der Fremdenverkehrsstatistik 124
1 Grundlegendes über die offiziellen Fremdenverkehrsstatistiken 124
   a. Amtliche Fremdenverkehrsstatistik 124
   b. Bäderstatistik 126

2 Gesamtörtliche Entwicklungs- und Situationsbeschreibungen des Übernachtungsverkehrs 127
   a. Fremdenverkehrsnachfrage 127
      (1) Gästeankünfte (Fremdenmeldungen) 127
      (2) Gästeübernachtungen 128
      (3) Übernachtungsintensität 128
   b. Beherbergungsangebot 129
   c. Allgemeine Strukturdaten 131
      (1) Durchschnittliche Aufenthaltsdauer 131
      (2) Durchschnittliche Kapazitätsauslastung 132
3 Grundlegende Bewertung der Beherbergungskapazität 133
   a. Entwicklungsbeurteilung des Bettenangebots im Spiegelbild der Übernachtungsentwicklung 133
   b. Die Ausprägung des Saisonverlaufs und die Bewertung der Betriebsgrößen des Beherbergungsgewerbes 134
   c. Zur Frage des zukünftigen gewerblichen Beherbergungsbedarfs 136

X. Das Messen der wirtschaftlichen Bedeutung des Fremdenverkehrs 139

Anhang A 148
Muster eines Gesellschaftsvertrages
Gründung einer Gesellschaft mit beschränkter Haftung
(„Beteiligungsgesellschaft")

Anhang B 158
Veranschaulichungen der Datenaufbereitung am Beispiel Eutin

Literaturverzeichnis 171

Der Autor 174

Sachregister 175

Vorwort

Die globale wissenschaftliche Auseinandersetzung mit dem örtlichen Fremdenverkehrsgeschehen hat ihren Ausgang in der Sozialgeographie gefunden und dadurch von vornherein eine sozialwissenschaftliche und zugleich wesensgerechte mehrdimensionale Grundperspektive eingenommen. In dieser generalisierenden raumfunktionalen Betrachtungsweise ist aber auch die wissenschaftliche Grundlegung als „Fremdenverkehrslehre" lange Zeit verharrt geblieben. Außerdem hat die sozialpolitische Bedeutung, die dem Erholungsverkehr unbestreitbar zugeschrieben ist, entscheidend dazu beigetragen, daß die Fremdenverkehrspolitik zunächst nur auf die Konsumorientierung eingestellt blieb. Erst die gewachsene Erkenntnis von der existenzsichernden Bedeutung des Fremdenverkehrs in strukturschwachen, jedoch landschaftlich reizvollen Gegenden, nämlich seine positive Wirkung auf die Erwerbswirtschafts- und Beschäftigungslage, hat dazu geführt, daß sich heute die Fremdenverkehrspolitik den wirtschaftlichen Erfolgsbeziehungen ausgesetzt sieht und diese im konkreten Sinne auf Gemeindeebene als „KOMMUNALE FREMDENVERKEHRSFÖRDERUNG" verfolgt werden. Die kommunale Fremdenverkehrsförderung nimmt im Gesamtsystem der Tourismuswirtschaft den Auswahlgesichtspunkt „Incoming" ein, ihr spezifisches Problemfeld umfaßt das Ergiebigkeitsstreben in der gesamtörtlichen touristischen Leistungserbringung und -vermarktung.

Die vorliegende lehrbuchmäßige Abhandlung hierüber erhebt nicht den Anspruch einer systematisch-generalisierenden Betrachtung im Sinne einer „reinen Theorie", sondern sie sieht sich vielmehr der praktisch-normativen Tourismusforschung zugerechnet, die dem konkreten Anwendungsbezug und somit der Beratung der Praxis dient. Hierbei schließt die teleologische Betrachtung auch eine Beimischung kausaler Zusammenhänge ein, die naturwissenschaftlicher bzw. psychologischer bzw. soziologischer Natur sind.

Das Buch wendet sich zum einen an Studenten der Aus- und Weiterbildung im Lehrbereich Tourismus an Universitäten, Fachhochschulen, Akademien und Fachschulen sowie an Teilnehmer berufsbegleitender Fortbildungsgänge und -veranstaltungen; zum anderen aber auch an Praktiker, denen es einen umfassenden Überblick über die Voraussetzungen, Zielsetzung und Aufgabenstellung, organisatorische Anforderungen und Vorgänge sowie über die Ausführungs- und Bewertungsweise der kommunalen Fremdenverkehrsförderung geben will. Die Konzeption ist so angelegt, daß sie beiden Zielen gerecht zu werden versucht. Daher stehen Verständlichkeit, Anschaulichkeit, Klarheit und Praxisbezug im Vordergrund der Darstellung, so daß diese Einführung auch für eine berufliche Vororientierung geeignet erscheint.

Vorwort

Es ist unzweifelhaft dem Verdienst bestimmter Fachhochschulen zuzuschreiben, daß sie neben der Reiseverkehrswirtschaft und dem Beherbergungs- und Restaurationsgewerbe auch den öffentlich orientierten Fremdenverkehr als spezielles Forschungs- und Lehrgebiet dem Studiengang Tourismuswirtschaft innerhalb ihres Fachbereichs Wirtschaft zugeordnet und damit die kommunale Fremdenverkehrsförderung als kaufmännisch-wirtschaftliche Führungsdisziplin begründet haben.

Der kommunalen Fremdenverkehrsförderung liegt der Fremdenverkehrsort als „Multi-Produkt" zugrunde. In einzelwirtschaftlicher Sicht verkörpert der betreffende örtliche Organisationsträger gleichermaßen ein tourismusspezifisches Wirtschaftsunternehmen wie ein Reiseverkehrsunternehmen. Für die kaufmännisch-wirtschaftlichen Führungsanforderungen kann dieses vorliegende Buch als Einführungslehre im Sinne einer **„KOMMUNALEN FREMDENVERKEHRSBETRIEBSLEHRE"** dienen, des weiteren müssen die übrigen betriebswirtschaftlichen Teildisziplinen, nämlich Rechnungswesen, Marketing, EDV und Wirtschaftsrecht einen fundierten spezifischen Wissens- und Kenntnisstand vermitteln. Diesem einführenden Buch **„GRUNDLAGEN DER KOMMUNALEN FREMDENVERKEHRSFÖRDERUNG"** sollen deshalb zusätzliche funktionsbezogene Abhandlungen folgen.

Wilhelmshaven, im Sommer 1994   Hartmut Luft

Anmerkungen zur 2. Auflage

Die Tatsache, daß die 1. Auflage bereits nach fünf Monaten vollständig nachgefragt wurde, verleitet zu der Feststellung, daß den betreffenden Studenten der Aus- und Weiterbildung ein komplexes praxisorientiertes Lehrbuch und den betreffenden Praktikern ein entscheidungsorientierter Leitfaden für die fachgerechte Erfüllung aller Organisations- und Arbeitsabläufe in der kommunalen Fremdenverkehrsförderung gefehlt hat. Die Kombination einer theorieorientierten Darstellung der Grundlagen und einer Präsentation realer Planungsprobleme erweist sich als ein didaktisches Grundprinzip, das sowohl der Hochschulausbildung als auch der Fremdenverkehrspraxis angemessen gerecht wird.

Gegenüber der 1. Auflage zeichnet sich die vorliegende Fassung zum einen dadurch aus, daß in die Ausführungen zur gesamtörtlichen Vermarktung **Antworten auf aktuelle Rechtsfragen** sowie Aussagen über die **Bedingungen und Erfolgsaussichten EDV-gestützter Vertriebswege** einbezogen worden sind. Jenen Fremdenverkehrsstädten, die durch einen selbständig geführten Organisationsträger eine marktgerechtere Fremdenverkehrsarbeit verwirklichen möchten, wird mit dem vorgelegten **Beispiel eines Gesellschaftsvertrages (Gründung einer GmbH als „Beteiligungsgesellschaft")** im Anhang A aufgezeigt, wie ein solches Vorhaben aus rechtlicher Sicht vollzogen werden kann. Daneben wurden an zahlreichen Textstellen kleinere und größere Ergänzungen eingefügt sowie Beispiele aktualisiert.

Wilhelmshaven, im Frühjahr 1995　　　　　　　　　　　　　　　　　　Hartmut Luft

I. Zielsetzung der kommunalen Fremdenverkehrsförderung

Der Fremdenverkehrsort ist maßgebend für den touristischen Aufenthalt und dadurch für die Nachfrage von touristischen Leistungen. Sein Pull-Effekt kann auf vielfältigen und unterschiedlichen touristisch relevanten Anziehungsfaktoren beruhen. Um die Aufenthaltsorientierung und -gestaltung der Gäste zu begünstigen, müssen im gesamtörtlichen Sinne entsprechende Voraussetzungen geschaffen sowie entsprechende Maßnahmen/Aktivitäten vollzogen werden. Dieses Aufgabenfeld ist der kommunalen Fremdenverkehrsförderung zuzuschreiben. Es ist ein gesamtörtlich orientiertes Handeln unter der zweckbezogenen Betrachtung der Ergiebigkeit aus Reiseaufenthalten. Hierbei spiegeln die Beteiligten am örtlichen Fremdenverkehrsgeschehen, nämlich die Nachfrager und Anbieter, ihre unterschiedlichen Interessen wider; sie betreffen den immateriellen bzw. materiellen Nutzen aus Reiseaufenthalten.

II. Ausgangsbetrachtungen für die kommunale Fremdenverkehrsförderung

1 Die fremdenverkehrsörtliche Problemsituation

Touristen nehmen in einem Fremdenverkehrsort im allgemeinen keine isolierte Leistung in Anspruch, sondern ein **Leistungsbündel**. Es sind durchweg mehrere, verschiedene Angebotsfaktoren, die einen vollkommenen Reiseaufenthalt bewirken sollen: reizvolle landschaftliche Gegebenheiten, Beherbergungs- und Verpflegungsleistungen, Möglichkeiten für Erholungsaktivitäten, Möglichkeiten des Kultur- und Kunstgenusses, Unterhaltungserlebnisse etc. Alle diese Gästebedürfnisse lösen eine **Komplementärsituation** aus. Die touristischen Angebotselemente sind nicht nur in einer Ergänzung zu sehen, sondern sie bedingen sich auch, d.h., sie sind in der Gesamtbeurteilung voneinander abhängig. Wird den Gästen z.B. ein ungepflegter Strand oder eine schlechte Essensqualität oder eine unzureichende örtliche Verkehrsberuhigung geboten, dann geht jeder negative Angebotsfaktor zu Lasten des Gesamtangebots eines Ortes und bedeutet somit auch eine Beeinträchtigung für alle Anbieter.

Die touristische Nachfrage empfindet dementsprechend einen Fremdenverkehrsort als „**ganzheitliches Produkt**"[1]. Nicht ein konturenloses Massensortiment wird heute von dem qualitätsbewußten Touristen am Fremdenverkehrsort nachgefragt, sondern Exklusivität, d.h. ein einzigartiges ausgewogenes Angebotsprofil.

Die Probleme und Schwierigkeiten, die mit einer solchen qualitätsbezogenen Angebotspolitik verbunden sind, liegen in der Trägerschaft des gesamten touristischen Angebots begründet. Das Gesamtangebot eines Fremdenverkehrsortes wird ja schließlich nicht von einem Produzenten allein erstellt, sondern viele und verschiedene Leistungsträger nehmen Einfluß auf die örtliche Produkt- und Preispolitik, was ein örtliches Gastgeberverzeichnis eindrucksvoll aufzuzeigen vermag.

Es darf nicht verkannt werden, daß die Konzentration des touristischen Gesamtangebots in einer Hand, d.h. auf einen Träger, zweifellos die **Diversifikation** und die qualitative Abstimmung aller Angebotselemente begünstigt. Hierin werden heute gewisse Vorteile der touristischen Großunternehmen gesehen. Zu erwähnen sind Clubhotels, Clubanlagen, insbesondere aber die Ferien- und Freizeitzentren (Center Parcs, Gran Dorado, Sun Parks International u.a.), die ihren Gästen eine gut abgestimmte Angebotsvielfalt zu bieten vermögen. Ihr hoher Präferenzgrad bei den Gästen wird durch die vielen Wiederholungsbesuche und durch die hohen Auslastungszahlen bestätigt.

---

[1] Vgl. **Kaspar, Ch. / Kunz, B.**, *Unternehmensführung im Fremdenverkehr*, Bern/Stuttgart 1982, S. 46 ff.

Es soll natürlich keineswegs die bisherige fremdenverkehrsörtliche Angebotsstruktur in Frage gestellt und für touristische Großunternehmen plädiert werden. Gerade im Fremdenverkehr können den vielen kleinen und mittelgroßen Leistungsträgern nach wie vor gute Chancen im Markt eingeräumt werden. Ihre Vorteile liegen zweifellos in der Eigeninitiative und in der Kreativität des einzelnen. Aber das Einzelgängertum eines Leistungsträgers – ein kleineres Hotel allein – wird niemals die volle Gästeakzeptanz bewirken können, denn jeder Gast möchte schließlich viele Leistungswünsche als „koordinierte Gesamtheit" in Anspruch nehmen. Doch viele kleine und mittelgroße Fremdenverkehrsbetriebe werden ebenso wie ein touristisches Großunternehmen ein attraktives Gesamtangebot präsentieren können, wenn **Diversifikation in Kooperation** vollzogen wird.

Eine möglichst breite Zusammenarbeit der einzelnen örtlichen Leistungsträger erweist sich damit als Handlungsgrundlage der kommunalen Fremdenverkehrsförderung; mit ihr verbinden sich die entscheidenden **Koordinationsziele**:

☞ mit Bezug auf die **örtliche Produktpolitik** eine organisierte wechselseitige profilgerechte Abstimmung aller Angebots- und Leistungsträger;
☞ mit Bezug auf die **örtliche Absatzpolitik** ein gleichgerichtetes und gegebenenfalls gemeinsames engagiertes verkaufsorientiertes Handeln.

Es muß in organisatorischer Sicht das Ziel sein, die Wettbewerbsfähigkeit des Fremdenverkehrsstandortes sicherzustellen.

2 Die touristischen Aufenthaltsbedingungen eines Fremdenverkehrsortes

Gemeinden bzw. Städte werden nur dann als „Fremdenverkehrsort" nachgefragt, wenn Gäste bestimmte touristische Bedürfnisse dort befriedigt sehen. Das wirft zugleich die Frage auf, mit welchen Angebotsfaktoren Aufenthaltsorientierungen entscheidend verbunden werden. Es geht um das gesamte touristische Angebotspotential eines Standortes, das der Produktpolitik und ebenso auch der Kommunikationspolitik (insbesondere den Werbeaussagen) als Orientierungsgrundlage dienen kann.

a. Standortbegründende touristische Angebotsfaktoren (vgl. Abb. 1, S. 12)

Die Angebotsbasis eines Fremdenverkehrsortes ist zunächst in den **landschaftlichen Gegebenheiten** zu sehen, denn Möglichkeiten der Erholung werden im allgemeinen an reizvolle landschaftliche Aufenthaltsbedingungen geknüpft. Es sind landschaftsräumliche Erscheinungen (naturgeographische Gegebenheiten, kulturhistorische Elemente, soziologische Verhältnisse), mit denen sich eine „ursprüngliche" Anziehungskraft verbindet und die deshalb durchaus als touristisches Absatzpotential betrachtet werden müssen.[2]

Einer **„natürlichen Landschaft"** wird seit längerem ein immer größeres Gewicht beigemessen. Die Vervollkommnung der allgemeinen technischen Zivilisation führt zur wachsenden Sehnsucht nach allem, was urwüchsig und ursprünglich ist. Gleichzeitig hat sich aber auch die Einstellungsweise der Erholungssuchenden gegenüber der „Natur"-Landschaft gewandelt. So wurde in früheren Zeiten die Landschaftsbewertung mehr den Gefühlen und Stimmungen zugeordnet.[3] Der Urlaubsreisende nahm am Aufenthaltsort eine passive Orientierung zur Landschaft ein, d.h., die Landschaft wurde als „Landschaftsbild" bzw. als „Kulisse" erlebt. Heute vollzieht sich die Suche nach Landschaftserlebnissen in „aktiver" Orientierung. Man will die **Landschaft als „Aktionsfeld"** genießen, d.h. als Basis für naturverbundene erholsame Freiluftbetätigungen. Diese landschaftsräumlichen Ansprüche fordern natürlich die Raum- und Infrastrukturplanung zu entsprechenden Landschaftserschließungen für den Fremdenverkehr heraus. Die Reizwirkung einer Naturlandschaft geht eben nicht nur von optisch-ästhetischen Eindrücken aus, sondern gleichermaßen von einer ökologisch vertretbaren Zugänglichkeit bzw. Benutzbarkeit.

Aus der Reihe der Faktoren, die vom naturgeographischen Aspekt für den Erholungsraum relevant sind, ist besonders auf die **Oberflächengestaltung** (das Relief), die **hydrologischen Verhältnisse**, die **Vegetation**, das **Klima** sowie auf **Heilvorkommen** hinzuweisen. Höhenunterschiede (betr. Gebirge, Berg- und Hügelland) markieren und sind somit visuell anziehend, ebenso bieten sie Aussichtsmöglichkeiten. Mit ihnen wird vielfach auch eine Erlebniswirkung im sportlichen Sinne (Wintersport, Bergsteigen, Wandern) verbunden. Und die Nähe zum Meer, zu Flüssen und zu Seen ist gleichermaßen in einem sportlichen Bezug (Schwimmen, Bootssport, Angelsport) zu sehen. Aus der Sicht der dominierenden Urlaubsbetätigung (nämlich Spazierengehen und Wandern) gilt als vorwiegender landschaftsräumlicher Anspruch eine Waldbedeckung. Die höchste landschaftliche Reizvielfalt bietet ein häufiger Wechsel zwischen Wald-, Wasser- und landwirtschaftlichen Nutzungsflächen, wobei Randeffekte – insbesondere aufragende Uferhöhen – reizerhöhend wirken.[4]

Der Erholungswert eines Landschaftsraumes drückt sich auch als **klimatisches Wohlbefinden** aus. Die traditionelle klimatische Zuordnung auf morphologische Land-

---

[2] Vgl. **Krippendorf, J.**, *Marketing im Fremdenverkehr*, Bern 1980, S. 117.
[3] Die Beschreibungen der Landschaftsimpressionen in **Baedekers Reiseführern** belegen dies bis in die 50er Jahre.
[4] **Kiemstedt, H.**, „Zur Bewertung der Landschaft für die Erholung" in: *Beiträge zur Landespflege*, Sonderheft 1, Stuttgart 1967.

schaftstypen (z.B. waldreiche Hügellandschaften und Mittelgebirge = Schonklima) ist zu undifferenziert und somit unbrauchbar, weil die geographischen Lageverhältnisse nicht berücksichtigt werden. Die Zentrale Medizin-Meteorologische Forschungsstelle des Deutschen Wetterdienstes in Freiburg stellt das klimatische Wohlbefinden auf alle drei Wirkungskomplexe ab, d.h. auf den **thermischen Wirkungskomplex,** auf den **Strahlungs-Wirkungskomplex** und auf den **luftchemischen Wirkungskomplex.** Hierzu entsprechende Aufschlüsse:

Der **thermische Wirkungskomplex**

Es ist für das Wohlbefinden des Menschen von erheblicher Bedeutung, ob er sich in einem klimatischen Umweltniveau befindet, das seine Wärmeregulation mehr oder weniger stark belastet oder ob es eine sog. thermische Schonung gewährleistet.

– Eine **Belastung der Wärmeregulation** tritt dann ein, wenn die Wärmezufuhr von außen zu groß wird, wenn also die Lufttemperatur auf über 30 °C ansteigt. (Kriterium: das mittlere tägliche Maximum der Juli-Temperaturen nach Maßgabe der Klimakarten des Deutschen Wetterdienstes Offenbach am Main.)
– Ist außerdem die Luftfeuchtigkeit noch relativ hoch, dann wird die Wärmeabgabe durch die Verdunstung reduziert (es kommt häufig zu einem Wärmestau im Organismus, Gefahr bei Herz- und Kreislaufbeschwerden).
– Eine Belastung kann auch durch Unterkühlung hervorgerufen werden, vor allem durch länger einwirkende Naßkälte und höhere Windstärke (dadurch erhöhter Wärmeentzug von außen; dadurch wird eine vermehrte Wärmeproduktion im Innern erzwungen; dadurch wird der Kreislauf belastet).
– Eine grundlegende Aufenthaltsbelastung im Freien durch Kältetemperaturen liegt vor, wenn die mittleren täglichen Tiefstwerte der Januar/Februar-Minima-Temperaturen unter 15 °C liegen.

Der **Strahlungs-Wirkungskomplex**

Was die beiden Spektralbereiche der Sonnen- bzw. Himmelsstrahlung anbetrifft, so ruft die **UV-Strahlung** psychische Stabilisierung hervor. Ein Zuwenig an UV-Strahlung kann ebenso schädlich sein wie ein Zuviel. Die **Infrarot-Strahlung** ruft lediglich Wärmewirkung hervor.

– Grundsätzlich nimmt die Sonnenscheindauer und die Lichtintensität in Deutschland von Norden nach Süden zu, weil die Bewölkungsmengen im süddeutschen Raum durch häufigeren Hochdruckeinfluß geringer sind.

- In reiner Luft und bei wolkenarmem Wetter (z.B. an der See und im höheren Gebirge) ist die UV-Strahlung besonders intensiv. Es liegt dann im allgemeinen ein **Zuviel an UV-Strahlung** (eine **Reizstufe**) vor.
- In den deutschen Mittelgebirgen und im norddeutschen Tiefgebiet sorgen die regenbringenden Westwinde für einen relativ hohen Bewölkungsgrad. Es liegt im allgemeinen eine **Schonstufe** vor. Die Strahlungsreize können dann noch durch das Aufsuchen des Waldes dosiert werden.
- Die Lichtintensität (= UV-Strahlung) ist auch noch von dem Gehalt der Luft an Beimengen abhängig, die das Licht absorbieren und streuen. Daraus folgt, daß Landschaften mit häufiger Dunst- und Nebelbildung (= Flußtäler und Beckenlandschaften) und vermehrter Luftverschmutzung (z.B. Ruhrgebiet) weniger UV-Strahlung erhalten. Solche Räume mit einem **Zuwenig an UV-Strahlung** nehmen gewissermaßen eine **Belastungsstufe** ein.

Der luftchemische Wirkungskomplex

- **Sauerstoffverhältnisse:** Erst ab 3000 m Höhe ist die Abnahme des Sauerstoffgehaltes und des Luftdruckes so stark, daß das vegetative Nervensystem beeinflußt wird (Ermüdungserscheinungen und eventuell Schwindelanfälle).
- **Beimengen der Luft**
  Natürliche Aerosole: Die **Salzpartikel**menge ist in unmittelbarer Küstennähe so groß, daß sie klimatherapeutisch bei Erkrankungen der Atemwege erfolgreich genutzt werden kann. **Jodpartikel** begünstigen das Stoffwechsel- und Hormonsystem. In Küstenklimaten, wo der Jodgehalt um 20–30% höher liegt als im Inland, ist die „Kropfbildung" außerordentlich selten.
  Künstliche Aerosole (Emissionen durch Industrie, Verkehr und Hausbrand = Bleigase, Schwefel, Kohlenmonoxid, Kohlendioxid). Für das Belastungsausmaß sind zugleich die Lage- und Klimabedingungen entscheidend. In Küstenregionen sorgt eine ständige Windturbulenz schon gewissermaßen für eine saubere Luft (= Selbstreinigungseffekt). Die binnenländischen Flußtäler (Rhein/Oberrhein, Main, Neckar) weisen i.d.R. Schwachwindlagen auf. Aber gerade an diesen Flußläufen haben sich hauptsächlich die Industrie- und Siedlungszentren entwickelt. Hinzu kommt noch, daß der Feuchtigkeitsdunst einen vertikalen Luftaustausch schmälert.

Entsprechend den analytischen Ergebnissen des bioklimatischen Umweltniveaus sind alle Orte bzw. Gebiete in der BRD klimamedizinisch als Reizstufe bzw. als Schonstufe bzw. als Belastung eingestuft und kartenmäßig dargestellt worden. So gibt die „Bioklimatische Zonen-Karte" dem Arzt bzw. dem klima-orientierten Reisenden die

Möglichkeit, ein klima-optimales Gebiet in der BRD schnell und sicher zu finden.[5] Im Kurverkehr gelten die Intensitätsstufen der Schon- und Reizfaktoren in unterschiedlicher Wirkungsweise gleichermaßen wie die natürlichen Heilmittel des Bodens und des Meeres als therapeutisch anwendbare Voraussetzungen.

Zu den standortbegründenden Faktoren des Fremdenverkehrs sind neben den naturgeographischen Faktoren selbstverständlich auch die **kulturhistorischen Gegebenheiten** (Kulturschöpfungen aus der Vergangenheit wie z.B. religiöse und profane Bauten sowie kulturelle Einrichtungen der Gegenwart wie z.B. Museen, Kunstausstellungen) sowie die soziokulturellen Verhältnisse zu zählen. Die Anhebung des Bildungsniveaus der Touristen schlägt sich in einem zunehmenden Interesse an Kultur und Kunst nieder. Ein „geistiger Inhalt im Urlaub" wird immer mehr zur entscheidenden Angebotsvoraussetzung für die touristische Nachfrage. Bei vielen langjährig reiseerfahrenen Urlaubern geht allmählich der Reiz des Neuen mit einer Reise verloren, weil vielerorts nur austauschbarer Standard angeboten wird. Um diesem Gewöhnungseffekt entgegenzuwirken, müssen jene Attraktionswerte in den Vordergrund treten, die der Rückbesinnung auf Landestypisches und Einzigartiges Rechnung tragen. Hierzu gehören auch die **soziokulturellen Verhältnisse**, nämlich Volkstum, Brauchtum, Mentalität, Gastfreundschaft der Einheimischen, regionale Eßkultur u.a.

Die Einheimischen für ihre eigene Geschichte und Kultur zu sensibilisieren, ist von entscheidender Bedeutung für den Erfolg der Einbindung der Kultur in den Tourismus, um damit die Grundlage für die Entwicklung eines „natürlichen Kulturtourismus" zu schaffen. Wichtig ist aber auch, daß die Kulturarbeit der öffentlichen Hand als eine resortübergreifende Aufgabe verstanden wird. Es geht darum, daß „Kultur" und „Fremdenverkehr" eng zusammenarbeiten, um eine optimale Nutzung der kulturellen Angebote für den Fremdenverkehr zu ermöglichen. Ebenso nutzt der Tourismus der Kultur. Die kulturinteressierten Gäste sind ein konstitutiver Faktor des kulturellen Geschehens.

b. Das kapazitätsbezogene touristische Angebot (vgl. Abb. 1, S. 12)

(1) Das gewerbliche Angebot

Ein quantitativ und qualitativ adäquates **Beherbergungs- und Restaurationsangebot** ist i.d.R. aus der Sicht der Gäste zunächst ein gegenüber dem ursprünglichen touristischen Angebot nachgeordneter Anziehungsfaktor, doch es ist letztlich von gleicher ausschlaggebender touristischer Bedeutung, weil es die Aufnahmefähigkeit der Gäste

---

[5] **Jendritzki, G.**, *Bioklimakarte mit Informationsbroschüre*, Deutscher Wetterdienst, Freiburg 1986.
Deutscher Wetterdienst Offenbach, *Die bioklimatischen Zonen in der BRD*, Offenbach 1988.

sicherstellt. Eine besondere Aufnahmefunktion haben **Kur- und Heilbetriebe**; eine unterstützende Aufnahmefunktion geht von **Unterhaltungs- und Vergnügungsbetrieben**, von **Verkehrsbetrieben** sowie von verschiedenen **Versorgungs- und Dienstleistungsbetrieben** aus.

(2) Das öffentliche touristische Angebot

Im Zuge eines vermehrten Gästeaufkommens ist die öffentliche Hand (Gemeinde/Stadt und ebenfalls übergeordnete Gebietskörperschaften) gefordert, die Aufnahmefähigkeit von Gästen und damit zugleich die erwerbswirtschaftlichen Voraussetzungen für die Fremdenverkehrswirtschaft zu verbessern. Hierzu dienen zum einen eine entsprechende **touristische Infrastruktur** (eine gemeinschaftlich benutzbare Grundausstattung für touristische Freiluftaktivitäten) und zum anderen entsprechende **überbetriebliche Einrichtungen**, wobei diesen beiden Angebotskategorien eine unterschiedliche Bedeutung zugemessen werden kann.

Mit der touristisch bedingten Infrastruktur verbinden sich **räumliche Erschließungs- und Ordnungsmaßnahmen** (z.B. Strandverbesserung und -erhaltung, Freibäder, Spazier- und Wanderwege, Promenaden, Parkanlagen, Spiel- und Liegewiesen, Bootshäfen, Parkplätze) als Ergänzung zum natürlichen Angebot. Der Erholungswert einer Landschaft ist schließlich als eine Funktion von Flächengröße und Qualität des Erholungsraumes zu der Besucherzahl zu sehen.[6] Während die Kapazität der Beherbergungsbetriebe und anderer touristischer Einrichtungen so weit gesteigert werden kann, daß sie mit dem Ausbau der allgemeinen Infrastruktur Schritt hält, sind der landschaftlichen Grundschicht unübersteigbare Grenzen gesetzt, wenn ihre Erholungsfunktion nicht ausgelöscht werden soll. Dieses Verhältnis zwischen Kapazität und Beanspruchung des natürlichen Angebots im Zeitpunkt einer maximalen Besucherkonzentration bestimmt damit auch das Maß der touristisch bedingten Infrastruktur, denn sobald der Raumanspruch der Erholung bis zur Kapazitätsgrenze ausgeschöpft wird, können die Nutzungsmöglichkeiten gegebenenfalls durch entsprechende infrastrukturelle Maßnahmen erhalten bzw. erweitert werden.

Zwar kann sich zwangsläufig eine gewisse Belastung für einen Raum und dessen Erholungsfunktion aus der Überlagerung mehrerer erholungsbezogener Nutzungsansprüche ergeben, doch der Erholungswert einer Landschaft erfährt dann eine Beeinträchtigung, wenn die verschiedenen naturverbundenen Freiluftaktivitäten mit einer Massierung der Erholungssuchenden verbunden sind, die eine vorgegebene Nutzung für die

---

[6] Der kapazitätsbezogene Erholungswert der Landschaft = $\dfrac{\text{Besucherzahl}}{\text{Erholungsfläche in ha}}$.

Erholung nur noch teilweise oder gar nicht mehr zuläßt. Deshalb tragen dem Problem der Aufnahmefähigkeit der Erholungsfreiflächen sogenannte Flächenrichtwerte Rechnung.[7]

Die öffentlichen Investitionen für verschiedene **überbetriebliche Einrichtungen** (z.B. Haus des Kurgastes, Gesundheits-, Fitneß- und Sporteinrichtungen, Schwimmhalle) sind vornehmlich in einer Ergänzung zum gewerblichen Angebot zu sehen, denn die relativ kurze Kapazitätsauslastung im Erholungsverkehr macht für die Mehrzahl der Beherbergungsbetriebe ein derartiges Zusatzangebot unrentabel.

Den überbetrieblichen Einrichtungen kommt die Bedeutung zu, daß sie die Witterungsabhängigkeit mindern. Sie sind in gewisser Hinsicht als ein Ersatz für den Naturgenuß zu sehen, denn die Natur kann man im allgemeinen nur bei schönem Wetter genießen. Für den deutschen Inlandstourismus sind Angebote für einen „Allwetterurlaub" deshalb so wichtig, weil die Gäste auf Grund der nahen Einzugsbereiche bei längeren Schlechtwetterlagen schnell wieder abreisen würden. Die betreffenden öffentlichen Einrichtungen tragen also wesentlich zur Stabilisierung und Verbesserung der Aufenthaltsdauer der Gäste bei, sie bewirken gleichermaßen eine Saisonverlängerung.

Fremdenverkehrsorte, die sich zwecks Verbesserung der Beherbergungsauslastung das Marketingziel „Globalisierung"[8] gesetzt haben, können im Sinne einer strategischen Maßnahme auf die ergänzende Ausweitung des Angebotssortiments durch die öffentliche Hand nicht verzichten. Eine entsprechende Nachfrage nach **Gesundheitseinrichtungen** möchten vor allem ältere Erholungssuchende erfüllt sehen, während vor allem jüngere Gästeschichten verschiedene **Sporteinrichtungen** nachfragen.

Die bisherige fremdenverkehrsspezifische Investitionstätigkeit der öffentlichen Hand veranlaßt in mancher Hinsicht zu kritischen Anmerkungen. Wenn inzwischen viele Fremdenverkehrsgemeinden mit ihren überbetrieblichen Einrichtungen ungenügende

---

[7] Z.B. **Grenzwert der Waldbeanspruchung** durch Spaziergänger bzw. Wanderer: – für die sog. „Stille Erholung" (Kur- und Erholungsverkehr) = 25 Personen pro ha – im Naherholungsbereich = 100 Personen pro ha. Quelle: Bericht der Bundesanstalt für Vegetationskunde, Naturschutz und Landschaftspflege zur Belastung der Landschaft, Bonn 1986.
Z.B. **Richtwerte für die Aufnahmefähigkeit von Besuchern auf Strandflächen**:
– 20 Quadratmeter Fläche pro Strandkorb,
– 10 Quadratmeter Fläche als Liegefläche pro Strandgast.
Quelle: **Everts, W. / Mothes A. / Nicolai, M.**, *Fremdenverkehrsentwicklungsplanung Ostfriesische Küste*, Universität Stuttgart 1977, S. 138 ff.
[8] **Globalisierung** bedeutet die Eroberung möglichst vieler relevanter Teilmärkte und Zielgruppen, um das Übernachtungsvolumen maximal ausschöpfen zu können, um somit den Fremdenverkehrsumsatz zu maximieren.

Auslastungen und somit Überkapazitäten beklagen, dann ist damit meistens die Auswirkung einer „typischen Kirchturmspolitik" im Fremdenverkehr erkennbar geworden.

Es wird nämlich verkannt, daß sich Erholungsgäste vornehmlich im Leitbild ihrer Motivationen und Erwartungen am Profil des Gesamtgebietes orientieren, so daß gleiche Einrichtungen an jedem Fremdenverkehrsort eines Gebietes entbehrlich sind. Der Erfolgs- und Spareffekt kann nur in der gegenseitigen Ergänzung benachbarter Fremdenverkehrsgemeinden liegen, indem eben nicht Gleichartiges, sondern Verschiedenartiges errichtet wird. Nur auf diese Weise wird die Gesamtpalette der überbetrieblichen Einrichtungen eines Fremdenverkehrsgebietes verbessert. Und eine solche Produktpolitik muß selbstverständlich auch in kommunikativer Weise unterstützt werden, indem Ortsprospekte zugleich auf Einrichtungen des Nachbarortes verweisen.

Die relativ geringe Inanspruchnahme von überbetrieblichen Einrichtungen resultiert mancherorts auch daraus, daß sie sich nicht am Konsumverhalten der dortigen Gäste orientieren. Das trifft z.B. für die Kurmittelhäuser in einigen Seebadeorten zu. Bevor man bestimmte überbetriebliche Einrichtungen erstellt, sollte erst einmal untersucht werden, in welchem touristischen Profil der betreffende Ort von den Gästen gesehen wird. Dabei spielt die Wahl des methodischen Ansatzes eine entscheidende Rolle. Das Untersuchungsergebnis sollte sich weniger auf Befragungen am Zielort stützen, denn die dortigen Gäste haben gewöhnlich eine Bejahung des bisherigen öffentlichen touristischen Angebots bereits vollzogen. Viel ergiebiger wird i.d.R. solche Erhebung ausfallen können, die in Distanz zum betreffenden Fremdenverkehrsort, d.h. an verschiedenen entfernt gelegenen Wohnplätzen, unternommen wird.

Solche Befragungen werden dann Aufschlüsse bringen können, inwieweit angesichts des bestehenden und vermittelten Vorstellungsbildes von dem betreffenden Zielort die Auswahlentscheidung zu seinen Gunsten durch ein bestimmtes touristisches Projekt beeinflußt werden würde. Es geht ja schließlich um die erwarteten Aufenthaltsbedingungen, welche die Angebotspolitik eines Fremdenverkehrsortes bestimmen sollen.

Die Frage der Realisierung einer bestimmten überbetrieblichen Einrichtung darf aber nicht nur allein vom touristischen Nachfragepotential abhängig gemacht werden. Es muß eine exakte Wirtschaftlichkeitsrechnung folgen. Vielfach werden lediglich die reinen Investitionskosten errechnet, und diese erweisen sich im Falle hoher finanzieller Zuweisungen und Zuschüsse aus staatlichen Förderungsprogrammen als durchaus vertretbar. Doch die dann folgenden Betriebs- und Unterhaltungskosten haben schon manche Fremdenverkehrsgemeinde in ihrer Finanzkraft überfordert.

c. Standortfördernde touristische Angebotsfaktoren (vgl. Abb. 1, S. 12)

Die **Verkehrslage** unter Einbeziehung der Quantität und Qualität der **Verkehrsanbindungen und -verbindungen** ist vielfach mitbestimmend für den Attraktivitätsgrad eines Fremdenverkehrsortes. Eine bequeme und zügige Erreichbarkeit des Zielortes rückt dann um so mehr ins Blickfeld der touristischen Nachfrage, wenn kürzere Reiseaufenthalte angestrebt werden. Der Kongreß-, Tagungs- und Seminartourismus sowie Kurz(erholungs)reisen sind hierfür beispielgebend. Fremdenverkehrsorte befinden sich infolgedessen in einem Dilemma. Zum einen sind sie auf die individuelle Mobilität des Gastes angewiesen, zum anderen sind es gerade das Auto und seine Begleiterscheinungen, die den Erholungswert und die örtliche Umweltsituation gefährden können.

Als standortfördernde touristische Angebotsfaktoren erweisen sich darum immer mehr **verkehrsbeschränkende Maßnahmen** am Fremdenverkehrsort. Eine akzeptable Lösung des Parkplatzproblems ist hierin eingeschlossen. Die mit dem innerörtlichen Motorverkehr verbundenen Begleiterscheinungen (Lärm, Unruhe und Luftverschmutzung) bedeuten eine erhebliche Senkung des Erholungswertes. Deshalb haben inzwischen die neuen Landesverordnungen für Kur- und Erholungsorte diese Gesichtspunkte als zusätzliche Qualitätskriterien aufgenommen.[9] Bei zu starkem Autoverkehr kann jetzt der Status eines Kurortes verweigert bzw. nachträglich entzogen werden.

Gute Voraussetzungen für eine **innerörtliche Erreichbarkeit** und für einen **Übergang in die freie Natur** hängen nicht nur von der Verkehrsregelung ab, sondern auch von der örtlichen **Siedlungsstruktur.** Ein förderliches Moment für die Aufenthaltssituation der Gäste ist ein relativ hoher Grad der Zentrierung im Ortskernbereich, aber andererseits ein aufgelockertes Siedlungsgefüge in den Ortsrandgebieten. Aber auch dem **Aufrißbild des Ortes** kommt im Fremdenverkehr eine große Bedeutung zu. Den Beherbergungsmonstern (Appartementanlagen, Großhotels), wie sie bereits in großer Anzahl in den Nord- und Ostseebädern, aber auch mancherorts in Gebirgsregionen auftreten, stehen immer mehr Gäste aus Gründen der morphologischen Disharmonie ablehnend gegenüber.

Es gilt natürlich produkt- und absatzpolitisch zu berücksichtigen, daß die einzelnen Elemente des ursprünglichen und nachgeordneten touristischen Angebots – je nach den Beweggründen, warum die Gäste einen touristischen Standort besuchen – unterschiedliches Gewicht haben: Natur für Erholungsurlaub, kulturhistorische Gegebenheiten für Bildungs- und Besichtigungsurlaub, Kurbetriebe und Kureinrichtungen für Gesundheitsurlaub, Sporteinrichtungen für Sport- und Fitneßferien.

---

[9] Vgl. z.B. die neue Schleswig-Holsteinische Landesverordnung über die Anerkennung als Kur- oder Erholungsort (gültig seit 01.01.1991).

Abb. 1

Die touristischen Aufenthaltsbedingungen eines Fremdenverkehrsortes

Standortbegründende touristische Angebotsfaktoren
(= reizvolle landschaftliche Gegebenheiten)

a) "Naturnahe" Landschaft naturgeographische Gegebenheiten
Anziehungsfaktoren:
- Oberflächengestaltung (Relief)
- Hydrologische Verhältnisse: Meer/Flüsse/Seen mit Strandflächen bzw. Uferzonen
- Vegetation und Tierwelt
- Klima

Die Anziehung (=Reizwirkung) beruht auf:
- optisch - ästhetischen Eindrücken
- direkten Einflüssen auf den Organismus (=Klima)
- Benutzbarkeit/Zugänglichkeit der Landschaft

b) Kulturhistorische Gegebenheiten
- Kulturschöpfungen aus der Vergangenheit
- Kulturelle Einrichtungen der Gegenwart
- - - - - - - - - - - -
- Kulturelle Veranstaltungen

c) Sozio-kulturelle Verhältnisse
- Volkstum/Brauchtum
- Mentalität/=Gastfreundschaft
- Regionale Eßkultur
- Sprache
- Religion

d) Allgemeine Infrastruktur

Das kapazitätsbezogene touristische Angebot

a) Das gewerbliche touristische Angebot
- Einrichtungen der Beherbergung und Verpflegung
- Kur- u. Heilbetriebe
- Unterhaltungs- und Vergnügungsbetriebe
- Verkehrsbetriebe
- verschiedene Versorgungs- und Dienstleistungsbetriebe

b) Das öffentliche touristische Angebot
- touristisch bedingte Infrastruktur
- überbetriebliche Einrichtungen

Standortfördernde touristische Angebotsfaktoren

- verkehrsbeschränkende Maßnahmen
- Aufenthaltsbegünstigendes Siedlungsgefüge
- Morphologische Harmonie im örtlichen Aufrißbild

Trotzdem kommt aus der Sicht der touristischen Nachfrage ein touristisches Angebot „**Fremdenverkehrsort**" nur dann zustande, wenn sich die vielfältigen und unterschiedlichen örtlichen Angebotselemente in positiver Synergie ergänzen.[10] Es ist diese Angebotseinheit, die den Fremdenverkehrsort als Ziel- und Mittelpunkt des Fremdenverkehrs ausmacht.

3 Die Zusammensetzung des fremdenverkehrsörtlichen Nachfrageaufkommens

Legt man die Aufenthaltsorientierung und die Aufenthaltsgestaltung der Gäste zugrunde, dann ist mit Hinblick auf die Zielsetzung der kommunalen Fremdenverkehrsförderung der **Geschäfts- und Dienstreiseverkehr** auszuklammern. Denn Geschäfts- und Dienstreisen sind ausschließlich auf Vertretung und Geschäftsabschluß bzw. dienstliche Auftragserfüllung bedacht. Das Motiv des Aufenthalts wird nicht von den Gegebenheiten am Zielort, sondern ausschließlich von Partnerbesuchen bestimmt. Demzufolge wird dem Zielort auch nicht als Fremdenverkehrsort Beachtung geschenkt, so daß für Geschäfts- und Dienstreisende keine besonderen Fremdenverkehrseinrichtungen aufgebracht werden müssen. Der Geschäfts- und Dienstreiseverkehr ist zwar dem Reiseverkehr zuzurechnen, er zeichnet sich zugleich aber als „**untypischer Fremdenverkehr**" aus.

Die kommunale Fremdenverkehrsförderung orientiert sich am Erholungstourismus und unterliegt zunächst den Fragestellungen:

- Aus welchen Fremdenverkehrsarten setzt sich der örtliche Erholungsverkehr zusammen? (Ist-Analyse)
- Welche mögliche Erholungsnachfrage bietet sich gegebenenfalls im einzelnen an? (Potential-Analyse)

---

10 Vgl. hierzu auch **Wöhler, Kh.**, „Innenmarketing in Fremdenverkehrsorten", *Materialien zum Tourismusmarketing* 5, Lüneburg 1993.

Abb. 2

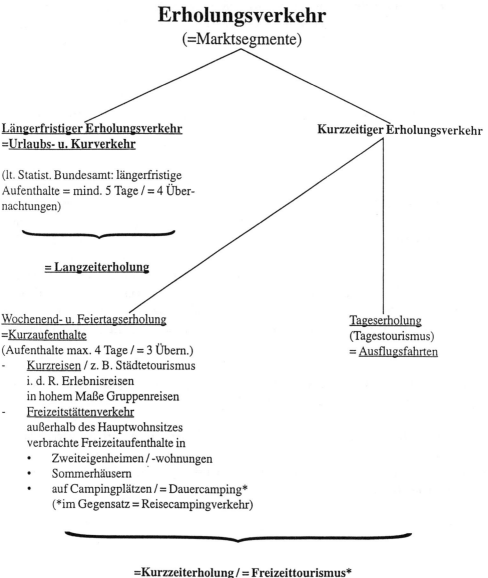

* Der Begriff "Naherholung" (beruhend auf der Identität räumliche Nähe / kurzer Aufenthalt) ist inzwischen umstritten. Das Zusammentreffen von mehr Freizeit, mehr Einkommen und mehr Mobilität hat bewirkt, daß heute alle Reisen - sowohl längere Urlaubsreisen als auch Wochenend- / Feiertagsreisen - sowohl im Nahbereich und als auch im Fernbereich vollzogen werden.

Es erweist sich als systemgerecht, eine **Gliederung des Erholungsverkehrs** in zeitlicher Sicht zu vollziehen (siehe Abbildung 2, S. 14) und damit die betreffenden Fremdenverkehrsarten begrifflich mit **Marktsegmenten des Erholungsverkehrs** gleichzusetzen. Marktsegmente analysieren die Fremdenverkehrsnachfrage nach dem Aufenthaltszweck, der sich grundlegend in der Aufenthaltsdauer abzeichnet.[11] Für die einzelne Fremdenverkehrsgemeinde bzw. -stadt vermag die in der amtlichen Fremdenverkehrsstatistik ausgewiesene durchschnittliche Aufenthaltsdauer der Gäste (Zahl der Übernachtungen pro Gast) einen globalen Aufschluß über die örtliche Nachfragestruktur zu geben.

Sowohl aus der Sicht der Nachfrage als auch aus der Sicht des Angebots ist ein mit dem Erholungsverkehr parallel organisierter **Kongreß- und Tagungstourismus** erfolgversprechend. Heilbäder und Kurorte bieten nämlich eine Umgebung, die für die Durchführung von Kongressen, Tagungen, Konferenzen und Seminaren prädestiniert ist. Die Veranstaltungen können hier in konzentrierter Form i.d.R. frei von Umwelteinflüssen gestaltet werden. Gleichzeitig bieten sich reizvolle landschaftliche Gegebenheiten und ein insgesamt dienstleistungsfreudiges „Drumherum" mit gesundheitsbezogenen Einrichtungen für einen erholsamen Ausgleich an. In vielen Fremdenverkehrsgemeinden sind diese Vorzüge auch rechtzeitig erkannt und dementsprechend Tagungskapazitäten geschaffen worden. Der Kongreß- und Tagungstourismus erweist sich dann als Maßnahme der Saisonverlängerung und ebenso als Multiplikator für den Erholungsverkehr. So mancher Tagungsgast ist später zu einem Kur- bzw. Erholungsaufenthalt zurückgekehrt.

Während in den früheren Jahren als fremdenverkehrsörtliche Marketingstrategie **„Spezialisierung"** vorherrschte (man spezialisierte sich auf bestimmte Marktsegmente und Zielgruppen), genießt heute **„Globalisierung"** (s. hierzu Fußnote 8) Priorität. Die Gefahr einer Spezialisierung liegt darin, daß der Grad der Spezialisierung heute zunehmen müßte, denn die Nachfrageschichten sind hinsichtlich der Erwartungen und Verhaltensweisen zunehmend differenzierter geworden. Dadurch gibt der einzelne Teilmarkt zu wenig Nachfrage her. Inzwischen haben nun alle größeren Fremdenverkehrsgemeinden gemeinsam, daß sie mit ihren Angebotsschwerpunkten und ihrer Fremdenverkehrsorganisation auf mehr oder weniger alle vorgenannten Marktsegmente und damit zugleich auch auf eine Vielzahl unterschiedlicher Zielgruppen abzielen. Es herrscht das Bestreben vor, das Nachfragepotential maximal auszuschöpfen, um den Fremdenverkehrsumsatz zu maximieren. Diese Marketingstrategie, nämlich „Globalisierung", schließt zwangsläufig **das Problem der Interferenz mehrerer**

---

[11] Zum Vergleich: **Zielgruppen** kennzeichnen das jeweils vorherrschende Gästepotential eines Marktsegments nach sozio-demographischen Merkmalen und Präferenzen und müssen durch Befragungen/= Repräsentativerhebungen ermittelt werden.

Fremdenverkehrsarten ein. Und damit ist gleichzeitig eine Bewertungsanalyse in ökonomischer, ökologischer und sozialer Sicht anzustreben.

Urlaubs- und Kurgäste zeichnen sich durch ihre längere Aufenthaltsdauer aus, so daß in einem auf den Einzelgast bezogenen direkten Vergleich mit dem Übernachtungsverkehr der **ökonomische Effekt** des Ausflugsverkehrs und auch des Freizeitstättenverkehrs i.d.R. für Kur- und Erholungsorte geringer ausfällt. Im Vergleich mit Übernachtungsgästen im Urlaubs- und Kurverkehr[12] kommt noch hinzu, daß Ausflugsgäste[13] lediglich bedingt das Restaurationsgewerbe und den Handel in Anspruch nehmen. Und im Freizeitstättenverkehr reduziert die Selbstverpflegung zwangsläufig die Frequentierung des Restaurationsgewerbes, und Mitbringsel von zu Hause schränken natürlich die Inanspruchnahme von Handelsgeschäften ein.[14]

Für die Mehrzahl der Fremdenverkehrsstädte wird jedoch die wirtschaftliche Bedeutung des Tagestourismus unterschätzt. Im **Städtetourismus** wurde bereits nachgewiesen, daß der Übernachtungstourismus nur etwa ein Drittel des touristisch induzierten Gesamtumsatzaufkommens einer Stadt ausmacht. Man spricht demzufolge von einer für den Städtetourismus typischen Relation der Umsatzanteile 1/3 Übernachtungstourismus zu 2/3 Tagestourismus als Faustformel.[15] Dagegen werden **Tagesgäste in Kur- und Erholungsorten** durchaus als Elemente der Unruhe gesehen, so daß einige der betroffenen Fremdenverkehrsgemeinden bereits für eine Begrenzung und Regulierung des Tagestourismus eintreten. Diese Tourismusform trägt immerhin nicht zur Finanzierung der Tourismusorganisation bei, denn Tagesgäste zahlen keine Kurabgabe. Lediglich in Seeheilbädern und Seebädern werden in Form von Tageskarten Strandbenutzungsgebühren erhoben.

Mit den Freizeitwohnkomplexen verbindet sich in vielen Fremdenverkehrsgemeinden die Feststellung, daß auswärts wohnende Investoren zugleich als Unterkunftsanbieter eindeutig gegenüber Hotel- und Pensionsbetreibern sowie einheimischen Privatvermietern dominieren. In den schleswig-holsteinischen Seebädern insgesamt machen allein die Appartementbetten 25% der Gesamtbettenzahl aus.[16] Dieses Ausmaß an **Zweitwohnungen** hat mancherorts zwangsläufig zu einer Verödung des gewerblichen

---

12 Der **durchschnittliche Tagesausgabensatz von Übernachtungsgästen** in mietweise in Anspruch genommenen Beherbergungsstätten war 1991 **DM 113,10**.
13 Der **durchschnittliche Ausgabensatz von Tagesgästen** differiert im Spektrum der verschiedenen Fremdenverkehrsgemeinden (Ferienorte, Kurorte, Städte) zwischen **DM 20,– und DM 35,–**.
14 **Durchschnittlicher Tagesausgabensatz im Freizeitstättenverkehr** (Dauercamper und Inhaber von Zweitwohnungen/-eigenheimen bzw. Ferienhäusern) = **DM 20,–**.
 Quelle: **Zeiner, M., Harrer, B.**, *Die Ausgabenstruktur im Fremdenverkehr in der BRD*, Schriftenreihe des DWIF, Heft 41, München 1992.
15 **Bleile, G.**, „Tagestourismus wird unterschätzt" in: *Der Fremdenverkehr + Tourismus/Kongreß*, Nr. 11, 1988, S.12.
16 Quelle: **IHK zu Lübeck**, 1992.

Fremdenverkehrsangebotes („Hotelsterben") geführt und damit zugleich auch das örtliche Leistungspotential auf den Individualtourismus eingeschränkt. Für die Gesamtsaisondauer hat das zur Folge, daß den organisierten Gruppenaufenthalten (Veranstalter- bzw. Vereinsreisen, d.h. vor allem Busreisegesellschaften sowie Tagungen, Seminare und Konferenzen, die maßgeblich die Nachfragestruktur außerhalb der Ferienreisezeit kennzeichnen, nicht angemessen entsprochen werden kann. Ebensowenig können örtliche Fremdenverkehrsstellen bei unzureichenden gewerblichen Betriebsgrößen besondere Angebotsformen (z.B. Pauschalangebote, Incentive-Reisen, Special-Interest-Reisen) auflegen, um zusätzliche Nachfrage in der Außersaison auszulösen. Dem Fremdenverkehrsgewerbe wird also der erwerbs- und beschäftigungsfördernde Effekt um so mehr versagt bleiben, je stärker das örtliche Beherbergungsangebot von privaten Appartements beherrscht wird.[17]

Ein massives gleichzeitiges Zusammentreffen verschiedener Fremdenverkehrsarten führt zwangsläufig zu einer **Disharmonie in quantitativer und qualitativer Hinsicht**. Der landschaftlichen Grundschicht sind unübersteigbare Grenzen gesetzt, wenn nicht ihre Erholungsfunktion ausgelöscht werden soll (vgl. hierzu oben S. 8). Mit der Marketingstrategie „Globalisierung" verbindet sich aber auch ein qualitatives Problem, nämlich die gleichzeitige Präsenz von Gästeschichten, die sich durch soziale Unterschiede und konträre Feriengewohnheiten auszeichnen. Miturlauber stellen „ein soziales Produktelement" dar; ihre Zusammensetzung kann die Reisezufriedenheit wesentlich beeinflussen. Es muß daher mit Rücksicht auf die Gewinnchancen aller örtlichen Leistungsträger die fremdenverkehrspolitische Zielsetzung sein, eine allzu starke Vermischung von Gästen mit ungleichen Urlaubspräferenzen zu verhindern.

Der **Campingverkehr** erweist sich i.d.R. in solchen Fremdenverkehrsorten als Problem, in denen der Campingplatz hinsichtlich seiner Lage und seiner Kapazität nicht mit der geordneten Physiognomie der Siedlungsstruktur des Gemeindegebietes und dessen landschaftlichen Gegebenheiten in Einklang steht. Campingplätze gehen dann nicht auf Kosten einer harmonischen örtlichen Innengliederung und eines potentiellen Erholungsraumes, wenn sie eine periphere Ortslage aufweisen und außerdem in die Tiefe gestaffelt sind. Dadurch ergibt sich vorteilhafterweise ein verhältnismäßig geringer Grad gegenseitiger Durchdringung zwischen dem Freizeit-Campingwesen, dem Urlaubs- und Kurverkehr und der ortsansässigen Wohnbevölkerung.

Manch kleiner Fremdenverkehrsgemeinde bringt die starke Verbundenheit mit dem Campingverkehr aber auch den größten wirtschaftlichen Nutzen aus dem Fremdenverkehr, denn die Ausgabenbereitschaft der regelmäßig anreisenden Freizeitcamper am

---

[17] Hierzu **Krippendorf, J.**, „100 Hotelbetten bringen fast viermal mehr Einkommen als 100 Betten in Ferienwohnungen und ihre Beschäftigungswirkung ist bis zu fünfmal größer" in: *Der Fremdenverkehr + Tourismus/Kongreß*, Nr. 11, 1982, S. 40.

Ort führt schließlich zu einem Fremdenverkehrsumsatz, der unmöglich durch Übernachtungsgäste im Urlaubsverkehr kompensiert werden könnte. Unter Zugrundelegung einer **wirtschaftlichen Kongruenzmessung** kann exakt errechnet werden, wie viele Übernachtungen in Beherbergungsstätten zum Ausgleich des Umsatzes aus dem Campingverkehr beitragen müßten. Das prozentuale Verhältnis dieser Übernachtungsmenge zum bisherigen Übernachtungsvolumen drückt dann gewöhnlich die Unerreichbarkeit eines solchen Nachfragezuwachses im Urlaubsverkehr aus.[18]

Mit der Marketingstrategie „Globalisierung" verbindet sich für die Standorte des Heilkurverkehrs zwangsläufig die Frage, ob das Kurortmilieu in seiner ganzheitlichen Funktion durch eine Zweimarktstellung „Kurort-Fremdenverkehrsort" beeinträchtigt wird. Es stehen sich inzwischen zwei Auffassungen gegenüber: einmal diejenige, die unter „Kurortmilieu" immer noch eine streng zweckorientierte, von äußeren Einflüssen freigehaltenen Ausrichtung auf die Kurziele verstanden wissen will; und zum anderen jene, die auch den klassischen Kurort sehr gut als „compositum mixtum" verschiedener Gästegruppen mit verschiedenen Aufenthaltszwecken anerkennt.

Begegnungen und Kontakte der Heilungsbedürftigen mit Urlaubsgästen wirken sich nach den heutigen milieutherapeutischen Vorstellungen als durchaus günstig auf ihren Heilungswillen aus. Doch die jetzigen Bestrebungen, den durch die Einführung des Gesundheitsreformgesetzes (GRG) ausgelösten starken Gästerückgang im ambulanten Kurbereich durch eine „Öffnung zum Tourismus" auszugleichen, sind natürlich durch das vorausgegangene strikte Festhalten am Kurmonopol sehr erschwert worden. Deshalb wird den Heilbädern eine Mehrmarktausweitung nur dann gelingen, wenn sie offensiv mit Variationen und Erweiterungen in ihrem Leistungspotential hervortreten. Eine Imagegefährdung könnte sich nur aus einer unrichtigen Ausbalancierung der Kurbedürfnisse und der allgemeinen Fremdenverkehrsanforderungen ergeben.

---

[18] **Rechengang**, angelehnt an Befragungsergebnisse 1992 im Luftkurort Dersau (Holsteinische Schweiz):
1. **Gesamtumsatz aus dem Campingverkehr** (Dauercamping / 200 Stellplätze)

Anzahl der Gäste	×	durchschn. Gesamtzahl der Aufenthaltstage pro Jahr	×	durchschn. Tagessatz		
600	×	70 Tage	×	DM 22,–	=	DM 924.000,–

2. **Gesamtumsatz aus dem Urlaubsverkehr**

Übernachtungen in Beherbergungsstätten		×	durchschn. Tagessatz		
23.169		×	DM 79,–	=	DM 1.830.351,–

3. **Vergleichsrechnung**
924.000 : 79 = **11.697 (Übernachtungen)**
Der Umsatz aus dem Campingverkehr müßte durch 11.697 Übernachtungen im Urlaubsverkehr ausgeglichen werden; die Übernachtungen im Urlaubsverkehr müßten dann um 50% ansteigen.

4 Nachfragetendenzen

Systematisch gewonnene **Informationen über die Entwicklung der Fremdenverkehrsnachfrage** sind die Grundlage für eine nachfragegerechte Fremdenverkehrsförderung. Hierbei muß eine Unterscheidung zwischen Marktbeobachtung und Marktforschung getroffen werden.

Die **Marktbeobachtung** (Desk Research) orientiert sich an bereits vorliegenden Informationsquellen (= **Sekundärmaterial**), und diese vermitteln dem Interessenten in erster Linie generelle Aufschlüsse über die Fremdenverkehrssituation und -entwicklung. Als aufschlußreiches Sekundärmaterial erweisen sich im einzelnen
– regelmäßig erscheinende Marktuntersuchungen, z.B. „Urlaub + Reisen"/= die Nachfolgeuntersuchung des Studienkreises für Tourismus Starnberg, „Der Deutsche Reisemonitor" vom IPK-Institut für Tourismusmarketing München sowie Ergebnisse des BAT-Forschungsinstituts Hamburg,
– die Jahres- und Halbjahresberichte der amtlichen Fremdenverkehrsstatistik (Hrsg.: Statistisches Bundesamt und Statistische Landesämter),
– Tourismus-Messe-Berichte,
– Geschäftsberichte der Fremdenverkehrsverbände sowie
– die regelmäßigen/aktuellen Ausführungen der touristischen Fachpresse.

Der spezifischen Besonderheit eines Fremdenverkehrsstandortes wird dagegen nur eine einzelorientierte Ermittlung des Nachfragepotentials mit Bezug auf Marktsegmente und Zielgruppen gerecht werden können, was begrifflich mit **„Marktforschung"** (Field Research) gleichzusetzen ist. Die gewünschten Informationen und Sachverhalte (= **Primärmaterial**) müssen in diesem Fall durch eigene bzw. in Auftrag gegebene Befragungen (i.d.R. Repräsentativerhebungen) gewonnen werden.

Die Auswertungen aller gegenwärtigen grundlegenden Marktinformationen lassen folgende **Aufschlüsse über die Inlandsnachfrage** zu:

Obwohl die **Reiseintensität**, (d.h. der prozentuale Anteil derjenigen Bundesbürger über 14 Jahre, die wenigstens eine Urlaubsreise im Jahr von mindestens fünf Tagen unternommen haben) weiter angestiegen ist und 1994 ihr bisher höchstes Niveau (= 78,2%) erreicht hat, zeigen inzwischen die absoluten und relativen Zahlenwerte der Inlandsnachfrage einen Rückgang auf. Immer mehr Bundesbürger verbinden ihre Hauptaurlaubsreise mit einem Auslandsreiseziel (1994 = 65,4%), was sich angesichts der überproportionalen Entwicklung des Ferntourismus (betr. außereuropäische Reiseziele) fortsetzen wird. Da sich im Vergleich zu den Vorjahren aber gleichzeitig die Aufenthaltsdauer verringert hat, sind die Übernachtungszahlen in vielen deutschen Fremdenverkehrsgebieten empfindlich zurückgegangen.

Der **„Deutschlandurlaub"** scheint im Reisewettbewerb ernstlich ins Hintertreffen zu geraten; Deutschland wird in den letzten Jahren auch von Ausländern immer seltener aufgesucht. Man vermißt in Deutschland im allgemeinen die „Preiswürdigkeit". Der heutige Reisekunde hat nämlich ein stark ausgeprägtes Preis-Leistungs-Empfinden. Dabei entwickeln sich die Kundenansprüche in zwei entgegengesetzte Richtungen. Die Mehrheit der Urlaubsreisenden ist inzwischen auf preiswerte Inklusivangebote eingestellt. Diese Angebotsform wird aber in Deutschland vermißt, denn hier muß sich i.d.R. jeder Gast seine Leistungswünsche mühsam und teuer selbst zusammensuchen. Die übrigen Urlauber dagegen finden auch im höheren Preissegment nicht die entsprechenden individuellen und qualitativ hochwertigen Aufenthaltserlebnisse. Deshalb sollten manche Fremdenverkehrsgemeinden ihre Märkte viel mehr nach touristischen Neigungen anstatt nach sozio-demographischen Merkmalen segmentieren.

Dennoch wird man ein beträchtliches **Nachfragepotential für einen Deutschlandaufenthalt** in Zukunft nicht in Abrede stellen können. Hieran erinnerte der inzwischen ausgeschiedene Präsident des Deutschen Reisebüro-Verbandes (DRV), Otto Schneider, anläßlich der DRV-Mitgliederversammlung 1994 in Berlin und merkte zugleich an, „daß die Nachfrage nach einem Urlaub in Deutschland nicht mit patriotischen Appellen, sondern nur mit kaufmännischem Sachverstand und modernen Marketingmethoden gesteigert werden kann".

Zum bisherigen hohen Präferenzgrad vieler älterer Menschen für Reiseziele in Deutschland kommt jetzt hinzu, daß der Anteil der über Sechzigjährigen deutlich im Ansteigen begriffen ist. Ihr Interesse an der Stabilisierung und Verbesserung der Gesundheit sowie an der persönlichen Betreuung im Urlaub ist besonders ausgeprägt. Es kann außerdem festgestellt werden, daß diese Altersschicht eine überdurchschnittlich hohe Reisehäufigkeit (1994 = 1,56) und eine wesentlich geringere Nachfrageelastizität (d.h. Preisempfindlichkeit) auszeichnet.

Von vielen Berufs- und Erwerbstätigen wird eine Urlaubsreise schon längst nicht mehr nur einseitig als Konsumgut gesehen, sondern der Urlaubsaufenthalt nimmt inzwischen auch Investitionscharakter an („man investiert in seine Gesundheit, in seine zukünftige Arbeitskraft"). Solchen inländischen Fremdenverkehrsorten, die mit besonderen öffentlichen Einrichtungen und auch entsprechenden Beherbergungsstätten der Gesundheitsförderung und der Nachfrage nach Möglichkeiten von Sport- und Hobbyausübungen Rechnung tragen, wird in Zukunft ein noch stärkeres Aufenthaltsinteresse entgegengebracht werden.

Im Familientourismus setzt sich mehr und mehr die Einsicht durch, daß Kinder sich in einer unbeschwerten Ferienatmosphäre „ausleben" möchten. Fremdartige Eindrücke tragen zur Verunsicherung der Kinder im Urlaub bei. Gute kindergerechte Ferienbedingungen werden deshalb in deutschen Fremdenverkehrsgebieten zunehmend gefragt sein.

Inzwischen ist neben dem Urlaubstourismus aber auch der Freizeittourismus („der Tourismus der kurzen Wege und der kurzen Zeiten" laut H.W. Opaschowski) zu einem bemerkenswerten Phänomen geworden. Das wachsende Interesse an aktiver Freizeitgestaltung und auch an Kultur- und Unterhaltungserlebnissen führt bereits zu vermehrten Kurzurlaubs- und Wochenendreisen über das ganze Jahr, und bei diesen Kurzreisen liegen die Reiseziele vornehmlich im Inland. Der Kurzreiseverkehr erstreckte sich bisher überwiegend auf geschichts- und kulturträchtige Städte und Kleinstädte, und das Interesse galt zunächst den Besichtigungsmöglichkeiten. Inzwischen zeigt sich aber, daß neue Akzente im Angebotsspektrum gesetzt werden müssen. Nicht allein „Sightseeing", sondern noch viel mehr „Live-Seeing" (Kultur- und Unterhaltungsveranstaltungen) möchten Kurzreisende wahrnehmen können. Auch Kur- und Erholungsorte in Deutschland könnten weitaus mehr vom Kurzreiseverkehr profitieren, wenn sie gleichzeitig Orientierungsprofile für einen „Zwischendurchurlaub" während des ganzen Jahres, als Ausgleich zum Streß im Berufsleben oder als Ausgleich zur Monotonie im Alltag, bewußt machen würden.

Kurzreisen werden in hohem Maße als Gruppenreisen vollzogen, d.h., Kurzreisende beteiligen sich an Vereins-/Veranstalterreisen (hauptsächlich Busreisegesellschaften) und ebenso gern an von Fremdenverkehrsämtern bzw. Kurverwaltungen und größeren Hotelbetrieben aufgelegten Aktionsprogrammen. Diese Gäste möchten während ihres Aufenthaltes „etwas erleben" und zugleich in der Gemeinschaft mit anderen Menschen sein. Eine Steigerung des Übernachtungsvolumens ist vielerorts maßgeblich an die Voraussetzungen für die Aufnahmefähigkeit organisierter Gruppenaufenthalte geknüpft.

Der Tagungs-, Seminar- und Konferenztourismus kommt als wirtschaftliches Standbein längst nicht mehr allein den Großstädten zugute. Öffentliche Institutionen und Großunternehmen sowie Wirtschafts- und Berufsverbände, Gewerkschaften und andere Organisationen haben inzwischen deutlich erkannt, daß sie bei mindestens gleicher Beherbergungsqualität in zahlreichen Fremdenverkehrsorten kostengünstiger Veranstaltungen abhalten können als in den bisher in Anspruch genommenen Großstadthotels. Noch viel wichtiger sind für die betreffenden Seminar-, Konferenz- und Tagungsveranstalter gewisse Vorzüge geworden, die Fremdenverkehrsgemeinden im allgemeinen den Teilnehmern als Rahmenbedingungen zu bieten vermögen: einen naturlandschaftlichen Reiz, eine ausgeglichene mit Impressionen verbundene Atmosphäre, ein insgesamt dienstleistungsfreudiges „Drumherum" sowie abwechslungsreiche Freizeitgestaltungsmöglichkeiten. Mit dem fortschreitenden Streben nach Produktivitätsverbesserung werden die erwerbswirtschaftlich orientierten Informations- und Schulungsreisen im Dienste der Weiterbildung noch weiter zunehmen.

Zum **Buchungsverhalten** kann angemerkt werden, daß Kurzreisen überwiegend „Spontanreisen" sind. Auch bei den betreffenden Gruppenreisen liegen meist kurzzeitige Vorausbuchungen zugrunde. Im Urlaubsreiseverkehr hat die Mehrheit der Reisenden drei bis sechs Monate vor Abreise ihre Reiseentscheidung getroffen. Zwei Drittel wissen bis Ende März, wohin die Reise in dem betreffenden Jahr gehen wird. Am häufigsten wird der Januar als Entscheidungsmonat genannt, immerhin 18% treffen sogar die Entscheidung bereits im Vorjahr.

5 Der Fremdenverkehr in Wechselbeziehung mit der Ortsbevölkerung

Die von den Erholungssuchenden ausgehende teleologische Betrachtung erstreckt sich über die Inanspruchnahme einzelner Sach- und Dienstleistungen hinaus grundsätzlich auf die Aufenthaltssituation insgesamt, so daß für sie auch die erlebte **örtliche Atmosphäre** mitentscheidend ist. Urlauber und Besucher möchten sich im Fremdenverkehrsort als Gäste aufgenommen fühlen und nicht als Fremde betrachtet werden, denn unter der Bezeichnung „Fremder" sehen sie sich gefühlsmäßig einer Distanziertheit ausgesetzt. Es genügt nicht, daß nur die touristischen Leistungsträger und ihr Personal im Interesse ihres Leistungserfolges gästeorientiert ausgerichtet sind. Wenn sich schließlich der Fremdenverkehr als Gästeverkehr erweisen will, dann muß sich die Ortseinwohnerschaft insgesamt mit ihrer Einstellung und ihrem Verhalten ihrer Gastgeberfunktion bewußt sein. Der Gast empfängt schließlich einen wesentlichen Teil seines Reisenutzens aus dem persönlichen Kontakt mit den Gastgebern und der Bevölkerung.

Man mag gewiß von vornherein nicht eben glücklich über die Wortschöpfung „**Fremdenverkehr**" sein und diese durch den inhaltsgleichen und international verwendeten Begriff „**Tourismus**" ersetzen wollen. Doch im unterscheidungsspezifischen Sinne werden die Begriffe „Fremdenverkehr" und „Tourismus" in der deutschen Berufspraxis und gewohnheitsmäßig mit den Funktionsbereichen „Incoming" bzw. „Outgoing" gleichgesetzt. Der Begriff „Tourismus" erweist sich natürlich im heutigen internationalen Fremdenverkehrsgeschehen gesehen als neutraler, weil er weltweit ohne Übersetzung verstanden wird. Doch eine Umbenennung allein verspricht noch keine entscheidende gästegerechte Wirksamkeit.

Eine ausgewogene örtliche Fremdenverkehrspolitik erschöpft sich aber nicht allein in aktiven Bemühungen um den Gast. Es muß nämlich gleichermaßen beachtet werden, daß Angebotspolitik und Zielgruppenorientierung den Neigungen und Interessen der einheimischen Bevölkerung entsprechen. Nur so kann verhindert werden, daß eine **negativ kritische Tourismusgesinnung** aufkommt.

Das örtliche Fremdenverkehrsgeschehen muß einem touristischen Leitbild unterliegen, welches das Ergebnis eines umfassenden Willensbildungsprozesses ist, an dem die Gemeindebürger in möglichst breiter Form teilgenommen haben. Auf keinen Fall darf das touristische Leitbild eines Fremdenverkehrsortes nur daraus resultieren, daß von auswärtigen Beratern ein Entwicklungskonzept vorgelegt und dieses allein von politischen Vertretern entschieden wird. Das intensive Zusammenwirken von Tourismusexperten und Ortsbevölkerung muß zu einer Grundbedingung für die Erstellung und Umsetzung eines touristischen Leitbildes erklärt werden. Dem örtlichen Fremdenverkehrsgeschehen ist nichts abträglicher als die Fremdbestimmung.

III. Die Standorte des Kur- und Erholungsverkehrs

1 Begriffsbestimmung für Kur- und Erholungsorte

Unter Bezugnahme auf die Aufenthaltsbedingungen für den Kur- und Erholungsverkehr legen der Deutsche Bäderverband e.V. (DBV) und der Deutsche Fremdenverkehrsverband e.V. (DFV) folgende **Begriffsbestimmung für Kur- und Erholungsorte** zugrunde:

Kur- und Erholungsorte = klimatisch (1) und landschaftlich begünstigte (2) Orte bzw. Ortsteile, die vorwiegend der Erholung dienen und einen entsprechenden Ortscharakter (3) aufweisen.

(1) Kriterien:

    der thermische Wirkungskomplex
    der Strahlungs-Wirkungskomplex
    der luftchemische Wirkungskomplex.

In diesen drei medizin-meteorologischen Wirkungskomplexen dürfen gemäß Klimagutachten keine **Belastungsfaktoren** vorhanden sein. Für gewisse Heilanzeigen kann ein stärkeres Hervortreten der Reizfaktoren an einem Aufenthaltsort **(Reizklima)** heilungswirksam sein. Generell bieten Reizfaktoren in abgeschwächter Form **(Schonklima)** ein Optimum an Klimaverträglichkeit.

(2) Indikatoren:

    Reizvolle naturlandschaftliche Gegebenheiten
    bzw. natürliche ortsgebundene Heilmittelvorkommen

    a. des **Bodens**[19]
    Mineralien (Natrium, Calcium, Magnesium, Chlorid, Sulfat und Hydrogencarbonat)
    = Mineralheilbäder
    Heilgase (Radon, Schwefelwasserstoff, Kohlenstoffdioxid)
    Jod/Sole = Jodsole-Heilbäder

---

[19] Vgl. *Deutscher Bäderkalender*, Hrsg.: Deutscher Bäderverband e.V., Bonn.

Heilwässer, deren Temperatur von Natur aus am Austrittsort mehr als 20° beträgt, können als Thermen oder Thermalquellen charakterisiert werden (Thermalbäder) Moorerde (Moorheilbäder), Torfe und Schlämme/ = natürliche Peloide

b. des **Meeres**[20]
- Meerwasser z.B. zum Baden, zur Inhalation oder zum Trinken; marine Schlicke /= Seeheilbäder.

(3) Indikatoren für den fremdenverkehrsspezifischen Ortscharakter

Häufung von Fremdenverkehrsbetrieben (Beherbergungs- und Restaurationsbetriebe)
im Maßstab der Einwohnerzahl ein Überangebot an Handels- und Dienstleistungen
im Maßstab der Einwohnerzahl ein Überbesatz an zentralen Einrichtungen.

2 Unterteilung der Kur- und Erholungsorte

a. Traditionelle Gliederung

Die **traditionelle Fremdenverkehrsliteratur** unterteilt die Erholungsorte i.w.S. nach Maßgabe der dominierenden Fremdenverkehrsarten wie folgt :

Kurorte (Kurverkehr)
Ferienerholungsorte (Urlaubsverkehr)
Naherholungsorte (kurzzeitiger Erholungsverkehr /= Feiertags-/Wochenend- und Tageserholung).

Kritik: Eine derartige Trennung ist praktisch kaum möglich, weil heute die Erholungsorte i.w.S. aufgrund ihrer Nähe zu den Agglomerationen alle Fremdenverkehrsarten abdecken.

b. Ordnungssystematik der staatlichen Anerkennung als Kur- und Erholungsort

Nachdem sich die Länderregierungen in der Bundesrepublik Deutschland in den Jahren nach 1952 durch konkrete Rechtsetzungsakte der Heilbäder- und Fremdenver-

---

[20] Vgl. ebda.

kehrsbelange angenommen haben, bestehen entsprechende Landesverordnungen und Durchführungsbestimmungen über die **staatliche Anerkennung als „Kur- oder Erholungsort"**. Sie stützen sich dabei, wenn auch in unterschiedlichem Ausmaß, auf die Begriffsbestimmungen des Deutschen Bäderverbandes und des Deutschen Fremdenverkehrsverbandes.[21] Durch ständige Kontakte zwischen diesen beiden Spitzenverbänden der deutschen Fremdenverkehrswirtschaft und den in den Bundesländern für Bäder- und Fremdenverkehrsfragen zuständigen Ministerien ist es möglich geworden, eine im Interesse aller Beteiligten liegende Einheitlichkeit der Anerkennungspraxis zu wahren.

Die derzeit gültige **amtliche Ordnungssystematik der Kur- und Erholungsorte in der BRD** sowie die **spezifischen Anerkennungsvoraussetzungen für die Artbezeichnungen** werden durch die Abbildung 3 (S. 27) bzw. Abbildung 4 (S. 28) wiedergegeben. Die vollständige Gliederung der Artbezeichnungen geht über die Ortsgebilde hinaus. Auch Heilquellen-Kurbetriebe und Heilbrunnen-Betriebe sind eingeschlossen. Heilquellen-Kurbetriebe als Einzelunternehmung fallen gleichfalls unter die Standorte des Heilkurverkehrs.

---

[21] Vgl. *Begriffsbestimmungen für Kurorte, Erholungsorte und Heilbrunnen*, Hrsg.: Deutscher Bäderverband e.V. Bonn / Deutscher Fremdenverkehrsverband e.V., Bonn.

Abb. 3

Kur- und Erholungsorte

Amtliche Ordnungssystematik[22)]　　Voraussetzungen für die Anerkennung
(gemäß Landesverordnungen)

I Kurorte

*
- Heilbad
- Kneipp-Heilbad
- Seeheilbad
- Heilklimatischer Ort
- Kneipp-Kurort

  } - artgemäße Kur- und Erholungseinrichtungen
       (gemäß Heilanzeigen)
     - Kurortcharakter, Kurmilieu

- Luftkurort
- Seebad
- Küstenbadeort
  (spezifische Artbezeichnung
  in Niedersachsen)

  } - lediglich Erholungseinrichtungen

* **Standorte des Heilkurverkehrs / = Kurorte 1. Grades**
　　Gesamtzahl: ca. 300 (Stand 1993 = alte Bundesländer)
　　Mit mehr als 40% aller gewerblichen Fremdübernachtungen wichtigster Faktor
　　im deutschen Fremdenverkehr

　　Aufgaben:　- Heilung, Linderung (=Rehabilitation)
　　　　　　　- Vorbeugung (=Prävention)
　　　　　　　　von Krankheiten durch natürliche Heilverfahren

II Erholungsorte

Charakteristische Attribute:
- landschaftlich bevorzugte und klimatisch begünstigte Lage
- möglichst naturbelassene Erholungsfreiflächen
- Fremdenverkehr i. d. R. Nebenfunktion der Gemeinde

---

22) **Anmerkung:** Es ist darauf hinzuweisen, daß einige Heilbäder und Kurorte über die staatliche Zuerkennung mehrere Prädikate verfügen, weil sie aufgrund ihres Vorkommens an natürlichen ortsgebundenen Kurmitteln, ihrer geographischen Lage und ihres therapeutischen Leistungsangebotes die gesetzlich geforderten Voraussetzungen verschiedener Kurortsparten erfüllen. Beispielsweise gibt es die Anerkennung als Mineralheilbad und Heilklimatischer Kurort, als Mineralheilbad und Seeheilbad und in einem Fall sogar eine dreifache Prädikatisierung (Mineralheilbad, Heilklimatischer Kurort, Kneippheilbad).

Abb. 4

Spezifische Anerkennungsvoraussetzungen für die Artbezeichnungen[23]

Artbezeichnungen	Spezifische Voraussetzungen
- Heilbad[1] - Kneipp-Heilbad[2] - Seeheilbad - Heilklimatischer Kurort[3]	• **Artgemäße Kureinrichtungen f. d. Heilbehandlung** Kurmittelhaus bzw. Kurhotel, Kurheime, Kuranstalten/ Sanatorien zur Abgabe von Bädern u. therapeutischen Behandlungen (=Inhalationen, Massagen, Packungen) Einrichtungen der Bewegungstherapie für Krankengymnastik im Heilwasser (=Bewegungsbad) u. Trockenbereich • **Kurortcharakter/Kurmilieuspezifische Anforderungen** Trink- u. Wandelhalle (1) Kurmusik Für die Dauer des Kurbetriebes mind. 1 ortsansässiger mit den örtlichen Kurmitteln und ihrer Anwendung vertrauter Kur- bzw. Badearzt Sachgemäße Diätverpflegung aufgrund wissenschaftlicher Diätetik Ein 10-jähriges unbeanstandetes Bestehen als Kneipp-Kurort (2) Therapeutisch anwendbares Klima mit gepflegten Einrichtungen zur Durchführung einer zweckentsprechenden Klimakur (3)
- Kneipp-Kurort	Im Vergleich zum "Heilbad" geringere Anforderungen mit Bezug auf die Größe der Kureinrichtungen zur ortsgemäßen Durchführung einer Kneipptheorie
- Seebad[4] - Luftkurort[4] [5]	• **Lediglich Erholungseinrichtungen** Gepflegter und überwachter Badestrand Strandnahe Promenaden- u. Wanderwege Möglichkeiten für Spiel und Sport Park- oder Waldanlagen mit gekennzeichnetem Wegenetz Spiel-, Sport- u. Liegewiesen Frei- oder Hallenbad in angemessener Entfernung Mindestens 1 Arzt muß ortsansässig sein Kurgemäße Verpflegung (4) Es wird keine Feststellung von Heilanzeigen und Gegenanzeigen gefordert (5)

---

[23] zusammengestellt nach den Begriffsbestimmungen für Kurorte, Erholungsorte und Heilbrunnen des Deutschen Bäderverbandes e. V. Bonn / Deutschen Fremdenverkehrsverbandes e. V. Bonn

c. Reformen im Anerkennungsverfahren

Um den Kur- und Erholungsgästen weiterhin die Sicherheit geben zu können, daß ihr Kur- bzw. Erholungserfolg in den staatlich anerkannten Heilbädern und Kurorten gewährleistet ist, sehen sich die zuständigen Länderministerien zu **strengeren Qualitätsmaßstäben** herausgefordert. Eine Vorreiterfunktion kann in diesem Zusammenhang der neuen Verordnung für Kur- und Erholungsorte in Schleswig-Holstein[24] nachgesagt werden. Diese verlangt seit 01. Januar 1991 auch Nachweise über **möglichst geringe Belastungen von Boden und Wasser sowie einen niedrigen Lärmpegel** im Ort. Als zentrales Problem der meisten Kur- und Erholungsorte erweist sich die zunehmende Verkehrsbelastung und die damit verbundene Lärmbelästigung in den Orten. Doch angesichts der angespannten Finanzlage der öffentlichen Hand einerseits sowie mancher Widerstände in der Bevölkerung gegen sogar dringende Straßenbaumaßnahmen (Umgehungsstraßen) andererseits droht in einigen Gemeinden das Umweltproblem „Straßenverkehr" zur Existenzfrage der staatlichen Anerkennung als Heilbad oder Kurort zu kumulieren.

Die neue Anerkennungsverordnung von Schleswig-Holstein sieht auch vor, daß bereits zuerkannte Prädikate in regelmäßigen Zeitabständen durch Fachgutachten nachgewiesen werden müssen. Es wird dann ebenso **Aberkennungen des bisherigen Prädikats** geben, wenn die Anerkennungsvoraussetzungen durch neue negative Entwicklungen nicht mehr vorliegen.

3 Heilkurverkehr und Kurformen

Die Bedeutung des Heilkurverkehrs beruht auf der Erkenntnis, daß klinische Medizin und Pharmakomedizin einerseits und Balneologie und Klimatologie andererseits nicht in einem Konkurrenz-, sondern in einem Komplementärverhältnis zueinander stehen. Die Kur ist angezeigt, wenn Funktions- und Regulationsstörungen vor oder nach Eintritt einer Erkrankung oder nach überstandener Krankheit durch die besonderen Methoden der Kurortmedizin mit den Behandlungsprinzipien einer Reiz-Reaktionstherapie gebessert oder beseitigt werden können.

Die Standorte des Heilverkehrs bieten verschiedene Kurformen mit differenzierten therapeutischen Angeboten, die sowohl der Gesundheitsvorsorge bzw. -erhaltung (**Prävention**) als auch der Wiederherstellung der Gesundheit (**Rehabilitation**) dienen. Es handelt sich im einzelnen um die **ambulante Kur** (früher „offene Badekur" genannt) bzw. um die **stationäre Kur** (früher „geschlossene Kur" genannt). Diese bei-

---

[24] „**Landesverordnung über die Anerkennung als Kur- oder Erholungsort**", in: *Gesetz- und Verordnungsblatt für Schleswig-Holstein 1990*, Nr. 28.

den verschiedenen Attribute beinhalten die Unterschiede für den Kurpatienten hinsichtlich seiner Selbstbestimmung (Wahl des Kurortes und der Unterkunft) und der Kostenerstattung (vgl. Abbildung 5, S. 31).

Die **Sparpolitik im Gesundheitswesen** hat inzwischen Art und Höhe der Kostenübernahme durch die zuständigen Sozialleistungsträger entscheidend beeinflußt. Seit 1982 ist durch das betreffende **Kostendämpfungsgesetz** die Prävention, nämlich eine Kurbehandlung für die Erhaltung der Gesundheit, als gesetzliche Leistung von der Rentenversicherung ausgeschlossen. Das **Gesundheitsreformgesetz** (GRG) hat dann mit Wirkung vom 01. Januar 1989 den gesetzlichen Krankenkassen erhebliche Einschränkungen im Leistungsangebot bei den vornehmlich auf Prävention ausgerichteten ambulanten Kuren verordnet. Mit dem **Gesundheitsstrukturgesetz** 1993 (GSG) sind weitere Neuregelungen für das Kurwesen hinzugekommen: die „Budgetierung" der Krankenkassenausgaben für stationäre Vorsorge- und Rehabilitationskuren sowie die Änderung der Zuzahlungshöhe bei stationären Kuren.

Die Gesundheitsstrukturreform hat bei den Standorten des Heilkurverkehrs tiefgreifende strukturelle Veränderungen hervorgerufen. Der ambulante Kurbereich verzeichnete von 1988 bis 1993 bis zu 50% Rückgänge, und diese Minusentwicklung hält aufgrund der finanziellen Eigenbeteiligung bei ambulanten Kuren von mindestens etwa DM 1.500,- weiterhin an. Viele kleinere Beherbergungsbetriebe mußten deshalb ihren Betrieb einstellen. In den Kurorten der alten Bundesländer sank inzwischen die Zahl der Betten um 43.300 (-6%). Allein in den Mineral- und Moorheilbädern verringerte sich die Bettenzahl um 19.000, in den Heilklimatischen Kurorten waren es 15.000.[25]

Da die zentralen/örtlichen Kurmittelhäuser mit ihren therapeutischen Anwendungsmöglichkeiten in der Vergangenheit im wesentlichen eine Funktion im Rahmen der ambulanten Vorsorgekuren erfüllt haben, beklagen nun ihre i.d.R. öffentlichen Träger gravierende finanzielle Probleme. Die Zurückhaltung, die den Ärzten bei ihrer Verordnung von Heilmitteln durch das Gesundheitsstrukturgesetz (GSG) 1993 auferlegt wurde, haben den Kurmittelhäusern noch einmal zusätzliche Einbußen von bis zu 20% bei der Abgabe von Kurmitteln gebracht. Wegen der hohen jährlichen Defizite – teilweise in Millionenhöhe – ist der Fortbestand der zentralen Kurmitteleinrichtungen bereits vielerorts in Frage gestellt.

---

[25] Quelle der Zahlenangaben: **Presseerklärungen des Deutschen Bäderverbandes e.V.** anläßlich der Internationalen Tourismus-Börse 1994 in Berlin.

Abb. 5

Kurformen

ambulante Kur*

Kurort und Unterkunft können im Einvernehmen mit dem Arzt weitgehend frei gewählt werden

- **ambulante Vorsorgekur**
  Kuren dieser Art kommen nur in Betracht, wenn eine Schwächung oder Gefährdung der Gesundheit vorliegt und ambulante Behandlungsmaßnahmen (am Wohnort) nicht ausreichen oder nicht geeignet sind, den Eintritt einer Krankheit zu verhüten

- **ambulante Rehabilitationskur**
  Kuren dieser Art kommen in Betracht, wenn eine Krankheit bereits eingetreten ist und eine ambulante Krankenbehandlung (am Wohnort) nicht ausreicht.

Kostenerstattungen
der gesetzlichen Krankenkassen:
- die vollen Kosten für die ärztliche Behandlung
- 90% der Kosten für die ärztlich verordneten Kurmittel
- einen Zuschuß in Höhe von DM 15,-- pro Kurtag für Unterkunft, Verpflegung, Fahrtkosten und Kurtaxe

stationäre Kur*

weitgehend verordnete stationäre Behandlung mit Unterkunft und Verpflegung in einem Sanatorium, einer Kurklinik oder in einem Rehabilitationszentrum

- **stationäre Vorsorgekur**
  Kuren dieser Art kommen nur dann in Betracht, wenn weder die ambulante Behandlung am Wohnort noch eine ambulante Vorsorgekur ausreichend und zweckmäßig sind

- **stationäre Rehabilitationskur**
  Kuren dieser Art kommen nur dann in Betracht, wenn weder eine ambulante Krankenbehandlung noch eine ambulante Rehabilitationskur ausreichend und zweckmäßig sind

- **volle Kostenübernahme** durch
  - gesetzl. Krankenkassen
    betr. stationäre Vorsorgekuren u. Genesungskuren
  - Rentenversicherung
    Rehabilitation = Erhaltung der Arbeitskraft
  - Unfallversicherung, Berufsgenossenschaft
  - Versorgungsamt
    für Kriegs- und Wehrdienstgeschädigte und Opfer von Gewalt
  - Sozialamt
    für den, der weder renten- noch krankenversichert ist und als bedürftig gilt

Zuzahlungen (=Verpflegungsausgleich)
pro Tag DM 12,-- / = alte Bundesländer
pro Tag DM 9,-- / = neue Bundesländer
längstens 14 Tage bei krankenhausähnlichem Aufenthalt

(Stand 1994)

---

* Für Beamte Kostenerstattungen gemäß Beihilfeanspruch

Das Schwergewicht im deutschen Heilkurwesen verlagert sich inzwischen immer einseitiger auf das stationäre Kurverfahren, denn die Kurmaßnahmen in Kurkliniken, Sanatorien und Vertragskurheimen der Sozialversicherungsträger haben dagegen wieder kräftig zugenommen. Dabei haben gesetzliche Veränderungen zu einer deutlichen Verschiebung von der dreiwöchigen ambulanten zur vierwöchigen stationären Kur geführt. Die klassischen Heilbäder brauchen zweifellos diese Sozialkuren, weil sie im Saisonverlauf für eine ziemlich ausgeprägte Gleichverteilung sorgen. Doch die jetzige einseitige Entwicklung bei den Kurformen kann gewiß nicht ohne Sorge gesehen werden, denn Kur-, Rehabilitations- und Spezialkliniken alleine machen noch keinen lebendigen Kurort aus. Je mehr nämlich diese Rehabilitationsstätten das örtliche Erscheinungsbild bestimmen, desto geringer ist die Chance, Privatkurgäste/Privatgäste zu gewinnen und ebenso neue moderne Hotelbetrieb anzusiedeln.

Um sich weiterentwickelten Therapieformen zu stellen, ist die Kreativität der Standorte des Heilkurverkehrs angesagt. Diesem Gebot entsprechen bereits einige Heilbäder und Kurorte recht erfolgreich mit der Einführung von **Kompaktkuren** als Ergänzung des ambulanten Kurangebotes. Hierfür sind bereits die entsprechenden Rahmenbedingungen mit den Spitzenverbänden der Krankenkassen vereinbart worden. Die ambulante Kompaktkur entspricht einer teilstationären Versorgung im Kurbereich und soll zur Kostendämpfung der Kurorte beitragen. Die Patienten wählen, wie in anderen Formen der ambulanten Kur, ihre Unterkunft selbst und erhalten eine spezielle Verpflegung in der örtlichen Hotellerie und Gastronomie. Kompaktkuren sind gruppenorientiert und streng indikationsbezogen.

Verschiedene Heilbäder und Kurorte sind inzwischen im Rahmen der ambulanten Rehabilitation tätig geworden. Die **teilstationäre Rehabilitation** wendet sich in erster Linie an Versicherte, für die eine wohnortferne, stationäre Rehabilitationsmaßnahme aus beruflichen oder familiären Gründen nicht in Frage kommt. Diese Angebotsform wird gewiß zunehmen. Nach dem Gesundheitsstrukturgesetz fordert nämlich die deutsche Bundesregierung die Renten- und Krankenversicherungsträger auf, bei Rehabilitationsmaßnahmen zu prüfen, ob der Patient unbedingt in die stationäre Reha-Maßnahme eingewiesen werden muß oder ob eine ambulante Reha-Maßnahme vor Ort bzw. in der Umgebung, die sich ja auch von der Kostenseite für den jeweiligen Krankenkassenversicherungsträger günstiger darstellt, das gleiche Ergebnis bringt.

4 Kur- und Erholungsorte im Wandel

Im Leitbild der am 01. Januar 1989 eingeleiteten Gesundheitsstrukturreform wird die Kostenexpansion im Gesundheitswesen nur in den Griff zu bekommen sein, wenn die Medizin und die Bundesbürger über das „Reparaturdenken" hinauskommen und es gelingen wird, Gesundheit überzeugend als ein Ergebnis von Kräften und Fähigkeiten darzustellen, die durch ein gesundheitsgerechtes eigenes Verhalten erhalten werden können. Wer Selbstverantwortung für das eigene Wohlbefinden übernehmen soll, muß dazu motiviert und aktiviert werden und Gelegenheiten zum Einüben und Trainieren erhalten, damit die Sichtweise zur Lebensweise wird. Gerade die sog. Heilbäderkurorte sind besonders prädestiniert dafür, sich zugleich gegenüber den Bundesbürgern im Rahmen ihrer Freizeit- bzw. Urlaubsgestaltung als **„Trainingsstätte" für eine gesundheitsbewußte Lebensweise** zu profilieren. So muß denn auch die ehemals weitgehend passive Kurbehandlung folgerichtig zu einem aktiven Ganzheitstraining von Körper, Seele und Geist ausgerichtet werden. Dem zukünftigen Gesundheitsurlauber wird es verstärkt darauf ankommen, daß sich das Image „Heilbad" bzw. „Kurort" mit ortsspezifischen Erlebnisprofilen verbindet. Allein der Status „Heilbad" bzw. „Kurort" darf somit nicht von vornherein als Gunstfaktor für die Auslösung einer gesundheitsorientierten Fremdenverkehrsnachfrage gesehen werden. Die subjektive Wahrnehmung der „Benefits" gewinnt an Bedeutung.

Die neue Generation der Erholungssuchenden offenbart bereits mit gesundheitsbewußten Lebensgewohnheiten in Freizeit und Urlaub ein verstärktes Gesunderhaltungsinteresse. Die Um- bzw. Neugestaltung der Hallenbäder ist eine Antwort auf diesen Orientierungsbezug. Hinter den Prädikaten „Luftkurort" bzw. „Seebad" bzw. „Erholungsort" verbergen sich inzwischen immer mehr **„neue" Ferienorte**, die ihren Gästen **„Spaß- und Erlebnisbäder mit Gesundheits- und Vitalangeboten"** offerieren und sich mit vielfältigen **„Kreativ-Aktiv-Gesundheits-Programmen"** profilieren.[26] Mit einem solchen kurortähnlichen Angebot im Dienste der Gesundheitsförderung sind damit zugleich auch gewöhnliche Ferienorte zu Konkurrenten der einzelnen sog. Heilbäderkurorte geworden.

---

26 Vgl. hierzu auch **Wöhler, Kh.**: „Müssen sich die Kurorte umprofilieren?" in: Frieder Stadtfeld (Hrsg.), *Europäische Kurorte – Fakten und Perspektiven*, Limburgerhof 1993, S. 13–28.

IV. Orientierungsrahmen für die kommunale Fremdenverkehrsorganisation

Nachdem der deutsche Fremdenverkehr im alten Bundesgebiet eine mehr als 30jährige rasante Nachfrageentwicklung verzeichnen konnte, sind nunmehr Konsolidierungs- und Ausleseprozesse erkennbar. Die westdeutschen Fremdenverkehrsstandorte stehen nun aufgrund vielerorts entstandener Überkapazitäten vor dem schwierigen Problem, ihre zukünftige Nachfrage zu sichern. Inzwischen hat sich nämlich das Gästeverhalten entscheidend verändert. Aufgrund ihrer Reiseerfahrungen und ihres umfassenden Überblicks stellen die Gäste heute genaue Vergleiche an; sie verlangen ganz generell mehr Qualität und individuellen Urlaubsgenuß. Der Nachfragetrend geht weg vom Massentourismus und hin zum Zielgruppentourismus.

Wer als Fremdenverkehrsort mit seiner Angebotspolitik nicht nur reagieren, sondern agieren will, steht heute mit seiner Marketingstrategie vor dem Zwang der Profilierung bzw. Spezialisierung. Verbesserungen und Neuerungen in der touristischen Infrastruktur sowie bei den überbetrieblichen Einrichtungen werden den kommunalen Gebietskörperschaften weiter hohe Investitionen für den Fremdenverkehr abverlangen.

In dem sich immer mehr verschärfenden Wettbewerb stellt zwangsläufig auch die **Vermarktung** neue Anforderungen an die kommunale Fremdenverkehrsförderung und -organisation. Man wird längst begriffen haben müssen, daß nur die Nähe zum Markt, d.h. zum potentiellen Gast, der Schlüssel zum Erfolg sein kann. Marktbearbeitung verlangt heute ein engagiertes verkaufsorientiertes Handeln, und diese Aufgabe wird letztlich nur eine Fremdenverkehrsorganisation mit marktorientierter Führungsweise sicherstellen können. Für Schritte in diese Richtung rücken zugleich neue Beteiligungs- und Finanzierungsmodelle in den Vordergrund.

Für die deutschen Fremdenverkehrsgemeinden und -städte wird es nämlich unausweichlich werden, sich verstärkt auf das Subsidiaritätsprinzip zu berufen und ihr finanzielles Engagement vornehmlich auf die Gesamtförderung des Fremdenverkehrs, d.h. auf die Verbesserung der wirtschaftlichen Rahmenbedingungen, zu beschränken, denn in Zukunft werden die Handlungsspielräume der öffentlichen Haushalte immer enger.

Es muß zwangsläufig als geboten erachtet werden, **touristische Leistungsträger an der Finanzierung bestimmter Marketingaufgaben mitzubeteiligen**, aber auch, daß die betreffende Marketingorganisation zunehmend selbst kommerziell tätig wird, um **eigene Einnahmen als Deckungsbeitrag zur Fremdenverkehrsarbeit zu erwirtschaften**. Bei knapper werdenden öffentlichen Ressourcen gewinnt die Erschließung zusätzlicher Erlösmöglichkeiten an Bedeutung. Dies bedingt aber auch, daß die globale örtliche Vermarktung touristischer Leistungen in privatwirtschaftlich organisierter Weise vollzogen wird, da die öffentlich-rechtlichen Organisationsformen eine Kommerzialisierung[27] nur bedingt zulassen sowie eine gesellschaftsrechtliche Mitbeteiligung der touristischen Leistungsträgerschaft ausschließen.

Die Frage nach der adäquaten Trägerschaftsform in der kommunalen Fremdenverkehrsförderung und somit eine entsprechende Rechtsformdiskussion ist im deutschen Fremdenverkehr nicht zufällig aufgekommen. Sie wird vielmehr durch die nachfolgend aufgeführten **neuen Orientierungsfelder in der kommunalen Fremdenverkehrsförderung** ausgelöst:

– **kaufmännisch-wirtschaftliche Führungsweise**
– **Verselbständigung und Erweiterung des Handlungsumfanges**
– **Beteiligung der örtlichen Leistungsträgerschaft**
– **Kommerzialisierung.**

Die Ziele für die Änderungen der Organisationsform in der Fremdenverkehrsförderung sind überall gleich. Man will in erster Linie mehr Effektivität erreichen. Schließlich gibt es generell keine Branche in der Bundesrepublik Deutschland, die bei einem ähnlich großen Umsatz so wenig professionell organisiert ist. Doch man kann auch nicht auf eine für alle Fremdenverkehrsgemeinden einheitliche Lösung in der Fremdenverkehrsförderung zurückgreifen. Die ortsspezifischen Eigenheiten und Strukturen sowie die fremdenverkehrswirtschaftlichen Zielsetzungen müssen in die Überlegungen einbezogen werden.

Wesentlicher Anhaltspunkt für die Organisationsgestaltung ist zunächst erst einmal das **Aufgabenfeld der Fremdenverkehrsförderung**, das sich inzwischen beträchtlich ausgeweitet hat, weil der zunehmende Wettbewerbsdruck den Fremdenverkehrsgemeinden verstärktes marktorientiertes und absatzorientiertes Handeln abverlangt. Die Aufgabengliederung in

– **öffentliche (gemeinwirtschaftliche) Aufgaben**
– **privatwirtschaftlich-orientierte Aufgaben (Vermarktungsaktivitäten)**

sowie ihre Gewichtung sollten maßgebend die Wahl der betreffenden Organisationsform bzw. -struktur in den Fremdenverkehrsgemeinden bestimmen, denn die verschiedenen Organisationsformen (Rechtsformen) eignen sich unterschiedlich gut für die jeweiligen Aufgabenfelder.

---

[27] **Kommerzialisierung** = Verkauf von Leistungen, wobei ein direktes Entgelt von seiten der Nutznießer (Leistungsträger bzw. Gäste) geleistet wird.

V. Die Gemeinde/Stadt als Organisationsträger der kommunalen Fremdenverkehrsförderung

1 Die gemeinwirtschaftliche Aufgabenstellung der Gemeinde/Stadt

Daß die kommunale Fremdenverkehrsförderung heute immer noch überwiegend in der ausschließlichen Regie der Gemeinde/Stadt vollzogen wird, nämlich als eine Angelegenheit der öffentlichen Hand, hängt mit dem bisherigen Grundverständnis von der kommunalen Fremdenverkehrsförderung zusammen. Danach obliegt einer Gemeinde bzw. Stadt nach Maßgabe des Kommunalrechts eine gemeinwirtschaftliche Aufgabenstellung. Auf den Fremdenverkehr bezogen heißt diese Aufgabe „**Gesamtförderung des örtlichen Fremdenverkehrs**", nämlich Verbesserung der wirtschaftlichen Rahmenbedingungen für den Fremdenverkehr (vgl. Abbildung 6, S. 37).

a. Grundlegende Angebotspolitik

Gesamtförderung des Fremdenverkehrs heißt zum einen **Schaffung, Pflege und Organisation von öffentlichen touristischen Einrichtungen**. Diese Maßnahmen/Aktivitäten beinhalten im wesentlichen die angebotspolitischen/ = produktpolitischen Zielsetzungen der Gemeinde/Stadt. Dabei hängt die Intensität ihres Engagements auch vom Prädikat der Gemeinde als Fremdenverkehrsort ab. Die Landesverordnungen schreiben – wie bereits vermerkt – bestimmte Voraussetzungen für die entsprechende Anerkennung als Kur- oder Erholungsort vor (vgl. Abbildung 3, S. 27). Auch **Veranstaltungen** sind dem Gemeindeengagement für den örtlichen Fremdenverkehr zuzurechnen, denn die Erhebungsberechtigung der Kurabgabe als Beitrag der genannten Aufgaben bezieht Veranstaltungen mit ein.

b. Grundlegende Kommunikationspolitik

Gesamtförderung des Fremdenverkehrs durch die Gemeinde versteht sich aber auch als **grundlegende Kommunikationspolitik /= Öffentlichkeitsarbeit (PR) und allgemeine Werbung**. Dabei kann als Ausgestaltungsform der Werbung eigentlich nur die **Imagewerbung** in Betracht gezogen werden, denn eine Verkaufswerbung ist schließlich der Interessensphäre der gewerblichen Leistungsträgerschaft zuzurechnen.

Mit Imagewerbung ist die **audio-visuelle Positivierung des touristischen Angebotsprofils** gemeint. Sie schließt sowohl die Ortswerbung (Werbemittel sind Ortsprospekt, Imageanzeigen, Poster, Informationsmaterial) als auch die Beteiligung an der Gebietswerbung ein.

Abb. 6

Gemeinwirtschaftliche Aufgabenstellung der Stadt/Gemeinde in der Fremdenverkehrsförderung

= **Gesamtförderung des Fremdenverkehrs**
(Verbesserung der wirtschaftl. Rahmenbedingungen
f. d. Fremdenverkehr)

(1)
- Schaffung, Pflege und Organisation von touristischen Einrichtungen
- Veranstaltungen

= Angebotspolitik
(i. e. S. = **Produktpolitik**)

(2)
- Allgemeine Werbung /= Imagewerbung
  - **Ortswerbung**: Ortsprospekt
    Imageanzeigen
    Poster
    Informationsmaterial
  - Beteiligung an der **Gebietswerbung**
  - **PR** /= Öffentlichkeitsarbeit

= grundlegende **Kommunikationspolitik**

(1) **Kurtaxe** als Beitrag für die Aufwendungen/abgabepflichtig: Kurgäste

(2) **Fremdenverkehrsabgabe** als Beitrag für die Aufwendungen
abgabepflichtig: alle Ortsansässigen, die aus dem Fremdenverkehr unmittelbar bzw. mittelbar erwerbswirtschaftlichen Nutzen ziehen.

(1) Allgemeine Werbung

Werbung darf nie isoliert gesehen werden, sondern nachgeordnet (abgestellt auf die Angebotspolitik) und aufeinander abgestimmt mit allen anderen Instrumenten des Marketing (abgestimmt auf die potentielle Nachfrage, d.h. Marktsegmente und Zielgruppen).

Die Funktionsabläufe der Werbung gliedern sich in **Werbeplanung** und **Werbegestaltung**. Eine Fremdenverkehrsstelle wird sich im allgemeinen nicht der Ausgestaltung eines Werbemittels widmen. Das wäre auch Aufgabe eines Graphikers, eines Fotografen und eines Texters. Man faßt die Arbeitsabläufe dieser Spezialisten mit dem Begriff „Werbegestaltung" zusammen. Doch Werbegestalter werden nur dann effektive Arbeitsleistungen verrichten können, wenn ihnen eine **ideelle Planung (Briefing)** vorgegeben wird. Das Briefing ist die Arbeitsgrundlage für die Werbeplanung.

Es muß also von Fremdenverkehrsfachleuten erwartet werden, daß sie sich für die Werbeplanung verantwortlich zeigen. Unter **Werbeplanung** ist die **Festlegung der Kommunikationsziele** zu verstehen. Diese Kommunikationsziele lassen sich mit folgenden **Fragestellungen** verbinden:

Wofür, d.h. für welches / um welches Marktpotential, soll geworben werden? **(Werbeziel)**
Diese Fragestellung zielt auf die **Marktsegmente** ab, die umworben werden sollen. Es kommen dabei folgende gängigen Marktsegmente in Betracht:
– Gesundheitstourismus (Kurverkehr)
– Erholungstourismus (Aktivurlaub/= Sport und andere Hobbys)
– Kurzreiseverkehr (Erlebnisurlaub)
– Kongreß-, Tagungs- und Seminartourismus.

Ein Marktsegment kennzeichnet lediglich den Reise- bzw. Aufenthaltszweck. Die Werbeplanung muß als nächstes festlegen, auf welche vorherrschenden Zielgruppen die Werbung mit Bezug auf jedes einzelne Marktsegment ausgerichtet werden soll.

Wer soll umworben werden? **(Zielgruppen)**
Eine **Zielgruppe** kennzeichnet das Gästepotential nach ganz bestimmten **sozio-demographischen Merkmalen und Präferenzen** (z.B. Alter, Herkunft, Berufsgattung, Beteiligungsweise bzw. Motive, Erwartungen, Einstellungen, Verhaltensweisen, Ansprüche). Zielgruppe können z.B. **Familienurlauber** (Ehepaare mit nicht- bzw. schulpflichtigen Kindern) sein, die familiäre Aufenthaltsgestaltungen ins Auge fassen (Baden/Schwimmen, Wandern, Radfahren, Spielmöglichkeiten, Ausflüge). Eine andere Zielgruppe wären z.B. **ältere Urlauber**, die auf Geruhsamkeit und Entspannung

Wert legen. Als bedeutendes Ausschöpfungspotential gelten heute **sportlich orientierte** Gäste, welche die verschiedensten sportlichen Aktivitäten ausüben wollen. Diese Urlauber beschränken sich aber nicht nur auf die jüngere Altersgruppe. Martin Lohmann und Astrid Kösterke wiesen bereits mit der „Reiseanalyse 90" nach, daß die Menschen i.d.R. ihr Reiseverhalten fast überhaupt nicht ändern, sondern lediglich dosieren. „Gewohnheiten, die in Jugendjahren oder im frühen Erwachsenenalter angenommen wurden, bleiben bis ins Alter konstant." Anders gesagt: „So wie ein Mensch in jungen Jahren verreist, so wird er i.d.R. auch im Alter unterwegs sein."[28]

Wie soll umworben werden? (**Werbeaussagen**)
Es handelt sich um das **gesamte werbliche Aussagenspektrum**, das aus der Reflexion des touristischen Gesamtangebots gegenüber den zuvor festgestellten Aufenthaltsorientierungen im Erholungstourismus und ggf. unter Einbeziehung der Voraussetzungen für Tagungen/Schulungen sowie Geselligkeit im Ort resultiert. Es müssen also sämtliche charakteristische Angebotsattribute festgelegt werden, die für Aufenthaltsorientierungen relevant sind.

In dieses werbliche Umfeld muß dann nach Möglichkeit eine **zentrale werbliche Botschaft** eingebettet sein, die das Einzigartige (das eigene, besondere Profil als Kontrast gegenüber Mitbewerbern) herausstellt. Die Marketingliteratur bezeichnet die Werbebotschaft als die grundsätzliche Argumentation, mit der ein Anbieter die Aufmerksamkeit und Sympathie seiner potentiellen Kunden gewinnen und sie zur Produktentscheidung motivieren möchte.

Womit soll geworben werden? (**Werbemittel** und **Werbeträger/= Medien**)
Es sind sowohl **Werbemittelentscheidungen** (betr. Anzeigen, Prospekte, Kataloge, Plakate, Werbebriefe usw.) als auch **Werbeträgerentscheidungen** (Pressemedien, Funkmedien) zu treffen. Mit den letztgenannten Entscheidungen ist die Erstellung eines **Mediaplans** gemeint, der die Auswahl der Medien (Tageszeitungen, Publikumszeitschriften, Fachzeitschriften, Direktwerbung, Hörfunkwerbung, Fernsehwerbung usw.) und ihre räumliche und zeitliche Streuung festhält.

Es dürfte gewiß aus „rationellen" Gründen angebracht sein, so manche planerischen Hinweise auch für die Gestaltung der Werbemittel vorzugeben; die Kreativität der Ausgestaltungen muß aber von vornherein weitgehend unbeeinflußt bleiben (vgl. Abbildung 7, S. 40. Die Arbeitsleistungen der Werbegestaltung).

---

[28] **Lohmann, M. / Kösterke, A.**, „Senioren: Ewig junges Reiseverhalten" in: *Reiseanalyse 1990*, Hrsg.: Studienkreis für Tourismus, Starnberg 1990.

Abb. 7

Werbegestaltung

Die Werbegestaltung umfaßt folgende **Arbeitsleistungen**:

(1) Festlegung des Formats
- Anzeigenformat
- Prospektformat•
  - Umschlagsformat /= Faltprospekt ⎫
  - Quadratformat /= Reisebüroformat ⎬ =**Streuprospekt**
  - Hochformat (DIN A4),   Prospekt=**Magazin**
- additive Darstellungsweise /= **Heftseitenprospekt**
- integrierende fließende Darstellungsweise /= **Klappseiten-Prospekt**

(2) Betr. **Prospekt**
- Auswahl der Bildmotive (bezogen auf die Aufenthaltsorientierungen)
- Textkomposition
- Slogan / i. d. R. auf der Titelseite
  (= zentraler verbaler Aufmacher als globale Ansprache der Gäste)
- Layout /= die gestalterischen Elemente
  - Schriftart (Titelschrift, Textschrift)
  - Farbe (betr. Fond u. Schriftzüge)
  - Trassierung /= Anordnung der Bilder
  - Verknüpfung Bild/Text
    - Einzelbilderklärungen
    - fließende / integrierende Erklärungen
  - plakative Ausgestaltung des Covers (Titelseite, Rückseite)
  - Signet
  - Logo (= Design-Verbund aus Signet, Schriftzug des Fremdenverkehrsortes und Slogan)

(3) **Werbelinie (=Corporate Image)**
Einheitliche typographische Elemente zur Integration in **alle gedruckten Informationsträger** (Briefbögen, Verkaufsanzeigen, Veranstaltungskalender, Poster)
  - der **offiziellen Organisationsträger**
    Kurverwaltung / Fremdenverkehrsamt, Fremdenverkehrsverein, Gemeindeverwaltung = Behörden
  - der **gewerblichen Leistungsträger** (u. a. Hausprospekte)

Es muß der **Grundsatz** beachtet werden, **daß Werbung auf wechselseitiger Unterstützung beruhen muß**. Jeder Fremdenverkehrsort bringt heute einen mehr oder weniger aufwendigen Prospekt heraus und sieht damit das Werbeangebot als nahezu erfüllt an. Doch auf den Prospekt allein können sich die Werbeaktivitäten nicht beschränken. Der Prospekt ist nämlich ein passives Werbemittel, d.h., der Prospekt muß erst in die Hand des potentiellen Gastes gelangen.

Die bloße Verteilung des Prospekts am Fremdenverkehrsort/Zielort würde schon gar nicht den eigentlichen, unmittelbaren Zweck erfüllen, denn der Prospekt soll als Verkaufshilfe im Sinne eines Angebots „vor Ort" (d.h. am Herkunftsort des Gastes) fungieren. Der Prospekt braucht demzufolge die Unterstützung verschiedener Katalysatoren, die das Interesse für den Prospekt beeinflussen. Alle Werbemaßnahmen verkörpern sozusagen ein „Werbeorchester", das die bestmögliche Werbewirkung („Klang") sicherstellen soll.

Die **Abstimmung zwischen den einzelnen Kommunikationsmitteln** ist nach ihrem Wirkungsgrad auf den Reiseentscheidungsvollzug zu treffen. Eine Reiseentscheidung erweist sich als ein Ausreifungsprozeß, der in vier Phasen abläuft (**4-Phasen-Modell = AIDA**). Es ist somit wichtig zu wissen, in welcher Phase der Reiseentscheidung die einzelnen Werbemittel/Werbeträger genutzt werden. Die Abbildung 8, S. 42, ist für deren Auswahl eine wichtige Entscheidungshilfe.

Die **Aufmerksamkeit** auf eine bestimmte Reisedestination (Fremdenverkehrsort bzw. -gebiet) wird in erster Linie durch **Berichte in Zeitungen bzw. Zeitschriften und durch TV- und Rundfunkreportagen** ausgelöst. Daraus ist also ersichtlich, wie wichtig der Medienkontakt und somit die Öffentlichkeitsarbeit ist. Berichterstattungen erscheinen den meisten Interessenten als authentische Berichte, ihnen wird ein höherer Wahrheitsgehalt beigemessen als bezahlter Werbung. Die Reisenden verlassen sich auch in einem hohen Maße auf **Empfehlungen von Verwandten und Bekannten**. Als neutrale Informationsquelle gewinnen auch **Reiseführer** und **Reisemagazine** immer mehr an Bedeutung.

Es muß aber auch das Beziehungsgefüge innerhalb der Aufmerksamkeitsphase Beachtung finden, nämlich der Zusammenhang zwischen Printwerbung und publizitätsfördernden Aktionen bzw. Beiträgen.

Abb. 8

Die Nutzung einzelner Informationsträger in den 4 Phasen der Reiseentscheidung

Phase 1 /Attention	Phase 2/ Interest	Phase 3 /Decision	Phase 4 /Action
Berichte in Zeitungen, Zeitschriften, TV und Hörfunk, Reportagen 22,0%	Auskünfte durch Reisebüro, Verkehrsverein, Automobilclub 21,4%	Auskünfte durch Reisebüro, Verkehrsverein, Automobilclub 23,5%	Gebiets-Ortsprospekte, Prospekte einzelner Unterkünfte 23,0%
Berichte von Verwandten und Bekannten 18,4%	Gebiets-Ortsprospekte, Prospekte einzelner Unterkünfte 15,1%	Gebiets-Ortsprospekte, Prospekte einzelner Unterkünfte 23,3%	Auskünfte durch Reisebüro, Verkehrsverein, Automobilclub 19,5%
Werbung in den klassischen Medien, Plakat-, Printwerbung 18,1%	Berichte in Zeitungen, Zeitschriften, TV und Hörfunk, Reportagen 13,8%	Berichte von Verwandten und Bekannten 12,2%	Berichte von Verwandten und Bekannten 13,0%
Auskünfte durch Reisebüro, Verkehrsverein, Automobilclub 10,3%	Berichte von Verwandten und Bekannten 13,7%	Kataloge der Reiseveranstalter 8,6%	Reiseführer, Reisebücher 7,8%
Kataloge der Reiseveranstalter 8,1%	Kataloge der Reiseveranstalter 11,0%	Berichte in Zeitungen, Zeitschriften, TV und Hörfunk, Reportagen 8,4%	Berichte in Zeitungen, Zeitschriften, TV und Hörfunk, Reportagen 7,5%
Gebiets-Ortsprospekte, Prospekte einzelner Unterkünfte 7,3%	Werbung in den klassischen Medien, Plakat-, Printwerbung 7,7%	Reiseführer, Reisebücher 5,9%	Kataloge der Reiseveranstalter 6,4%
Reiseführer, Reisebücher 4,4%	Reiseführer, Reisebücher 5,9%	Werbung in den klassischen Medien, Plakat-, Printwerbung 5,5%	Werbung in den klassischen Medien, Plakat-, Printwerbung 5,3%

A-Attention Die Werbung soll die Aufmerksamkeit des Umworbenen auf sich ziehen.
I-Interest   Die spezielle Werbebotschaft soll Interesse erwecken.
D-Desire   Das ausgelöste Interesse in der Folge zu einem Wunsch verdichten.
A-Action   Der Wunsch soll im Sinne des Werbetreibenden realisiert werden.

Die obige Abbildung[29] zeigt, wie die verschiedenen Kommunikationsmittel den Ausreifungsverfahren der Reiseentscheidung zugeordnet werden können und welchen Einfluß sie in den verschiedenen Phasen haben.

---

29) Quelle: Zolles/Ferner/Müller: Marketingpraxis für den Fremdenverkehr, Wien 1981, S. 100.

Anzeigen und Plakate lösen gerade dann bei den Umworbenen eine bewußte und gezielte Aufmerksamkeit aus, wenn die Vorstellungsbilder mit Assoziationen aus Berichterstattungen in Zeitungen/Zeitschriften und im Hörfunk sowie aus Bildern von Film- und Fernsehproduktionen verknüpft werden können. Die Fernsehserie „Schwarzwaldklinik" hat den Werbeanzeigen der Schwarzwaldorte eine unverkennbare Resonanz beschert und zugleich das Problem des „Baumsterbens" in den Hintergrund treten lassen. Die betreffende Fernsehsendung im Rahmen der früheren „ZDF-Sonntagskonzerte" mit Landschaftsszenen aus Ostholstein war z.b. die beste Grundlage für eine effektive Anzeigenwerbung für die „Holsteinische Schweiz" im entfernt gelegenen süddeutschen Raum.

Prospekte werden zwar als eine recht gute angebotsorientierte Informationsgrundlage gewertet, doch auch **Streuprospekte** erreichen im voraus die potentiellen Gäste in einem zu geringen Maße. Orts-, Gebiets- und Unterkunftsprospekte werden i.d.R. erst bei den betreffenden Fremdenverkehrsstellen angefordert und erweisen sich dann zweifellos als Entscheidungsgrundlage. Mit einem Streuprospekt wird man zwar eine gewisse Aufmerksamkeit bei potentiellen Gästen auslösen können, solche wenigen Informationen reichen vielfach aber nicht aus, um mehrere unterschiedlich interessierte Zielgruppen gleichzeitig mit Schlüsselinformationen zu versorgen. Der Ortsprospekt als Basiswerbemittel sollte deshalb den Charakter eines **Magazins** haben. Eine selektive Imagewerbung mit verschiedenen zielgruppenbezogenen Einzelprospekten ist im allgemeinen nicht zu empfehlen. Auch wenn die Orientierung schwerpunktmäßig auf einem bestimmten Aspekt liegt, sind i.d.R. verschiedene Orientierungsaspekte wechselseitig miteinander verbunden. Deshalb ist es ergiebiger, mit Hilfe eines breiten werblichen Umfeldes einem umfassenderen Orientierungskomplex Rechnung zu tragen.

Als wirkungsvollste Werbung erweisen sich nun einmal zufriedene Gäste, und als solche zeichnen sich insbesondere Stammgäste aus. Von ihnen geht ein Weitersagen, eine **„Mund-zu-Mund-Propaganda"** aus (= innere Werbung). Eine Untersuchung der Deutschen Lufthansa AG hat ergeben, daß ein zufriedener Gast seine positiven Erfahrungen acht Personen mitteilt. Es empfiehlt sich deshalb, die „gute Nachrede" in den Dienst der Gästebetreuung zu stellen. In diesem Sinne sollten die Fremdenverkehrsstellenleitung und die betreffenden Vermieter Verabschiedungsgrüße/Dankesgrüße mit beiliegenden Anfragekarten den abreisenden Gästen zukommen lassen, damit diese Karten an Interessenten weitergegeben werden können.

Die **innere Werbung** muß auch als wichtiger Faktor für die **äußere Werbung** gesehen werden. Je stärker nämlich die innere Werbungsintensität ausgeprägt ist, desto besser ist zugleich der Boden für die äußere Werbung vorbereitet. Aus dieser Erkenntnis leitet sich auch eine entsprechende Richtlinie für die Werbeträger ab. Der räumliche Einsatz z.B. des Pressemediums für die Anzeigenwerbung sollte sich in erster Linie an den bestehenden Einzugsgebieten der bisherigen Gäste orientieren. Dort ist der Boden bereits vorbereitet, dort ist die Bereitschaft, die entsprechenden Werbeargumente aufzunehmen, am größten.

Eine **Anzeigenwerbung** wird nur dann Aufmerksamkeit erzeugen und Interesse auslösen können, wenn sie durch **Auffälligkeit** Aufmerksamkeit findet. Es gilt darum von vornherein die Devise: Je größer die Anzeige, desto mehr Aufmerksamkeit wird ihr entgegengebracht. Man sollte hierbei berücksichtigen, daß das Reiseinteresse sich ja nicht nur auf das Image eines Ortes bezieht, sondern auch die Unterkünfte einschließt. So bringt eine **Verbund- bzw. Komplementärwerbung** mit „profilierten" Beherbergungsbetrieben eine erhebliche Vergrößerung der Anzeigenfläche und kann somit nicht übersehen werden. Die aufgeführten Beherbergungsbetriebe präsentieren sich dann als Gastgeber und stützen das Image des Ortes bzw. des Gebietes. Das Image des Ortes bzw. des Gebietes kann dann wiederum den genannten Leistungsträgern zugute kommen.

Was die **Insertion von Anzeigen** anbetrifft, so werden im allgemeinen **Zeitungen** stärker als **Zeitschriften** für Anzeigen eingesetzt, doch die Effektivität des Mediums Zeitschriften sollte höher bewertet werden. Folgende quantitative und qualitative Gründe sprechen dafür:

– Mit etwa 600 Zeitschriften bietet der Zeitschriftenmarkt eine besondere Vielfalt;
– Zeitschriften sprechen die gleiche Bevölkerungszahl wie Zeitungen an, nämlich 90% der BRD-Bevölkerung;
– Die höchste Auflage erreicht die Mitgliederzeitschrift des ADAC mit einer Auflage von fast 12 Mio. Exemplaren;
– 20 Zeitschriften (darunter sechs Fernseh- und Rundfunkzeitschriften) haben Auflagen von über 1,5 Mio. Exemplaren;
– Die zahlenmäßig stärkste Zeitschriftengruppe wird durch Frauenzeitschriften repräsentiert;
– Frauenzeitschriften sind für die Anzeigenschaltung insofern bedeutungsvoll, weil in Familien Frauen mehr als Männer Entscheidungskatalysatoren für die Urlaubswahl sind (betr. Reiseart, Reiseziel, Unterkunft);
– Zeitschriften werden intensiver als Zeitungen gelesen; sie werden länger aufbewahrt, und man kommt bei gegebenem Interesse auf sie wieder zurück;
– Zeitschriften sind i.d.R. überregional, d.h. sie decken ganz Deutschland ab;
– Zeitschriften (insbesondere Fachzeitschriften) sind zielgruppenbezogener als Zeitungen.

Anmerkung: Als Medium für die Anzeigenschaltung sollten zugleich die beliebt gewordenen wöchentlichen **Supplements** bestimmter Tageszeitungen gesehen werden. Sie haben gleichermaßen den Charakter einer Zeitschrift und sind für die Anzeigenwerbung insofern prädestiniert, als sie thematisch ohnehin in hohem Maße auf „Hobby, Urlaub, Freizeit" ausgerichtet sind. Demzufolge liegt auch ein großes Interesse vor, Informationen sowie Reportagen über einen Fremdenverkehrsstandort zum Textabdruck entgegenzunehmen. Die Anzeigenkosten in den Supplements sind bedeutend geringer als in den Wochenendausgaben der Zeitungen.

Das Bewußtsein, daß Erholungsgäste nur selten eine isolierte Leistung in Anspruch nehmen, sondern meistens ein Leistungsbündel, sollte durch eine **geschlossene leitorientierte Kommunikationspolitik** ihren Ausdruck finden. **Einheitliche typographische Elemente** (Titelschrift des Ortsprospekts, Signet und evtl. sogar ein einheitlicher Slogan) sollten deshalb in alle gedruckten Informationsträger integriert werden, zum einen von seiten aller offiziellen Organisationsträger am Ort (Kurverwaltung/Fremdenverkehrsamt, Fremdenverkehrsverein, Gemeindeverwaltung/Behörden), zum anderen auf Betriebsebene von seiten aller gewerblichen Leistungsträger (betr. Hausprospekte, Briefbögen, Anzeigen). Durch die Einheitlichkeit (**Corporate Design**) steigt die schnelle Erkennbarkeit, Zuordnung und Durchsetzbarkeit einer Information.

Die Funktion einer „**Qualitätsmarke**", die das gesamtörtliche Leistungsversprechen „markant" vermittelt, wird am ausdrucksvollsten durch einen Design-Verbund aus Signet, Schriftzug des Fremdenverkehrsortes und Slogan (umfassend als „**Logo**" bezeichnet) erfüllt. Eine Fremdenverkehrsstadt/-gemeinde sollte deshalb, falls das Gesamtprodukt genügend Profil besitzt, nicht nur werben, sondern eine „Marke" prägen, die eine klare Positionierung enthält und damit für den Gast zu einem Qualitätsgaranten werden kann.

Marken-Beispiele

Es darf aber auch nicht unberücksichtigt bleiben, daß die meisten Fremdenverkehrsstädte bzw. -gemeinden nicht im eigenständigen Profil gesehen werden. Der einzelne Ort profitiert um so mehr davon, je bekannter das Gesamtgebiet wird, so daß einer **gebietsbezogenen Gemeinschaftswerbung** eine große Bedeutung zuzumessen ist. Es wurde bereits durch zahlreiche Untersuchungen nachgewiesen, daß sich Erholungsgäste vornehmlich im Leitbild ihrer Motivationen, Erwartungen und Verhaltensweisen an der landschaftsräumlichen Physiognomie eines Gebietes orientieren. Wenn dann zugleich der betreffende Gebietsname auch noch das Assoziationsbild einer landschaftsräumlichen Geschlossenheit vermittelt, kommt ihm die Bedeutung einer „**Dachmarke**" für ein Reisegebiet zu.

Es ist außerordentlich schwierig festzustellen, welche Werbemittel einen Gästeaufenthalt effektiv bewirkt haben. Meist spielen für den Entscheid zur Wahl eines Fremdenverkehrsortes viele Faktoren mit, teils sogar unbewußt, so daß auch Gästebefragungen nur bedingt Aufschluß geben können. Es wird den meisten eingesetzten Werbemitteln, insbesondere Prospekten und Anzeigen, nachgesagt, daß sie die potentiellen Kunden gar nicht erreichen, weil sie in der Prospekt- und Anzeigenflut untergehen. So ist es unbedingt wichtig, daß die geeigneten Zielgruppen über jene Medien angesprochen werden, die von diesen Zielgruppen auch akzeptiert werden. Alle herkömmlichen werblichen Impulse treffen ja nicht auf ein völlig „meinungsloses" Individuum, sondern auf einen bereits mit bestimmten Einstellungen und Verhaltenssystemen behafteten und vorgeprägten Menschen. Nur wenn die werbliche Kommunikation den Wünschen, Wertvorstellungen und Zielen des Empfängers entspricht, hat sie Erfolg. Was nicht erwartet wird, wird gar nicht erst wahrgenommen. Den kritischen Anmerkungen ist noch eine weitere Feststellung hinzuzufügen. Viele deutsche Fremdenverkehrsorte vermitteln nur eine eingeschränkte Werbebotschaft als „Urlaubsort", wodurch andere bedeutende Profilseiten („Einkaufsstadt", „Erlebnisort", „Tagungsort") unerklärt bleiben.

(2) Öffentlichkeitsarbeit

Das Instrument der Öffentlichkeitsarbeit, auch **Public Relations / PR** genannt, ist vor allem im Zusammenhang speziell mit der Imagewerbung zu sehen. Grundsätzlich haben beide das gleiche Ziel, nämlich zur Erhöhung des Bekanntheitsgrades der Fremdenverkehrsstadt oder -gemeinde und zum Aufbau ihres guten Images beizutragen. Während man bei der Imagewerbung schon genaue Vorstellungen haben wird, wen man wann, wie und wo werblich ansprechen will, sind die Maßnahmen der Öffentlichkeitsarbeit mehr ungezielt darauf ausgerichtet, die allgemeine Öffentlichkeit über Aktivitäten zur Fremdenverkehrsförderung zu informieren, um damit Vertrauen, Sympathie und Übereinstimmung für die Stadt oder Gemeinde als Reiseziel, für deren Fremdenverkehrsorganisation und für ihr Fremdenverkehrsgewerbe zu gewinnen.

Kontakte mit der Öffentlichkeit ergeben sich zwangsläufig. Werden sie nicht bewußt gestaltet und gepflegt, können negative Auswirkungen entstehen. Leider erkennt man die Notwendigkeit von PR-Maßnahmen häufig erst, wenn es zu spät ist, wenn der Fremdenverkehrsort bereits mit kritischen Berichten in den Medien erwähnt wird.

Man gewinnt die öffentliche Meinung (Vertrauen), indem die ideelle Zielsetzung des Fremdenverkehrsengagements und das örtliche Leistungspotential durch ständige Informationen überzeugend dargelegt werden. Das muß zum einen durch die **Medien** (Presse, Radio, Fernsehen) sowie zum anderen in Form von **direkten Kontakten mit der Öffentlichkeit** erfolgen.

Was die Pressearbeit anbetrifft, so dienen regelmäßige **Presseaussendungen** an einen sorgfältig ausgewählten Empfängerkreis schnellen aktuellen Mitteilungen. Für diesen Pressedienst sollte ein spezieller Briefbogen entwickelt werden, der dem werblichen Erscheinungsbild des Fremdenverkehrsortes entspricht. **Pressekonferenzen** sollten nicht zu oft angesetzt werden und bedürfen sorgfältiger Vorbereitung mit stimulierenden Einladungen an die Medienvertreter. Publizität kann in erster Linie durch originelle neuartige Leistungen erzeugt werden, die eben ihrer Besonderheit, Erst- oder gar Einmaligkeit wegen besonders „pressewirksam" sind und oftmals auch das Interesse für eine Radio- bzw. Fernsehberichterstattung finden. Natürlich geht auch von manchen Spitzensportveranstaltungen bzw. attraktiven Kultur- und Unterhaltungsveranstaltungen eine bedeutende akquisitorische Wirkung für den Fremdenverkehrsort aus.

Eine Pressekonferenz darf nicht im Sinne von Absatzwerbung gestaltet sein. Ein Journalist will schließlich seine Leser informieren, in keinem Fall als publizistischer Werber gelten. Selbstverständlich wird eine im allgemeinen kurze Textvorlage zum eigentlichen Anlaß der Pressekonferenz erwartet, darüber hinaus möchten die Reporter aber auch eine Pressemappe mit sämtlichen Informationsgrundlagen einschließlich Fotomaterial zur örtlichen Angebots- und Nachfragesituation im Fremdenverkehr entgegennehmen, damit ihnen zeitraubende Recherchen und Rückfragen bei der Berichtabfassung erspart bleiben. Eine **Presseinformationsreise**, die i.d.R. vom übergeordneten Fremdenverkehrsverband organisiert wird, bringt dem einzelnen Besuchsort dann den größten Nutzen, wenn den teilnehmenden Reisejournalisten allgemein gehaltenes Grundlagenmaterial im voraus zugesandt wird.

Informationsbroschüren, **Gästezeitungen** und **Wochenprogramme** sind sowohl ein Mittel der Verkaufsförderung als auch der Public Relations. Solche Schriften werden jedem Urlaubsaufenthalt dann umfassend gerecht, wenn in jeder neuen Ausgabe die entsprechenden aktuellen Veranstaltungs- und Leistungshinweise von einem ständigen Grundinformationsangebot begleitet werden.

In der Pflege der öffentlichen Meinung rückt natürlich das **Gastgeberverhalten** in den Mittelpunkt der Gästebewertung. Die Mitarbeiter einer Fremdenverkehrsstelle leisten einen wertvollen PR-Beitrag durch ihre **Freundlichkeit** und **Zuvorkommenheit** gegenüber den Gästen und setzen damit zugleich Maßstäbe für die gesamte touristische Anbieterschaft, mit der sie zusammenarbeiten. Im weiteren Sinne spielen sämtliche Ortsbewohner, ihr Auftreten und ihre Gästefreundlichkeit, eine wichtige Rolle. Deshalb muß die **Öffentlichkeitsarbeit** des örtlichen Fremdenverkehrsträgers gleichermaßen „nach innen" ausgerichtet sein. Sie muß zunächst eine **einheitliche Kommunikationsweise**[30] mit den Gästen erwirken. So müssen z.B. alle touristischen Leistungsträger und ihre Mitarbeiter über Werbemaßnahmen und Serviceaktionen des örtlichen Fremdenverkehrsbüros informiert werden, damit jedermann auf diesbezügliche Reaktionen der interessierten Nachfrager einheitlich antworten kann. Wird unterschiedlich nach außen kommuniziert, dann läuft man Gefahr, daß die so erzeugten Erwartungen mit dem wahrgenommenen Leistungsbündel nicht übereinstimmen und die Gäste sich unzufrieden zeigen. Es muß aber auch die **gesamte Ortseinwohnerschaft** als regelmäßiger Ansprechpartner gesehen werden, um ihr Verständnis für die Belange des Tourismus zu fördern. Diesem Erfordernis ist am besten durch Informationsveranstaltungen, Begegnungen mit den Bürgern („Tag der offenen Tür" der Kurverwaltung bzw. des Fremdenverkehrsamtes) und natürlich auch durch laufende Leistungsnachweise in Zeitungsmeldungen nachzukommen.

2 Überblick über die gemeindeeigenen Trägerschaftsformen für die kommunale Fremdenverkehrsförderung

Die Gemeinden/Städte tragen traditionell der Gesamtförderung des örtlichen Fremdenverkehrs mit **gemeindeeigenen Trägerschaftsformen auf öffentlich-rechtlichen Grundlagen** (vgl. Abbildung 9, S. 50) Rechnung. Es sind die kommunalen Fremdenverkehrsstellen wie **Fremdenverkehrsämter als reine Regiebetriebe** und **Kurverwaltungen (i.d.R. Eigenbetriebe)**. Sie verfolgen öffentliche Ziele und sind dadurch – in Verbindung mit dem öffentlichen Eigentum – in das politisch-administrative System eingebunden.

Manche Städte und Gemeinden haben für die kommunale Fremdenverkehrsförderung inzwischen die Organisationsform „GmbH" gewählt. Auch wenn die GmbH **privat-**

---

[30] Vgl. **Wöhler, Kh.**, „Innenmarketing in Fremdenverkehrsorten", *Materialien zum Tourismusmarketing* 5, Lüneburg 1993.

rechtlichen Regelungen unterliegt, so sind diese Fremdenverkehr-GmbHs i.d.R. auch als „öffentliche Unternehmungen" zu bezeichnen, weil die Gemeinde bzw. Stadt als Alleingesellschafter fungiert und sich somit diese Fremdenverkehr-GmbHs als **kommunale Eigengesellschaften** auszeichnen.

3 Die Wahl der angemessenen Organisationsform

Wer sich in deutschen Fremdenverkehrsstädten und -gemeinden aufhält, wird dort die verschiedensten Organisationsformen für die kommunale Fremdenverkehrsförderung antreffen, wobei in der Häufigkeitsverteilung Fremdenverkehrsämter sowie Kurverwaltungen (i.d.R. Eigenbetriebe) immer noch eindeutig überwiegen. Von einer für alle Fremdenverkehrsgemeinden gültigen, modellhaften Konzeption kann grundsätzlich nicht ausgegangen werden. Die Organisationsgestaltung (betr. Organisationsform) muß stets auf die ortsspezifischen Gegebenheiten und Anforderungen zugeschnitten sein. Dabei sind folgende fremdenverkehrsspezifischen Komponenten zu berücksichtigen:

– Entwicklungsstand*/Entwicklungspotential
  * Maßstab ist u.a. das Anerkennungsprädikat der Fremdenverkehrsgemeinde
– Nachfrageumfang
– Angebotsstruktur
– Aufgabenkatalog der Fremdenverkehrsförderung
– Finanzierungsvermögen.

Im Blickfeld einer öffentlichen (gemeinwirtschaftlichen) Zielsetzung ist es durchaus angemessen, daß die kommunale Fremdenverkehrsförderung in einem unmittelbaren Regieverbund mit der Trägerkörperschaft in die Stadt- bzw. Gemeindeverwaltung eingebunden ist und durch **Fremdenverkehrsämter** organisatorisch vertreten wird. Das gilt vornehmlich für solche Fremdenverkehrsgemeinden, die als Erholungsort oder Luftkurort oder auch als Seebad lediglich dem **allgemeinen Erholungsverkehr** Rechnung tragen und hierfür **Erholungseinrichtungen i.w.S.** aufbringen. Es muß also kein spezifisches Sondervermögen für die Durchführung des Fremdenverkehrs eingesetzt werden. Erholungseinrichtungen dienen ja auch, und mancherorts noch viel mehr, der Wohn- und Freizeitfunktion der einheimischen Bevölkerung. Deshalb stehen in vielen fremdenverkehrsorientierten städtischen Gemeinden Park- und Gartenflächen, Uferpromenaden, Spazier- und Wanderwege sowie die Betriebsführung der Schwimmhalle nicht im integralen Organisationsverbund mit dem Fremdenverkehr, sondern in der organisatorischen Verantwortung der Bau- oder Gartenbauverwaltung bzw. der Stadtwerke.

Abb. 9

Gemeindeeigene Organisationsformen im Fremdenverkehr

beruhend auf:

Öffentlich-rechtlichen Grundlagen   Privatrechtlichen Grundlagen

Fremdenverkehrsamt	Kurverwaltung im Heilverkehr	Fremdenverkehr GmbH Kurbetriebsgesellschaft mbH
= reiner Regiebetrieb (=Haushaltsbetrieb/ "Non-Profit-Betrieb")	i. d. R. = Eigenbetrieb (verselbständigter Regiebetrieb = Wirtschaftsbetrieb)	= Eigengesellschaft (öffentl. "Ein-Mann-Gesellschaft")

- rechtlich u. wirtschaftl. unselbständig

- in den Haushaltsplan der Stadt/Gemeinde mit einem vorgegebenen Etat (betr. Einnahmen/Ausgaben) eingebunden

- dispositive Betriebsführung

- Rechtsgrundlagen Gemeindeordnung Gemeindehaushaltsverordnung Gemeindekassenverordnung

- kameralistische Buchführung

- rechtlich unselbständig

- wirtschaftlich selbständig Betriebssatzung=>Organisation Werkleitung (=Kurdirektor) Werkausschuß (Kur- u. Bäderausschuß) Stadt- bzw. Gemeindevertretung EigVO => Wirtschaftsführung kaufm.-wirtschaftl. Betriebsführung kaufmännische Buchführung

- Wirtschaftsplan = Steuerungs- und Kontrollmittel der Trägerkörperschaft

- Rechtsgrundlagen: Gemeindeverordnung Eigenbetriebsverordnung Betriebsatzung HGB

rechtlich u. wirtschaftlich selbständig

Rechtsgrundlagen: GmbH-Gesetz HGB

Auch im **Städtetourismus** kann die Wahlentscheidung für ein **Fremdenverkehrsamt** damit begründet werden, daß sich dort die kommunale Fremdenverkehrsförderung im wesentlichen auf die Kommunikationspolitik (d.h. auf allgemeine Informations- und Werbeanstrengungen) sowie auf Maßnahmen der Gästebetreuung und auf fremdenverkehrsspezifische Organisations- und Verwaltungsaufgaben beschränkt, denn für Kurz- und Durchgangsreisende stehen Erholungseinrichtungen ohnehin nicht im Blickfeld ihres Aufenthaltsinteresses, sondern kultur- und kunstorientierte Besichtigungsmöglichkeiten und Veranstaltungen.

Die **Standorte des Heilkurverkehrs** (Heilbäder, Kneipp-Heilbäder, Seeheilbäder, Heilklimatische Kurorte, Kneipp-Kurorte) erfordern dagegen kurtherapeutische und kurortmilieuspezifische Einrichtungen. Es kann nun aber keine leistungsorientierte Produktpolitik (gemäß Heilanzeigen) gegenüber den Kurgästen bzw. deren Kostenträgern betrieben werden, wenn der artgemäße Vermögenseinsatz (Kur- und Erholungseinrichtungen) sich nicht in der Regie des fremdenverkehrsorientierten Organisationsträgers befindet. Deswegen werden im Kurwesen **Kur- und Erholungseinrichtungen als Gemeindesondervermögen** aus der allgemeinen Verwaltung und Haushaltswirtschaft ausgegliedert und der Betriebsführung eines **kommunalen Wirtschaftsbetriebes**, entweder eines Eigenbetriebes oder neuerdings auch eines juristisch selbständigen Organisationsträgers (GmbH), unterstellt. Diese Herauslösung bietet eine größere wirtschaftliche und organisatorische Selbständigkeit.

Eigenbetriebe unterliegen einer kaufmännisch-wirtschaftlichen Betriebsführung. Diese ist insbesondere im Kurwesen deswegen geboten, weil mit dem spezifischen Vermögenseinsatz Umsätze (z.B. Kurmittelleistungen) erzielt werden. Die Leistungserbringung sollte deshalb nach betriebswirtschaftlichen Grundsätzen organisiert sein. Das Streben nach möglichst hoher Wirtschaftlichkeit und einem flexibleren Reagieren auf die Geschehnisse im Markt kann zweifellos besser einem privatrechtlich geführten Organisationsträger, einer **Fremdenverkehrs-GmbH** bzw. einer **Kurbetriebsgesellschaft mbH** nachgesagt werden. Die Geschäftsführung einer GmbH ist nun einmal nicht aus formal-rechtlichen Gründen in die Zwänge der Kommunalverwaltung und in die politischen Entscheidungsgremien eingebunden. Ihre organisatorische Selbständigkeit erlaubt es, relativ schnell und marktkonform zu reagieren.

4 Kommunale Wirtschaftsunternehmen ohne Rechtspersönlichkeit

a. Fremdenverkehrsamt (reiner Regiebetrieb)

Ein Fremdenverkehrsamt – wie gleichermaßen auch andere Ämter – verkörpert einen integralen Bestandteil der Gemeinde- bzw. Stadtverwaltung. Man bezeichnet eine solche unmittelbare Organisationseinheit der Stadt/Gemeinde als einen **reinen Regiebetrieb**.

Als reiner Regiebetrieb ist das Fremdenverkehrsamt **rechtlich** und **wirtschaftlich unselbständig**. Das bedeutet zum einen, daß vom Fremdenverkehrsamt keine Rechtsbeziehungen ausgehen, sondern nur von der betreffenden Trägerkörperschaft; zum anderen, daß das Fremdenverkehrsamt in den Gesamthaushaltsplan der Stadt/Gemeinde mit vorgegebener Haushaltsrechnung eingebunden ist. Man kann ein Fremdenverkehrsamt auch als „**Haushaltsbetrieb**" bezeichnen.

In dem gesamten funktional aufgegliederten Haushaltsplan[31] mit **Verwaltungshaushalt** und **Vermögenshaushalt** findet sich das Fremdenverkehrsamt als **Unterabschnitt (Gliederungs-Nr. 863)** wieder, dem nach einem Gruppierungsplan im voraus veranschlagte Einnahmen und Ausgaben als **Haushaltsansätze** zugeordnet sind. An diese Vorgaben (Anordnungs-Solls) für die einzelnen Ausgabenzwecke und deren Höhe ist die Leitung des Fremdenverkehrsamtes von vornherein gebunden. Diese Organisationsform wird eben aus dem Blickwinkel der Kontrolle und Verwendung öffentlicher Mittel gesehen und nicht in der Erfordernis des sofortigen Reagierens auf die augenblicklichen Geschehnisse im Fremdenverkehrsmarkt. Ein antizyklisches Verhalten ist den Kommunen wesensfremd und aus der Haushaltssystematik heraus auch nicht machbar. Der Kurdirektor des Nordseeheilbades Cuxhaven, Hartmut Schormann,[32] urteilt über die Verwaltungswirtschaft eines Fremdenverkehrsamtes mit folgenden Worten: „Korrekte Aufgabenerfüllung durch die Fremdenverkehrsamtsleitung liegt aus kommunaler Sicht dann vor, wenn der Haushaltsplan eingehalten und der Einsatz der öffentlichen Mittel auch optisch sichtbar geworden ist, und nicht etwa dann, wenn eine möglichst große Zahl zufriedener Gäste sich zum Wiederkommen in den Ort entschlossen hat."

Wenn es um zukünftige Vorhaben geht, dann müssen zunächst erst einmal Bedarfsanmeldungen zum nächsten Haushalt vorgegeben werden. Das betrifft die **Erstellung des Haushaltsplans** für das Fremdenverkehrsamt. Hierbei kann die Fremdenverkehrsleitung aber nicht allein entscheiden, sie erarbeitet lediglich eine Beratungsvorlage. Alle Entscheidungen (Beschlüsse) gehen grundsätzlich von den politischen Führungsgremien der Stadt/Gemeinde aus, das betrifft eigentlich alle Maßnahmen und Aktivitäten der kommunalen Fremdenverkehrsförderung.

---

[31] Von der Stadt- bzw. Gemeindevertretung beschlossener Haushaltsplan = **Haushaltssatzung**.
[32] **Schormann, H.**, „Gegenwärtige Organisationsformen im Tourismus – ein kritischer Überblick" in: Heft 79 der Schriftenreihe *Beiträge zur Fremdenverkehrspraxis*, Hrsg.: Fremdenverkehrsverband Nordsee – Niedersachsen/Bremen – e.V., 1990.

Im **Entscheidungsablauf** fungiert der **Ausschuß für Wirtschaft und Fremdenverkehr** im voraus als Beratungsorgan. Laufende Geschäftsführungsangelegenheiten werden dann vom **Magistrat bzw. Verwaltungsausschuß** entschieden; Investitions- und Finanzierungsentscheidungen trifft dagegen die **Stadt- bzw. Gemeindevertretung**. Durch diesen langatmigen Entscheidungsprozeß werden wichtige dringende Entscheidungen sehr oft behindert oder sogar verhindert. Der Fremdenverkehrsamtsleitung verbleibt nur mehr die Durchführung der getroffenen Entscheidungen, sie unterliegt damit ausschließlich einer **dispositiven Betriebsführung**.

Die rechnerische Kontrolle der Einhaltung aller im Haushaltsplan veranschlagten Einnahmen und Ausgaben geschieht durch die **Kameralistische Buchführung**. Im Unterschied zur kaufmännischen Buchführung verfolgt die Kameralistik das „Bruttoprinzip", d.h., die Einnahmen und Ausgaben werden nicht saldiert, sondern in voller Höhe getrennt voneinander ausgewiesen. Ein Fremdenverkehrsamt als Regiebetrieb in reiner Form hat gewöhnlich mit der kameralistischen Buchführung selbst nichts zu tun, das Fremdenverkehrsamt führt bei Verkäufen von Souvenirartikeln, Broschüren, Kartenmaterial etc. lediglich eine Zahlstelle bzw. Kasse auf der Grundlage der Gemeindekassenverordnung (GemKVO). Zum Tagesabschluß wird dann ein Tippstreifen mit den täglichen Einnahmen erstellt, der mit den Einzahlungen der Stadt- bzw. Gemeindekasse übergeben wird. Diese Tagesabschlüsse sowie die täglichen Bewegungen der Verkaufsbestände müssen zugleich vom Fremdenverkehrsamt in einem Buch festgehalten werden. Das kameralistische Rechnungswesen liegt in den Händen der Stadt- bzw. Gemeindekämmerei. Sie vollzieht an Hand der Belege die Aufzeichnung der Ist-Werte in Gegenüberstellung mit den Sollansätzen (= laufende Buchungen) bei jeder Haushaltsstelle (Hst.). Am Jahresende (spätestens bis drei Monate nach Ende des Haushaltsjahres) erfolgt dann die Haushaltsrechnung mit dem kassenmäßigen Abschluß, womit der Deckungsnachweis erbracht werden muß. Bei Einnahmedefiziten kann gegebenenfalls nur mit Hilfe von Ausgleichsbuchungen ein Deckungserfolg für den Gesamthaushalt der Stadt/Gemeinde erzielt werden. Das setzt dann aber auch voraus, daß schon vor Beendigung des Haushaltsjahres eine Haushaltssperre erlassen wird. In einem solchen Fall kann das Fremdenverkehrsamt seine Sollansätze bei den Ausgaben nicht mehr voll ausschöpfen.

Ein „**mit Sonderrechnung**" geführter reiner Regiebetrieb setzt einen Wirtschaftsplan, eine kaufmännische Buchführung mit Bilanz- und Ergebnisrechnung sowie einen Jahresbericht/Geschäftsbericht voraus und kann dadurch für Wirtschaftlichkeitsbeurteilungen eine bessere Transparenz bieten. Nach der Gemeindehaushaltsverordnung (GemHVO) ist der Sinn einer „kostenrechnenden Einrichtung" für ein Fremdenverkehrsamt dann gegeben, wenn es selbst mit einem großen Anteil aus Entgelten für erbrachte Dienstleistungen zur Kostendeckung beitragen kann. Doch ein Fremdenverkehrsamt unterliegt nun einmal vorrangig einer gemeinnützigen Zweckerfüllung. Damit sind von vornherein aus ordnungspolitischen Gründen der Ausübung von Verkaufs- und Vermittlungsaktivitäten im Gästeverkehr Grenzen gesetzt. Diese Entgelte aus wirtschaftlicher Tätigkeit beruhen auf vertraglicher Grundlage; eben anders als Gebühren, die als öffentlich-rechtliche Geldleistungen aufgrund einer Satzung festgesetzt werden. Trotz alledem sollte die wirtschaftliche Handlungsweise des Fremdenverkehrsamtes auf eine vom Magistrat bzw. Verwaltungsausschuß beschlossene Entgeltsordung (Tarifordnung) abgestellt werden.

Mit einem **Fremdenverkehrsamt** als Fremdenverkehrsstelle können **grundsätzlich keine steuerlichen Vorteile**[33] verknüpft werden. Es besteht nämlich für die steuerliche Betrachtung der wirtschaftlichen Tätigkeit der Kommune kein Unterschied nach Organisationsformen, wenn die Merkmale eines „Betriebes gewerblicher Art" erfüllt werden. Im Einzelfall muß geprüft werden, ob die Anerkennung als „Betrieb gewerblicher Art" erwünscht ist. Eine Umsatzsteuerpflichtigkeit ist im Grunde immer dann günstig, wenn der Betrieb Vorleistungen anderer gewerblicher Unternehmen in Anspruch nimmt und gleichzeitig selbst Leistungen anbietet, die umsatzsteuerpflichtig sind. Der Betrieb könnte dann die von Lieferern berechnete Mehrwertsteuer von der eigenen Steuerschuld abziehen. Das Fremdenverkehrsamt muß schließlich bedenken, daß auch die Kurabgabe (und zwar mit halbem Steuersatz) der Mehrwertsteuer unterliegt.

b. Kurverwaltung (Eigenbetrieb)

Kurverwaltungen sind an Standorten des Heilkurverkehrs anzutreffen und werden i.d.R. als **kommunaler Eigenbetrieb** (auch „**verselbständigter Regiebetrieb**" genannt) geführt. Es handelt sich um ein kommunales Wirtschaftsunternehmen, das aufgrund seines Sachvermögens (Kur- und Erholungseinrichtungen) aus der Gemeindeverwaltung ausgegliedert worden ist und finanzwirtschaftlich als Sondervermögen der Gemeinde getrennt verwaltet wird. Der Eigenbetrieb ist zwar **rechtlich unselbständig**, wird aber **wirtschaftlich selbständig** geführt. Er verfügt über ein von der Gemeinde bereitgestelltes Stammkapital und unterliegt einer kaufmännisch-wirtschaftlichen Betriebsführung. Der Eigenbetrieb arbeitet auf der Grundlage der gesetzlich vorgeschriebenen Betriebssatzung sowie der Gemeindeordnung (GO) und der Eigenbetriebsverordnung (EigVO).

Die wirtschaftliche Selbständigkeit eines Eigenbetriebes bezieht sich im wesentlichen auf die laufende Betriebsführung und auf eine eigene Haushaltsrechnung; darüber hinaus ist der Eigenbetrieb gleichermaßen wie der reine Regiebetrieb in die Verantwor-

---

[33] Vgl. **Deutscher Fremdenverkehrsverband e.V. (DFV)**: *Die Organisationsformen im Deutschen Fremdenverkehr*, Heft 2, November 1993.

tung der gemeindepolitischen Führungsgremien eingebunden. Die **Organisation** des Eigenbetriebes wird durch die **Betriebssatzung** geregelt, sie legt die Zuständigkeiten der drei Organe fest, der Werkleitung, des Werkausschusses und der Stadt- bzw. Gemeindevertretung (vgl. Abbildung 10, S. 56).

Mit einem eigenständigen **Werkausschuß** (hier „Fremdenverkehrsausschuß" oder „Kur- und Bäderausschuß" genannt) kann der kommunalpolitischen Bedeutung des Fremdenverkehrs in einer Stadt/Gemeinde angemessen Rechnung getragen werden. Ihm sollen besonders (fremdenverkehrssachkundige) Bürger angehören, damit ein **fachbezogenes Planungs- und Gestaltungsorgan für den örtlichen Fremdenverkehr** zur Verfügung steht. Der Werkausschuß legt im allgemeinen die Grundsätze der örtlichen Fremdenverkehrspolitik fest (betr. Angebotspolitik, Werbeplanung, Veranstaltungsplanung, Verkaufsförderung), beschließt laufende Abwicklungsmaßnahmen der Fremdenverkehrsförderung (z.B. den Abschluß von Verträgen[34] /= die Vergabe von Lieferungen und Leistungen, soweit sie über die Verpflichtungsermächtigungen der Werkleitung hinausgehen; Grundstücksnutzungsverträge sowie Personalangelegenheiten) und bereitet die Beschlüsse der Stadt- bzw. Gemeindevertretung (insbesondere Investitionsentscheidungen) vor.

Die **Werkleitung** (hier „Kurdirektion") ist für die **wirtschaftliche Führung** des Eigenbetriebes verantwortlich. Sie erstreckt sich auf die Vollziehung der Beschlüsse der Gemeindevertretung, des Werkausschusses und der Entscheidungen des Hauptverwaltungsbeamten[35] sowie auf die laufenden Betriebsführungsangelegenheiten.

Zu den Routinemaßnahmen der Werkleitung gehören u.a.:
– regelmäßig wiederkehrende Maßnahmen zur Durchführung und Aufrechterhaltung des Kurbetriebes
– Überwachung und Instandsetzung der Anlagen
– Personalführung
– Planungskontrolle (mit Hilfe der Statistik und der monatlichen Erfolgsplankontrolle)
– Unterrichtungs- und Auskunftspflicht gegenüber dem Hauptverwaltungsbeamten und Fremdenverkehrsausschuß
– Entwurf des Wirtschaftsplans (Erfolgsplan, Vermögensplan, Stellenübersicht und zusätzliche Anlagen)
– Erstellung des Jahresabschlusses

---

[34] In Gemeinden mit Stadtrecht werden – wenn es die Hauptsatzung vorsieht – von bestimmten Wertsätzen ab die entsprechenden Entscheidungen vom Magistrat bzw. Verwaltungsausschuß getroffen.
[35] Hauptverwaltungsbeamter ist der Bürgermeister bzw. Stadtdirektor/Gemeindedirektor (in Niedersachsen und Nordrhein-Westfalen).

Abb. 10

Entscheidungsstruktur eines Eigenbetriebes (=Kurverwaltung)

O r g a n e :

- **Werkleitung (= Kurdirektion)**

  = Ausführungsorgan
  wird von der Stadt-/Gemeindevertretung
  bestellt bzw. abberufen

  Hauptverwalt.beamter* = Dienstvorgesetzter
  u. grundsätzlich weisungsberechtigt

  Konstellationen der Werkleitung:
  • Kurdirektor = Werkleiter allein
  • Kurdirektor und
    Hauptverwalt.beamter = gemeinsam
  • Hauptverwalt.beamter = 1. Werkleiter
  • Kurdirektor = 2. Werkleiter

- **Werkausschuß (=Fremdenverkehrsausschuß od. Kur- u. Bäderausschuß)**

  = Planungs- u. Gestaltungsorgan
  mit Entscheidungsbefugnissen in lfd.
  Geschäftsführungsangelegenheiten

  Werkleitung hat Mitwirkungsrecht an den
  Beratungen (jedoch kein Stimmrecht)

  Ausschußmitglieder
  = Mitglieder der Stadt-/Gemeindever-
  tretung mit zugewählten von den Frak-
  tionen benannte bürgerliche Mitglieder
  (= Vertreter der politischen Parteien)

- **Stadt- bzw. Gemeindevertretung**

  = Beschließendes Organ
  • Erlaß der Betriebssatzung
  • Bestellung der Werkleitung
  • Bildung des Werkausschusses
  • Feststellung des Wirtschaftsplans u. des Jahresabschlusses
  • Verwendung des Gewinns oder Deckung eines Verlustes
  • Erwerb und Veräußerung von Vermögen
  • Aufnahme von Krediten
  • Erweiterung, Umwandlung oder Auflösung des Eigenbetriebes
  • Erlaß der Grundsätze für Einstellung, Beförderung u. Entlassung

---

* Bürgermeister bzw. (in Niedersachsen u. Nordrh.-Westfalen) Stadtdirektor

– Vertretung (mit eingeschränkten Verpflichtungsermächtigungen) in Angelegenheiten des Eigenbetriebes bzw. Kurbetriebes.

Die **entscheidende Beschlußkompetenz**, d.h. die unmittelbare Einfluß- und Steuerungsmöglichkeit auf die Investitions- und Finanzwirtschaft, ist allein der **Stadt- bzw. Gemeindevertretung** vorbehalten. Allerdings ist die Stadt- bzw. Gemeindevertretung über die durch die EigVO verordneten Pflichtregelungen hinaus ziemlich frei in der Ausgestaltung der Betriebssatzung. Da aber die Marktgeschehnisse im Fremdenverkehr eine operative Betriebsführung gebieten, sollte für den Eigenbetrieb eine Betriebssatzung erlassen werden, die der Werkleitung (Kurdirektion) eine klare Verantwortung und eine angemessene Handlungsfreiheit innerhalb des vorgegebenen wirtschaftlichen Rahmens zuschreibt.

Die Kurverwaltung als Eigenbetrieb unterliegt in gleicher Weise wie ein privatwirtschaftlich organisiertes Unternehmen einer **kaufmännisch-wirtschaftlichen Betriebsführung** mit dem Streben nach möglichst hoher Wirtschaftlichkeit. Sie betreibt lt. EigVO ihre Rechnungsführung nach den Regeln der **kaufmännischen doppelten Buchführung**. Der **Jahresabschluß** vollzieht sich nach den speziellen Vorschriften für Kapitalgesellschaften im 3. Buch (2. Abschnitt) des HGB mit einer Einheit aus Bilanz, Gewinn- und Verlustrechnung und einem Anhang (mit Anlagennachweis). Außerdem gehört ein Lagebericht dazu, der zum Jahresende den Geschäftsverlauf und die Situation des Eigenbetriebes darstellt. Bei einem Eigenbetrieb muß die Bilanz in zeitlicher Übereinstimmung mit der Haushaltsrechnung der Trägerkörperschaft das vollständige Jahresergebnis beinhalten. Ein Eigenbetrieb kann demzufolge auch nur zum 01. Januar eines Jahres seinen Geschäftsbetrieb aufnehmen.

Die **Erfolgsrechnung** des Eigenbetriebes vermag sichtbar zu machen, was der Fremdenverkehr der Stadt/Gemeinde genau kostet, während ohne Herauslösung der Fremdenverkehrsorganisation aus der Stadt- bzw. Gemeindeverwaltung sich die gesamten Aufwendungen für den Fremdenverkehr in vielen anderen Positionen des Gesamthaushalts verlieren würden. Im Vergleich mit einem Organisationsvollzug durch einen reinen Regiebetrieb sind grundlegend keine wesentlichen Mehraufwendungen zu befürchten. Effektiv höhere Aufwendungen bewirkt nur die vom Landesrechnungshof veranlaßte **Jahresrechnungsprüfung**[36] (überörtliche Prüfung)[37]. Als Jahresabschlußprüfer fungieren Wirtschaftsprüfer oder Wirtschaftsprüfungsgesellschaften, mit denen

---

36 Die Jahresrechnungsprüfung vollzieht sich nach den Vorschriften des **Kommunalprüfungsgesetzes** (KPG).
37 Zum Vergleich:
Bei **Fremdenverkehrsämtern** (reine Regiebetriebe) vollzieht das kommunale Rechnungsprüfungsamt* die Haushalts- und Wirtschaftsführungskontrolle (örtliche Prüfung)
* das Rechnungsprüfungsamt des Kreises bei kreisangehörigen Gemeinden
* das Rechnungsprüfungsamt der Stadt bei kreisfreien Gemeinden.

der Landesrechnungshof im Namen und für Rechnung der Stadt/Gemeinde einen Vertrag eingegangen ist. Die mit der Feststellung des Jahresergebnisses verbundene **Publizitätspflicht** bietet dafür eine hinreichende Transparenz und fördert zugleich das Interesse und das Mitverantwortungsbewußtsein der gewerblichen Fremdenverkehrswirtschaft.

Wenn eine Kurverwaltung wie gewöhnlich aus mehreren Betriebszweigen[38] besteht, dann ist eine **Erfolgsübersicht** zu erstellen. Es handelt sich um die Zuordnung aller Aufwendungen und Erträge auf die einzelnen Betriebsbereiche, so daß durch diese aufgegliederte Betriebsergebnisrechnung eine aussagefähige Wirtschaftlichkeitsbeurteilung gegeben ist.

Um jedoch marktorientierte Entscheidungen treffen zu können, sollte zugleich eine **Deckungsbeitragsrechnung** praktiziert werden. Auf der Basis der Vollkostenrechnung könnte eventuell die Entscheidung getroffen werden, z.B. die Schwimmhalle auf Grund ihres hohen Betriebsverlustes zeitweise zu schließen. Doch solange eine Leistungskategorie (Leistungsbereich, Leistungsgruppe, Leistungsart)[39] immer noch einen Deckungsbeitrag erzielt und somit zur Abdeckung der gesamten fixen Kosten beitragen kann, wäre es unwirtschaftlich, die Leistungsbereitschaft zu reduzieren. Denn sonst würden die gesamten fixen Kosten in voller Höhe für das verringerte Leistungsangebot bestehen bleiben.

Es ist zweifellos anzustreben, daß das Deckungsbeitragsaufkommen insgesamt, d.h. die Summe der einzelnen Deckungsbeiträge, die gesamten fixen Kosten abdeckt. Doch ein Kurortunternehmen darf eine Veränderung des gesamten Leistungsangebots mit dem Ziel einer Betriebsergebnisverbesserung nicht unbedacht vollziehen, denn schließlich stehen alle verschiedenen Angebotsleistungen in einem Komplementärverhältnis zueinander. Kur- und Erholungsgäste begehren schließlich mit ihrem Aufenthalt nur selten eine isolierte Leistung der Kurverwaltung, sondern i.d.R. mehrere und qualitativ gut abgestimmte Leistungsarten. Die vielen verschiedenen Leistungen ergänzen sich nicht nur; sie bedingen sich auch gegenseitig. So kann sich das Fehlen einer bestimmten Leistungsart (z.B. die zeitweise Schließung einer Schwimmhalle) im

---

[38] Herkömmliche **Betriebsbereichsgliederung** von Kurverwaltungen:
  – Kurtaxleistungen
  – Schwimmhalle (ggf. mit Sauna und Solarium)
  – Kurmittelhaus
  – Touristik-Service/Gästebetreuung
  – Nebengeschäfte (z.B. Parkplatzentgelte, Verpachtungs- und Vermietungsgeschäfte).

[39] Beispielhafte Erläuterungen:
  Leistungsbereiche = z.B. **Kurmittelhaus*** (Kurmittelleistungen), Schwimmbad etc.
  * **Leistungsgruppen** = z.B. Bäder*, Massagen, Inhalationen, Packungen
  * **Leistungsarten** = z.B. Schwefelsolebad, Moorbad, Schlickbad.

Gästeaufkommen bemerkbar machen und demzufolge auch negativ die Auslastung anderer Leistungsangebote beeinflussen.

Die ökonomische Bewertung der verschiedenen Leistungsangebote einer Kurverwaltung kann also nicht isoliert auf die Bemessung hinauslaufen, welchen Beitrag sie zur Deckung der Gesamtfixkosten der Kurortunternehmung leisten.

Für die gesamte Leistungspalette der Kurverwaltung muß vorausgehend zunächst der rechnerische Aufschluß vorliegen, wie sich die Interdependenz der verschiedenen Leistungsangebote auf ihre Frequentierungsvolumina auswirkt.

Da Eigenbetriebe rechtlich nicht selbständig sind, schreibt die GO ihre Einbindung in die Haushaltswirtschaft der Stadt/Gemeinde vor. Demzufolge hat die Kurverwaltung als Eigenbetrieb nach Maßgabe der EigVO vor Beginn eines jeden Wirtschaftsjahres einen **Wirtschaftsplan** (bestehend aus dem Erfolgsplan, Vermögensplan, der Stellenübersicht und beizufügenden Anlagen) aufzustellen. Der **Erfolgsplan** muß alle veranschlagten Erträge und Aufwendungen des kommenden Wirtschaftsjahres enthalten. Die Gliederung hat der Jahreserfolgsrechnung (HGB § 275) zu entsprechen. Veranschlagte Erträge und Aufwendungen sind zu begründen, wenn sie von den Vorjahreszahlen abweichen. Der **Vermögensplan** beinhaltet alle veranschlagten Einnahmen und Ausgaben des kommenden Wirtschaftsjahres, die sich aus den Änderungen des Anlagevermögens und aus der Kreditwirtschaft ergeben. Dem Vermögensplan liegt der als Anlage beizufügende **fünfjährige Finanzplan** zugrunde. Die **Stellenübersicht** ist die Grundlage der Personalwirtschaft des Eigenbetriebes.

Der Wirtschaftsplan muß von der Stadt- bzw. Gemeindevertretung durch Beschluß genehmigt werden. Ein wesentlicher Beitrag zur Erhaltung des Vermögens und der Liquidität ist der Zwang zum Verlustausgleich von seiten der Stadt/Gemeinde. Soweit schon für das kommende Wirtschaftsjahr ein Jahresverlust im Erfolgsplan ausgewiesen wird (und die nachfolgende Erwirtschaftung des Verlustausgleichs als unmöglich erscheint), muß dann im gleichen Haushaltsjahr ein Deckungsbeitrag im Verwaltungshaushalt (Einzelplan 8 / Sondervermögen) der Stadt/Gemeinde vorgesehen werden. Das voraussichtliche End-(Netto-)Ergebnis – somit auch ein eventueller Gewinn – wird in den Haushaltsplan aufgenommen.

Im Verlauf des Wirtschaftsjahres ist eine **monatliche Erfolgsplankontrolle**, welche die Entwicklung der monatlichen Aufwendungen und Erträge offenlegt, unerläßlich, zumal sich eine Kurverwaltung einer ungleichmäßigen und instabilen Nachfrage gegenübersieht. Der Wirtschaftsplan eines Eigenbetriebes ist aber nicht den gleichen starren Bedingungen wie der kommunale Haushaltsplan ausgesetzt, d.h., er läßt die gegenseitige Deckungsfähigkeit aller Einzelansätze zu. Budgetumschichtungen, entsprechend den veränderten wirtschaftlichen Gegebenheiten, sind deshalb problemlos durch die Werkleitung zu realisieren.

In **steuerlicher Betrachtung** dürfte es sich bei dem kommunalen Eigenbetrieb „Kurverwaltung" gewöhnlich um einen Verlustbetrieb handeln. Eine GmbH-Lösung hätte den Vorzug der geringeren Körperschaftssteuer, falls Gewinne erzielt und diese ausgeschüttet werden würden. Bei einem Verlustbetrieb gibt es keine steuerlichen Unterschiede. Verluste können steuerlich nicht verwertet werden.

Selbstverständlich ist auch in einem Eigenbetrieb die Trägerkörperschaft (Stadt/Gemeinde) Arbeitgeber aller Beschäftigten. Es gelten die gleichen dienst- und arbeitsrechtlichen Bedingungen sowie Bestimmungen über die Gesamtversorgung. Die Mitarbeiter eines Eigenbetriebes können aber einen eigenen **Personalrat** bilden, was im Interesse einer größeren personalpolitischen Selbständigkeit nur zu begrüßen ist. Arbeitszeitregelungen und Personalentscheidungen können dann besser auf die Geschäftspolitik abgestellt werden.

Wer für die Wahrnehmung der Gesamtförderung des Fremdenverkehrs (siehe Aufgabenkatalog / Abb. 6, S. 37) einem rechtlich selbständigen Unternehmen (GmbH) den Vorrang geben will, verkennt die Weisung der Gemeindeordnung. Für eine Gemeinde darf eine GmbH nur dann in Frage kommen, wenn der angestrebte Zweck nicht ebenso gut durch einen Eigenbetrieb erfüllt werden kann. Die GO räumt bei der Erledigung kommunaler Aufgaben dem Eigenbetrieb Vorrang vor rechtlich selbständigen wirtschaftlichen Unternehmen ein. Bei dem hier zugrunde gelegten Aufgabenkatalog der Gesamtförderung des Fremdenverkehrs handelt es sich immerhin um einen öffentlichen bzw. gemeinwirtschaftlichen Handlungsbedarf, so daß die GmbH-Vorteile einer größeren Selbständigkeit negativ mit den Möglichkeiten kommunaler Einwirkung korrespondieren würden. Vorteile einer GmbH werden durchweg in einer möglichen Partnerschaft mit Dritten gesehen. Doch es dürfte im allgemeinen wohl sicherlich auszuschließen sein, daß die gewerblichen Leistungsträger bzw. ihre Institutionen zur gesellschaftsrechtlichen Beteiligung an der Bereitstellung der notwendigen touristischen Infrastruktur bereit wären.

5 Effizienzbewertung der Fremdenverkehrsförderung durch reine Regiebetriebe und Eigenbetriebe

Mit der Aufgabenstellung „Gesamtförderung des Fremdenverkehrs" erklärt es sich auch, daß in Deutschland immer noch vornehmlich „öffentlich-rechtliche Trägerschaftsformen" (reine Regiebetriebe bzw. Eigenbetriebe) die kommunale Fremdenverkehrsförderung vertreten. Das, was bisher in der Vergangenheit an **Marktbearbeitung** im deutschen Fremdenverkehr unternommen worden ist – nämlich mehr oder weniger nur Informations- und Werbeanstrengungen – reicht schon längst nicht mehr aus. Verkaufswerbung, Verkaufsförderung sowie Verkaufs- und Vermittlungsaktivitäten sind die zwingendsten Formen der Marktbearbeitung, denn der Wettbewerb vollzieht sich nun einmal mit Verkaufsleistungen. Darum kommt der **Organisationsweise der gesamtörtlichen leistungsvielfältigen Vermarktung** eine entscheidende Bedeutung zu.

Es sollte von vornherein als inakzeptabel erachtet werden, daß die zuvor genannten Vermarktungsfunktionen allein die öffentliche Hand konzipiert und vertritt und die gewerbliche Fremdenverkehrswirtschaft am Beratungs-, Entscheidungs- und Umsetzungsprozeß unbeteiligt bleibt. Bei der Vermarktung handelt es sich ja um Maßnahmen, deren Erfolg bzw. Mißerfolg in erster Linie alle gewerblichen Anbieter von touristischen Leistungen zu spüren bekommen.

Es kann ebenso die schlüssige Ansicht vertreten werden, daß eine umsatzorientierte Fremdenverkehrsförderung mehr den Eigeninteressen und der gemeinsamen Initiative der gewerblichen Anbieterschaft zuzuschreiben ist als dem Grundanliegen der öffentlichen Hand. Es handelt sich doch um Aktivitäten/Leistungen, die vielmehr den touristischen Anbietern selbst zugute kommen. Ihre Mitträgerschaft in der gesamtörtlichen leistungsvielfältigen Vermarktung, die nun einmal Regiebetriebe in reiner und verselbständigter Form in gesellschaftsrechtlicher Sicht nicht gewährleisten können, sollte zur fremdenverkehrspolitischen Forderung erhoben werden. Einem gemeindeeigenen, rechtlich unselbständigen Unternehmen wären ohnehin Grenzen für ein flexibles und marktkonformes Handeln gesetzt, da seine Geschäftspolitik an öffentlichrechtliche Rahmenbedingungen bzw. Entscheidungswege gebunden ist.

Mit umsatzorientierter Fremdenverkehrsförderung ist zwangsläufig auch ein **Haftungsproblem** verbunden. Die örtliche Fremdenverkehrsvermarktungsstelle hat Rechtsbeziehungen zum einen zu den Leistungsträgern, doch viel bedeutungsvoller sind die Vertragsbeziehungen mit den Gästen. Die Art der Haftungsübernahme erweist sich nämlich als ein Ausdruck der Leistungsbereitschaft.

Bei einer **Vermittlungstätigkeit von Einzelleistungen** im fremden Namen und für fremde Rechnung kommt auf der Grundlage eines Geschäftsbesorgungsvertrages (BGB § 675) bei Sorgfaltsverstößen eine Erklärungshaftung zum Tragen. Die Haftungskonsequenz (§§ 675, 631) nimmt zu, wenn – im Falle zur Verfügung stehender fester Kontingente – ein Verkauf im eigenen Namen für fremde Rechnung vonstatten geht. Soweit – weil von seiten der Gäste immer mehr gewünscht – konkrete bzw. vorprogrammierte Aufenthaltsvorschläge (**Pauschalangebote**) als „Verkaufsware" angeboten werden, muß nach dem Reisevertragsrecht (BGB §§ 651 a–k) sogar für die Gesamtheit aller Leistungen die Haftung übernommen werden.

Es stellt sich hier die **kommunalpolitische Grundsatzfrage**, ob die Übernahme der Haftung die Privatwirtschaftssphäre einer bestimmten gewerblichen Leistungsträgerschaft (hier Fremdenverkehrsgewerbe) nicht unverhältnismäßig begünstigen würde und somit kein Anliegen der Stadt/Gemeinde sein dürfe, zumal sich die Haftung nicht nur auf das Betriebsvermögen des Fremdenverkehrsamtes bzw. der Kurverwaltung beschränkt, sondern auf das Gesamtvermögen der Stadt/Gemeinde erstreckt. Die EigVO vermerkt ausdrücklich, daß HGB § 272 keine Anwendung für Eigenbetriebe findet.

Eine gesellschaftsrechtliche Mitträgerschaft der gewerblichen Wirtschaft könnte angesichts des Haftungsproblems gewiß sehr viel schneller einen kooperativen Selbstschutz der touristischen Leistungsträger initiieren, indem zur Wahrung der Angebotsqualität Kriterien und Auflagen und vielleicht auch entsprechende Preiszuordnungen festgelegt würden.

6 Die GmbH (Eigengesellschaft) in der Alternativdiskussion

Die GmbH ist eine im Handelsregister eingetragene juristische Person; ihre Rechtsgrundlage ist das GmbH-Gesetz. Das in der Satzung festgelegte Stammkapital (es ist in der Bilanz als „gezeichnetes" Kapital auszuweisen) muß mindestens DM 50.000,– betragen; der von einem Gesellschafter übernommene Anteil am Stammkapital mindestens DM 500,–. Seit 1981 ist grundsätzlich auch die Gründung einer „**Ein-Mann-GmbH**" möglich. Eine solche GmbH wird gewöhnlich als „**Eigengesellschaft**" bezeichnet. Die GmbH ist rechtlich und wirtschaftlich selbständig; sie wird durch den/die Geschäftsführer gerichtlich und außergerichtlich vertreten.

Wer wegen des Haftungsproblems bei einem gesamtörtlichen Verkauf Vorzüge einer von der Stadt bzw. Gemeinde gegründeten Eigengesellschaft (Fremdenverkehr-GmbH bzw. Kurbetriebsgesellschaft mbH) erblickt, möge hierzu folgendes bedenken. Wenn sich diese GmbH mit dem zuvor diskutierten Eigenbetrieb in der Vermögensstruktur gleichen würde, dann würde der Stadt/Gemeinde mit ihrer GmbH nicht wesentlich geholfen sein. Die Haftung wäre zwar auf das Stammkapital beschränkt, doch die Haftungssumme würde unweigerlich hoch ausfallen, da das Betriebsvermögen die Kur- und Erholungseinrichtungen umfassen würde. Und dieses hohe Anlagevermögen wäre schließlich stadt- bzw. gemeindeeigenes Vermögen. Die gegenüber einem Eigenbetrieb ausgesprochenen Bedenken in der Ausübung der Absatzfunktion, bedingt durch das Fehlen der gesellschaftsrechtlichen und organisatorischen Mitbeteiligung der fremdenverkehrsorientierten Leistungsträgerschaft, würden auch bei einer Eigengesellschaft (GmbH) der Stadt/Gemeinde bestehen bleiben.

Führungsfragen werden durch die Wahl der Rechtsform entscheidend mitbestimmt. Die GmbH bietet an sich in formaler und inhaltlicher Sicht eine Rechtskonstellation, die in besonderem Maße einem modernen flexiblen Management entgegenkommt. Das würde aber auch bedeuten, daß eine GmbH, bei der die Stadt/Gemeinde als Alleingesellschafterin fungiert, nicht in der gleichen Entscheidungsstruktur wie die der organisatorisch verselbständigten Eigenbetriebe geführt werden würde. Meistens ist aber das modische Kleid „GmbH", das manche Fremdenverkehrsstädte bzw. -gemeinden ihrer Fremdenverkehrsförderung bereits verpaßt haben, nichts anderes als eine bloße **Privatisierungskosmetik**.

Die weitgehende Satzungsfreiheit, die das GmbH-Gesetz gewährleistet, bietet an sich die Chance, den Geschäftsführern größere Freiheiten einzuräumen. Es können aber in der kommunalen Fremdenverkehrsförderung fast nur GmbH-Beispiele genannt werden, bei der die Trägerkörperschaft den gleichen Einfluß auf die Geschäftsführung ausübt, wie es in einem Eigenbetrieb der Fall ist. In diesen Fremdenverkehr-GmbHs bzw. Kurbetriebsgesellschaft mbHs übt der Aufsichtsrat in vielerlei Hinsicht eine geschäftsführende Funktion aus, oder es müssen wichtige, im Rahmen der Geschäftsführung zu treffende Entscheidungen mit der Gesellschafterversammlung abgestimmt werden. Dieses Organ kann die Stadt- bzw. Gemeindevertretung wahrnehmen. Nur bloße Routinemaßnahmen werden dann von der Geschäftsleitung ausgeführt. Diese eingeschränkte Entscheidungsbefugnis des Geschäftsführers muß dann angesichts des Vermerks seiner Bestellung im Handelsregister einen Widerspruch auslösen.

In der ausschließlichen Beschränkung auf die gemeindliche Fremdenverkehrsträgerfunktion, nämlich Gesamtförderung des örtlichen Fremdenverkehrs (siehe Aufgabenkatalog Abb. 6, S. 37) könnte allein aus personalpolitischen Gründen die Gründung eines Eigenbetriebes favorisiert werden, denn eine Personalüberleitung aus der Stadtbzw. Gemeindeverwaltung bzw. aus einem bereits bestehenden Fremdenverkehrsamt würde überhaupt keine dienst- und arbeitsrechtlichen Hindernisse bedeuten.

Ganz anders würde dagegen die **Regelung der Personalfragen** im Falle der Gründung einer stadt-/gemeindeeigenen Fremdenverkehr-GmbH ausfallen. In Analogie zum Beamtenrecht ist eine Abordnung von BAT-Bediensteten[40] zu einem Unternehmen des privaten Rechts (hier GmbH) nicht möglich. Der Besitzstand der bisherigen Mitarbeiter(innen) der Stadt/Gemeinde könnte bei Eingliederung in eine GmbH nur über den Weg der Beurlaubung und Verpflichtung der GmbH zur Übernahme der bisherigen arbeitsvertraglichen Ansprüche (einschließlich Zusatzversicherung) gewahrt werden. In diesem Sinne müßte zwischen der Stadt/Gemeinde und der betreffenden Fremdenverkehr-GmbH bzw. Kurbetriebsgesellschaft mbH ein Personalüberleitungsvertrag ge-

---

[40] BAT = Bundesangestelltentarif.

schlossen werden. Es werden möglicherweise dann Konflikte aufkommen, wenn bei neueingestellten Bediensteten die bisher weitergeführten tariflichen Bestimmungen des öffentlichen Dienstes nicht mehr zugrunde gelegt werden.

Die nachfolgenden Stellenbesetzungen bieten andererseits die Chance, die Auswahl der Bewerber nicht mehr wie bisher im Anforderungsprofil der öffentlichen Verwaltung, sondern ausschließlich im Leistungsbild einer Fremdenverkehrsstelle zu treffen. Auch wenn die Vergütung in den GmbHs i.d.R. grundlegend an den BAT angelehnt ist, so können dennoch für das Gehaltsniveau fremdenverkehrsspezifische Leistungskriterien zugrunde gelegt werden. Inzwischen sind auch erfolgsorientierte Zeitverträge für die GmbH-Geschäftsleitung üblich geworden. Angestammte und praktisch unkündbare Dauerpositionen werden somit vermieden.

Was die **steuerrechtliche Betrachtung**[41] anbetrifft, so wird die GmbH im Gegensatz zu den öffentlich-rechtlichen Organisationsformen von vornherein als Gewerbebetrieb angesehen und unterliegt somit grundsätzlich der Gewerbe-, Umsatz- und Vermögenssteuer – und ebenso der Körperschaftssteuerpflicht. Im Vergleich mit den öffentlich-rechtlichen Organisationsformen liegt allerdings bei der GmbH der Körperschaftssteuersatz um 4% höher. Dieser Nachteil dürfte wohl ohnehin nicht zum Tragen kommen, da sich eine Fremdenverkehrsstelle gewöhnlich als Verlustbetrieb erweist.

---

[41] Vgl. **Deutscher Fremdenverkehrsverband e.V. (DFV)**, *Die Organisationsformen im Deutschen Fremdenverkehr*, Heft 2, November 1993.

VI. Die gesamtörtliche Wahrnehmung der Absatzfunktion

1 Das erweiterte (absatzorientierte) Aufgabenfeld der kommunalen Fremdenverkehrsförderung

Die heutigen Anforderungen der kommunalen Fremdenverkehrsförderung gehen schon längst über ihre traditionellen Aufgabenstellungen (Bereitstellung der erforderlichen touristischen Infrastruktur und überbetrieblichen Einrichtungen, grundlegende Kommunikationspolitik/= Öffentlichkeitsarbeit und allgemeine Werbung sowie Gästebetreuung und Veranstaltungen) hinaus. Dieser gemeinwirtschaftliche Regelungsbedarf hatte zwangsläufig die Gemeinden/Städte veranlaßt, „öffentlich" zu handeln und für die Fremdenverkehrsförderung öffentlich-rechtliche Trägerschaftsformen, wie Ämter und Eigenbetriebe, einzurichten. Damit erklärt sich auch die bisherige enge Anbindung der Fremdenverkehrsförderung auf der lokalen Ebene an die Kommunalverwaltung.

Die **Produktpolitik**, auf die sich die deutsche Fremdenverkehrswirtschaft in der Vergangenheit im wesentlichen beschränkt hat, ist zweifellos als wichtigster Bestandteil des Marketing-Mix zu bezeichnen, denn die Attraktivität des Produkts beeinflußt schließlich in maßgeblicher Weise die nachfolgende Ausgestaltung der Kommunikations- und Vertriebspolitik. Doch das, was im deutschen Fremdenverkehr vom Produkt her geboten wird, kann aus gegenwärtiger Sicht im allgemeinen als attraktiv bezeichnet werden, denn das touristische Gesamtangebot erweist sich in den meisten deutschen Fremdenverkehrsstädten und -gemeinden als ziemlich vollkommen.

Inzwischen hat sich aber die Marktsituation im Fremdenverkehr total verändert. In den letzten Jahren ist nämlich das gesamte Fremdenverkehrsangebot noch stärker angestiegen als die Fremdenverkehrsnachfrage. Die Beherbergungskapazität wird vielerorts noch weiter ausgebaut, und es sind – in Konkurrenz zu den bisherigen inländischen Fremdenverkehrsgebieten – neue Destinationen (in Ostdeutschland und in Osteuropa) hinzugekommen. Es hat sich demzufolge ein **Wandel vom Verkäufermarkt zum Käufermarkt** vollzogen. Eine ausreichende Fremdenverkehrsnachfrage fällt heute nicht von selbst an, sondern sie muß strategisch erschlossen werden.

Das Aufgabengebiet der kommunalen Fremdenverkehrsförderung hat also zwangsläufig eine Erweiterung erfahren. Zu den öffentlichen (gemeinwirtschaftlichen) Aufgaben sind **Vermarktungsanforderungen** (Verkaufswerbung, Verkaufsförderung sowie Verkaufs- und Vermittlungsaktivitäten) hinzugekommen.

Damit stellt sich zugleich die Frage, ob gemeindeeigene Organisationsträger, nämlich Fremdenverkehrsämter und Kurverwaltungen, überhaupt noch den heutigen, erweiterten Anforderungen einer kommunalen Fremdenverkehrsförderung gerecht werden können. Der ADAC, der als Interessenvertretung für die deutschen Automobiltouristen fungiert (und diese wählen ihren Urlaubsaufenthalt überwiegend in Deutschland), rüttelte mit seiner im Jahre 1989 vorgelegten Expertise die deutsche Fremdenverkehrspolitik wach. Der ADAC gab für seine Forderung nach einem völlig neuen Denken im Tourismus folgende Begründung:

> Die enge Anbindung des Fremdenverkehrs auf der lokalen Ebene an die Kommunalpolitik hat in mehrerer Hinsicht negative Auswirkungen. Die Tourismuspolitik wird zu leicht durch kurzfristige parteipolitische Interessen bestimmt. Haushaltsplanungen der öffentlichen Hand sind zu schwerfällig, um rechtzeitig Marktanpassungen vorzunehmen. Urlaub in Deutschland wird eben nicht wie ein Produkt professionell vermarktet, sondern amtlich verwaltet.[42]

Die Krise des Urlaubs in Deutschland kann nicht bewältigt werden, indem man darauf wartet, daß aus der nächsten Meinungsumfrage oder Reiseanalyse ein positives Interesse an deutschen Urlaubsgebieten herausgelesen werden kann. Worauf es dem ADAC ankommt, ist der Hinweis, daß die Fremdenverkehrswirtschaft einer Stadt/Gemeinde in dem zu erwartenden Verdrängungswettbewerb nur bestehen kann, wenn sie in Zukunft mit einer professionell geführten **zentralen Vermarktungsinstitution** schnell, flexibel und marktkonform agiert.

Es muß der öffentlichen und gewerblichen Leistungsträgerschaft im örtlichen Fremdenverkehr zunehmend bewußt werden, daß das Wettbewerbsgeschehen letztendlich im Verkauf kulminiert. Um Marktsegmente und Zielgruppen effizient ansprechen und gewinnen zu können, muß heute „Verkaufbares" geboten werden. Gleichartige Gäste sind viel weniger als noch vor Jahren zu erkennen, so daß das touristische Gesamtprodukt zielgruppenbezogen und verkaufsgerecht aufbereitet werden muß. Es sind doch gerade die Gäste, die immer mehr verkaufsbezogene Aktivitäten einer Fremdenverkehrsstelle wünschen, weil sie nicht nur die Reiseentscheidung, sondern noch viel mehr die Aufenthaltsgestaltung erheblich begünstigen. Und erst „Verkaufbares" macht auch die Inanspruchnahme des Zwischenhandels als Distributoren (Reiseveranstalter, Reisebüros und Verkehrsträger) möglich. Der hier geforderte Unternehmergeist wird i.d.R. durch die bisherigen Organisationsstrukturen der öffentlichen Hand oft behindert oder zumindest nicht begünstigt.

Für die Absatzfunktion gilt also, die beschriebenen Nachteile der öffentlich-rechtlichen Strukturen und Bestimmungen sowie die Haftungsprobleme durch Verselbständigung in Form eines erfolgsorientierten privatrechtlich geführten Wirtschaftsbetriebes zu neutralisieren. Das bedeutet zugleich für eine Fremdenver-

---

[42] **Allgemeiner Deutscher Automobil-Club e.V. (ADAC)**: *Neues Denken im Tourismus, ein tourismuspolitisches Konzept für Fremdenverkehrsgemeinden*, München 1989, S. 8.

kehrsstadt/-gemeinde, daß sie ihr zukünftiges Engagement in der kommunalen Fremdenverkehrsförderung auf die originären Fremdenverkehrsaufgaben konzentriert. Die Bereitstellung von Kur- und Erholungseinrichtungen ist nicht nur eine finanzielle Herausforderung für die öffentliche Hand, sie verlangt ebenso Innovation und Qualitätsmanagement. Auch Öffentlichkeitsarbeit (PR) und Imagewerbung unterliegen dem Gebot einer größeren Wirksamkeit. Diese Förderungsleistungen haben eindeutig „öffentlichen Charakter". Deshalb sind die dafür erhobenen Entgelte (Fremdenverkehrsabgabe) von der Umsatzsteuer befreit.

Vermarktungsfunktionen (Verkaufswerbung, Verkaufsförderung sowie Verkaufs- und Vermittlungsaktivitäten) fallen vorrangig unter die **privatwirtschaftliche Aufgabenstellung der Fremdenverkehrsförderung**. Sie haben sich in erster Linie an dem Bedarf der gewerblichen Leistungsträgerschaft zu orientieren, so daß unweigerlich ihre organisatorische Einbindung gefordert ist. Diese Mitbeteiligung und Mitverantwortung muß auch von den touristischen Leistungsträgern als Notwendigkeit gesehen werden, denn Einzelgängertum in der Absatzpolitik wird niemals volle Gästeakzeptanz bewirken können.

Ein Tourist nimmt nämlich selten eine isolierte touristische Leistung in Anspruch, er bewertet vielmehr sein Reiseziel als gebündelte Vielfalt von Einzelleistungen. Diese Komplementarität der touristischen Leistungen am Aufenthaltsort verlangt dementsprechend koordinierte nachfragegerechte Marketingaktivitäten. Ein solches organisiertes Miteinander aller Fremdenverkehrsbeteiligten im Vermarktungsvollzug kann eben nur eine **privatrechtliche Trägerschaftsform** gewährleisten.

Privatisierung und zugleich **Kommerzialisierung** sind als richtungsweisende Zielsetzungen für die Ausübung der Vermarktungsfunktionen zu betrachten. Ein privatwirtschaftlich geführter Vermarktungsträger bietet dann auch angemessene Voraussetzungen und ebenso die entsprechende Rechtfertigung, Fremdenverkehrsleistungen nach dem Verursacherprinzip, d.h. durch Verkaufs- und Vermittlungsentgelte, zu finanzieren. Das zielt auf eine finanzielle Entlastung der öffentlichen Hand und zugleich auf eine Steigerung der Ertragskraft in der kommunalen Fremdenverkehrsförderung. Das umsatzorientierte Betätigungsfeld der kommunalen Fremdenverkehrsförderung (vgl. Abbildung 13, S. 80) schließt immerhin so viele kommerzielle Tätigkeiten ein, daß die anfallenden Betriebskosten in der Vermarktung weitgehend mit den Einnahmeerzielungen abgedeckt werden können (hierzu Ausführungen S. 79 ff.). Es gibt bereits etliche deutsche Fremdenverkehrsstellen, die sich mit ihrem orts- und regionalspezifischen Leistungsangebot weitgehend selbst finanzieren. Auch die gewerbliche Anbieterschaft muß sich darauf einstellen, daß die Vermarktung nicht nur schwieriger, sondern gleichzeitig immer kostenintensiver wird. Daneben schwindet zugleich das Verständnis in der breiten Öffentlichkeit, angesichts immer knapper werdender kommunaler Haushaltsmittel umsatzorientierte Leistungen weiterhin kostenlos anzubieten. So muß auch von der gewerblichen Fremdenverkehrswirtschaft erwartet werden, daß sie die notwendigen verkaufsbedingten Kosten in ihre Kalkulation einbezieht.

2 Kooperativ organisierte Fremdenverkehrsförderung

a. Die GmbH als „Beteiligungsgesellschaft"

Die Trennung zwischen öffentlichen (gemeinwirtschaftlichen; vgl. Abb. 6, S. 37) und privatwirtschaftlich orientierten Aufgaben (Vermarktungsaktivitäten; vgl. Abb. 13, S. 80) ist nicht nur ein ordnungspolitischer Aspekt; es ist für die Absatzfunktion unbestreitbar, daß eine Verbesserung der Aufgabenerfüllungen nur in enger Zusammenarbeit mit und zwischen der gewerblichen Leistungsträgerschaft erreicht werden kann.

Die Verselbständigung eines privatwirtschaftlich geführten Vermarktungsträgers, die **Gründung bzw. Finanzierung einer GmbH als „Beteiligungsgesellschaft"**, ist als völlig unproblematisch anzusehen, da Vermarktungsfunktionen (Touristik-Service, Verkaufswerbung, Verkaufsförderung sowie Verkaufs- und Vermittlungsaktivitäten) keinen nennenswerten Einsatz an Anlagevermögen verlangen. Für dieses wirtschaftliche Betätigungsfeld genügt eine relativ geringe Eigenkapitaldecke, die ggf. nur dem gesetzlich vorgeschriebenen Mindeststammkapital von DM 50.000,– entspricht. Damit sind von vornherein auch keine finanziellen Barrieren für die gewerbliche Wirtschaft gegeben, sich als Mitgesellschafter an einer sog. „Tourismus Promotion GmbH" zu beteiligen. Der relativ geringe Eigenkapitalbedarf bewirkt nämlich auch eine äußerst geringe Haftungsübernahme, was sich als wesentlicher Vorteil bei Verkaufs- und Vermittlungsaktivitäten und beim Verkauf selbsterstellter Pauschalangebote erweist. Es ist in der Reiseverkehrswirtschaft keineswegs ungewöhnlich, daß Reisemittler und auch Reiseveranstalter ihren relativ großen Geschäftsumsatz mit einem GmbH-Stammkapital zwischen DM 50.000,– und DM 100.000,– zu bewerkstelligen vermögen. Und der relativ geringe Bedarf an Anlagevermögen wirkt sich natürlich auch dahingehend vorteilhaft aus, daß das Betriebsergebnis nicht zu sehr mit Abschreibungen belastet wird.

Wer als Idealform eines organisierten Miteinanders in der gesamtörtlichen leistungsvielfältigen Vermarktung die **Mitbeteiligung** der vielen „einzelnen" fremdenverkehrsorientierten Leistungsträger als GmbH-Gesellschafter fordert, verkennt, welche abwicklungstechnischen Schwierigkeiten bei Mitgliedschaftsveränderungen verbunden sind. Im Erwerb eines GmbH-Geschäftsanteils durch eine Stammeinlage von mindestens DM 500,– und in den Gründungsvoraussetzungen dürfte mit Sicherheit keine Erschwernis gesehen werden. Die Hemmnisse für eine Beteiligung sind aber während des Bestehens der GmbH gegeben, denn die GmbH vermag keiner sog. offenen Mitgliedschaft Rechnung zu tragen. Träger des Gesellschaftsvermögens ist die GmbH, d.h. die Gesellschafter zur gesamten Hand. Die Aufnahme eines jeden neuen Gesellschafters würde dann jedesmal die Erhöhung des Stammkapitals bedeuten, wozu ein i.d.R. vertraglich festgelegter Mehrheitsbeschluß der Gesellschafter erforderlich wäre. Auch das Ausscheiden eines Gesellschafters verläuft bei der GmbH nicht in der reibungslosen Weise, daß er im Zuge seiner Kündigung seinen Geschäftsanteil zurückfordern kann. Dem kündigenden GmbH-Gesellschafter ist nur die Möglichkeit gegeben, mit gerichtlich oder notariell vollzogener Abtretung seinen Geschäftsanteil einem Erwerber zu übertragen, wobei dann ein solcher Vorgang auch an vorgegebene Bedingungen im Gesellschaftsvertrag geknüpft sein kann (s. **Anhang A, Muster eines GmbH-Gesellschaftsvertrages**).

Trotzdem wird man mit der Entscheidung für die Rechtsform GmbH an dem vorrangigen Ziel der gesellschaftsrechtlichen Einbindung der gewerblichen Leistungsträgerschaft festhalten können, wenn die **GmbH** von vornherein **als sog. geschlossene Vereinigung** per Gesellschaftsvertrag konzipiert wird. Diese Lösung wurde bereits in einigen größeren Fremdenverkehrsgemeinden erfolgreich verwirklicht, indem neben der öffentlichen Hand als Mitgesellschafter eben nicht eine Vielzahl von Einzelfirmen, sondern als deren Interessenvertreter mehrere Standesorganisationen bzw. Interessenvereine die restlichen GmbH-Anteile halten. Diese Vereinigungen sind dementsprechend so ausgewählt worden, daß durch sie der gesamte fremdenverkehrsorientierte Interessenkreis der Stadt/Gemeinde – nämlich diejenigen, denen unmittelbar bzw. mittelbar durch den Fremdenverkehr erwerbswirtschaftliche Vorteile geboten werden – abgedeckt wird. Der Ortsverband des Hotel- und Gaststättengewerbes (DEHOGA), der örtliche Fremdenverkehrsverein e.V., der örtliche Einzelhandelsverband bzw. kaufmännische Vereinigungen oder Gewerbevereine und manch andere Organisationen gehören dazu. Es sollte aber auch nicht ausgeschlossen werden, zusätzlich bestimmte Unternehmen von gesamtörtlicher fremdenverkehrspolitischer Bedeutung (z.B. ein See-Rundfahrt-Unternehmen oder eine Festspiele- bzw. Sommerspiele-GmbH) als Mitgesellschafter aufzunehmen.

Aus der Sicht der Stadt/Gemeinde wäre die Gründung einer „Tourismus Promotion GmbH" zweifellos rechtlich zulässig, weil die Mitbeteiligung der gewerblichen Leistungsträgerschaft eine qualitative Verbesserung der Aufgabenerfüllung erwarten läßt. Zwecks Wahrung öffentlicher Interessen und zur Sicherung ihrer Einflußmöglichkeiten wird es vielfach als angemessen betrachtet, daß der GmbH-Anteil der Gebietskörperschaft 50% überschreitet, zumal zunächst mit einem erforderlichen jährlichen Zuschuß von seiten der Stadt/Gemeinde gerechnet werden muß. Die Festlegung der Höhe wird sich nach dem Verlust im Wirtschaftsplan ergeben.

Eine Mitbeteiligung der gewerblichen Leistungsträgerschaft an der „Tourismus Promotion GmbH" kann nur dann ihren Zweck erfüllen, wenn die **Besetzung des Aufsichtsrats** den Sachverstand der privatwirtschaftlich orientierten Gesellschafter angemessen berücksichtigt. Hierfür möge die im Jahre 1989 aus einer Umwandlung hervorgegangene Tourist Information Konstanz GmbH ein gutes Beispiel sein. Dort gehören neben dem Oberbürgermeister als Aufsichtsratsvorsitzenden und fünf Vertretern der Stadt Konstanz immerhin fünf Vertreter der drei beteiligten gewerblichen Vereinigungen[43] an. Die Kontrolle des Aufsichtsrats sollte sich im wesentlichen auf die Planungsziele und laufenden Betriebsergebnisse beschränken. Die Geschäftsführung wird nur dann kreative Führungskraft und Innovationsdenken beweisen können, wenn sie mit möglichst wenigen festgeschriebenen Einschränkungen belastet ist. Die Geschäftsführung könnte ggf. durch die Beratungsfunktion eines Beirates fachkompetent unterstützt werden.

Es hat sich mancherorts für eine Übergangszeit nach der Gründung einer „Tourismus Promotion GmbH" bewährt, daß der Leiter / die Leiterin des Fremdenverkehrsamtes bzw. der Kurverwaltung zunächst erst einmal die Funktion der GmbH-Geschäftsführung mit übernimmt. Die bisher gesetzten marktbeeinflussenden Akzente könnten dann in der bewährten Konzeption im Verkauf fortgesetzt werden. Die grundlegende Kommunikationspolitik – falls sie zunächst in öffentlich-rechtlicher Trägerschaft (d.h. von seiten des Fremdenverkehrsamtes bzw. der Kurverwaltung) vertreten bleiben sollte – würde dann inhaltlich und zeitlich optimal aufeinander abgestimmt sein.

Eine verkaufsintensive Fremdenverkehrsförderung wird zweifellos einen entscheidenden Beitrag zur Mitarbeitermotivation leisten können. Sobald dann im Zuge der Umsatzsteigerung ausreichend zusätzliche Finanzierungsmittel einfließen, kann eine personelle Aufstockung für die Intensivierung und Erweiterung der Aufgaben sukzessiv vorgenommen werden. Es werden aber für die Erfüllung der **Arbeitsanforderungen im Incoming-Tourismus** Mitarbeiter gebraucht, die ihr spezielles Wissen durch eine fundierte Berufsausbildung und durch selbständiges kreatives Arbeiten in der Reiseverkehrswirtschaft erworben haben. Die **Managementfunktion des Geschäftsführers** ist vor allem in der strategischen Anwendung moderner Methoden des touristischen Marketing zu sehen. Dabei geht es in größeren, bedeutenderen Fremdenverkehrsstädten und -gemeinden zugleich um die Fähigkeit, im Zusammenspiel von Produkt-, Kommunikations- und Vertriebspolitik eine ortsspezifische **Markenpolitik** zu initiieren.

Ein Jahresverlust ist in der betrieblichen Anfangszeit einer Vermarktungs-GmbH nicht auszuschließen, da sich Verkaufserfolge erst nach einem gewissen „time-lag" einstel-

---

[43] **Mitgesellschafter** sind der Fremdenverkehrsverein Konstanz e.V., Treffpunkt Konstanz e.V. und Konstanzer Wirtekreis e.V.

len werden. Es müßte also die Bereitschaft der Stadt/Gemeinde zugrunde gelegt werden, der „Tourismus Promotion GmbH" einen jährlichen Zuschuß im Sinne eines gewöhnlichen Wirtschaftsförderungsbeitrages zuzuleiten und sie somit handlungsfähig zu erhalten. Hierzu gehört natürlich auch die umsatzsteuerrechtliche Behandlung dieses Zuschusses. Im Falle des Verlustausgleichs der Stadt Konstanz an die Tourist Information Konstanz GmbH hat die Oberfinanzdirektion Freiburg bereits die Auffassung der Wirtschaftsberatung AG Düsseldorf bestätigt, daß es sich um kein umsatzsteuerbares Leistungsentgelt handelt. „Es liegt hier kein Leistungsaustausch vor, weil von seiten der GmbH keine konkreten Gegenleistungen erbracht werden und somit die Stadt Konstanz keine konkreten Ansprüche ableiten kann."[44]

Muster eines GmbH-Gesellschaftsvertrages
s. Anhang A: Gründung einer GmbH als „Beteiligungsgesellschaft".

b. Fremdenverkehrsverein (vgl. Abb. 11 und 12, S. 77 bzw. S. 78)

Die volle Wirtschaftskraft des Fremdenverkehrs wird nur eine solche Fremdenverkehrsorganisation entfalten können, welche die Eigeninitiative und die Selbstverantwortung der Leistungsträgerschaft fördert. Dieser so wichtige Fremdenverkehrsgrundsatz würde in einer Stadt/Gemeinde, in der die öffentliche Hand die alleinige Organisationsträgerschaft für den Fremdenverkehr (in der Organisationsform Amt oder Eigenbetrieb oder Eigengesellschaft) ausübt, überhaupt nicht verwirklicht werden können. Deshalb kann – im Interesse einer Partnerschaft und entlastenden Aufgabenteilung mit der Stadt/Gemeinde – auch die Existenz eines Fremdenverkehrsvereins außerordentlich bedeutungsvoll sein.

Ein Fremdenverkehrsverein ist eine im Vereinsregister eingetragene juristische Person; ihre Rechtsgrundlage ist das BGB §§ 21–79. Gemäß BGB § 25 ist eine **Vereinssatzung** zu erstellen. Orientierungsgrundlage hierfür ist die Mustersatzung für örtliche Fremdenverkehrsvereine (Hrsg.: Deutscher Fremdenverkehrsverband, Bonn). In der Bundesrepublik Deutschland sind es bisher noch seltene Fälle, daß die Gemeinde/Stadt nicht mit einem mehr oder weniger großen Anteil zur **Finanzierung des örtlichen Fremdenverkehrsvereins** beiträgt. Hierbei kann es sich um einen Barzuschuß oder um die kostenlose Überlassung von Personal, Geschäftsräumen etc. handeln. Ansonsten stellen die Mitgliedsbeiträge die Grundfinanzierung eines Fremdenverkehrsvereins dar. Die **Haushaltsführung** muß im Sinne einer kaufmännischen Buchführung den Erfordernissen ordnungsgemäßer Rechnungslegung entsprechen.

---

[44] **Hänssler, K.H. / Frommer, K.**, *Die Umwandlung der Tourist-Information Konstanz von einem städtischen Amt über einen kommunalen Eigenbetrieb zur GmbH*, Hrsg.: Tourist-Information Konstanz GmbH, 1989, S. 32.

Wenn die inzwischen einhellig vertretene Ansicht Berücksichtigung finden soll, daß die reinen Vermarktungsfunktionen (Verkaufswerbung, Verkaufsförderung und Verkauf) vornehmlich den Eigeninteressen und der gemeinsamen Initiative der gewerblichen Anbieterschaft zuzuschreiben sind, dann stellt sich natürlich die Frage, ob nicht die umsatzorientierte Fremdenverkehrsförderung in die Hand eines Fremdenverkehrsvereins gehören sollte. Die Situation in der Schweiz ist dafür beispielhaft, wo sogar sämtliche Funktionen der örtlichen bzw. regionalen Fremdenverkehrspolitik (Produkt-, Kommunikations- und Vertriebspolitik) institutionell ausschließlich durch Kur- und Verkehrsvereine, d.h. durch Organisationen des privaten Rechts, vertreten werden. Jede Geschäftsstelle eines Vereins fungiert nach außen als Verkehrsbüro. Dem Fremdenverkehrsengagement sind im Grunde keine Grenzen gesetzt. Orientierungspunkte sind der touristische Markt und die Bedürfnisse der Gäste einerseits sowie die Belange der einheimischen Bevölkerung andererseits.

Doch sollte aus deutscher Sicht der Tatbestand zur Nachdenklichkeit und Bewußtseinsänderung führen, daß die Mitglieder eines Verkehrsvereins in der Schweiz, nämlich die erwerbswirtschaftlichen Nutznießer aus dem Fremdenverkehr, in einem weitaus größeren Maße in die finanzielle Verpflichtung für die Fremdenverkehrsförderung genommen werden. Den Verkehrsvereinen der Kurorte fließen zwar, gestützt auf das Gemeinde-Kurtaxengesetz, erhebliche Geldbeträge aus der Kurtaxe zu, und manche Stadt bzw. Gemeinde in der Schweiz leistet als Mitglied einen erheblichen Gemeindebeitrag, doch in einem noch höheren Maße tragen i.d.R. jene Geldmittel zur Ausgabendeckung bei, die von den Vereinsmitgliedern selbst aufgebracht werden, nämlich
– Mitgliederbeiträge
– Reklametaxen Hotels, Reklametaxen Chalets
– Bettenbeiträge Hotels, Bettenbeiträge Chalets
– Geschäftsbeiträge.

In die Betriebsergebnisrechnung gehen natürlich auch die Erträge aus einer äußerst aktiven Verkaufs- und Vermittlungstätigkeit sowie Pacht- und Mieteinnahmen ein.

Der Vorteil eines Vereins als Organisationsform kann darin gesehen werden, daß im Unterschied zur GmbH die Mitgliederzahl nicht geschlossen ist und somit eine Vielzahl von Partnern und Interessen problemlos einbezogen werden können. Jede Person des privaten und des öffentlichen Rechts kann allein durch schriftliche Beitrittserklärung Mitglied werden. Nicht die kapitalmäßige, sondern die persönliche Beteiligung der Mitglieder (pro Mitglied eine Stimme) steht im Vordergrund. Doch die Bedenken betreffen die Organisationsstruktur sowie die Kompetenzsituation und Effizienz der Geschäftsführung mit Hinblick auf das erforderliche marktorientierte Handeln.

Die maßgebenden Beschlüsse werden nach dem demokratischen Mehrheitsprinzip in der z.T. großen **Mitgliederversammlung** gefaßt, und das stete Ringen um einen Interessenausgleich beeinträchtigt zweifellos die Handlungsfähigkeit. Die Mitgliedschaft der Stadt/Gemeinde im Fremdenverkehrsverein ist im beiderseitigen Interesse unverzichtbar. Ihre finanzielle Unterstützung zur Stärkung der Finanzkraft des Vereins würde dann um so mehr gefordert sein, wenn die gesamtörtliche leistungsvielfältige Vermarktung ausschließlich in der Regie des Fremdenverkehrsvereins vollzogen werden würde. In diesem Zusammenhang müßte dann doch bezweifelt werden, ob die Stadt/Gemeinde ihren Einfluß auf die Absatzfunktion mit einer bloßen Vereinsmitgliedschaft angemessen repräsentiert sehen würde, zumal sie die Interessen und die Förderung der Allgemeinheit im umfassendsten Sinne vertritt. Auch eine entsprechende Vertretung im Beirat des Fremdenverkehrsvereins würde dieses Mißverhältnis nicht egalisieren können, da dieses Gremium lediglich eine beratende Funktion einnimmt.

In der Bewertung des Fremdenverkehrsvereins im Maßstab einer professionell geführten touristischen Vermarktungsstelle muß auch die Kompetenzsituation und die damit verbundene Effizienz der Geschäftsführung angesprochen werden. Während kraft Gesetz der Geschäftsführer einer GmbH als gesetzlicher Vertreter dieser Gesellschaft fungiert, hat in einem Verein der Vorstand diese gesetzliche Stellung. Dem **Vorstand** obliegt die Geschäftsführungs- und Vertretungsfunktion des Vereins. Doch man wird gewiß in einem umsatzorientierten Fremdenverkehrsverein bezweifeln können, ob Vorstandsmitglieder die geforderte Neutralität und Unabhängigkeit bewahren würden, wenn sie selbst Fremdenverkehrsbetriebe betreiben. Deshalb wird auch gewöhnlich zur Führung eines kaufmännisch ausgerichteten Geschäftsbetriebes ein hauptamtlicher **Geschäftsführer** bestellt. Der ehrenamtlich tätige Vorstand hat dann die Leitungs- und Vertretungsverantwortung und sieht sich für die konzeptionellen Angelegenheiten zuständig, während der Geschäftsführer dann vornehmlich die laufende Betriebsführung ausübt und dem Vorstand zur Beratung und Auskunftserteilung zur Verfügung steht. Ein Reibungsbeginn mit dem Vorstand wird dann für jede kompetente Persönlichkeit, welche die Geschäftsführung ziemlich eigenständig und professionell betreiben möchte, vorprogrammiert sein.

Was die **Haftung** anbetrifft, so haftet das gesamte Vereinsvermögen für die Verbindlichkeiten eines Vereins; die einzelnen Mitglieder können nicht haftbar gemacht werden. Damit ist es auch für eine Stadt/Gemeinde unproblematisch, selbst Mitglied in einem Fremdenverkehrsverein zu werden.

Die Ausübung kommerzieller Tätigkeiten durch einen Fremdenverkehrsverein würde im Bewertungsvergleich keine **steuerrechtlichen Vorteile** mit Hinblick auf die Umsatz- und Ertragsbesteuerung bringen. Bei Leistungserbringungen, welche die wirtschaftliche Erwerbstätigkeit ihrer Mitglieder fördern, würden die Mitgliedsbeiträge –

weil sie auch Entgelte der Mitglieder für wirtschaftliche Vorteile enthalten (§ 8 Abs. 7 KStG) – keiner Steuerbefreiung unterliegen. In diesem Falle sind die Mitgliederbeiträge im Wege der Schätzung auf einen steuerbefreiten Teil und steuerpflichtigen Teil aufzuteilen (aus Vereinfachungsgründen werden von den Finanzämtern 25% der Beitragseinnahmen als steuerpflichtige Einnahmen behandelt).

Es können selbstverständlich viele Fremdenverkehrsgemeinden beispielhaft genannt werden, in denen der örtliche Fremdenverkehrsverein erfolgreich als Vermarktungsträger für die Fremdenverkehrswirtschaft fungiert. Es sind nicht nur kleinere Orte, sondern sogar Großstädte (z.B. Bremen, Karlsruhe), wo ein Fremdenverkehrsverein die gesamte örtliche Fremdenverkehrsförderung vertritt. Wenn aber in größeren Orten, in denen der Fremdenverkehr eine tragende Rolle im Wirtschaftsleben spielt, zugleich die organisatorischen Voraussetzungen für eine GmbH als Beteiligungsgesellschaft gegeben sind, dann ist aus den zuvor genannten Gründen für die Vermarktungspolitik eine „Tourismus Promotion GmbH" einem Fremdenverkehrsverein vorzuziehen. Die Bezeichnung „GmbH" ist im kommerziellen Bereich auch sehr viel werbewirksamer, weil man mit ihr Professionalität verknüpft, während die Bezeichnung „Verein" nebenamtliches Wirken assoziiert.

Wer mit der Konzentration des Touristik-Service und aller werbe- und umsatzpolitischen Aktivitäten auf die „Tourismus Promotion GmbH" die Existenz des Fremdenverkehrsvereins in Frage gestellt sieht, verkennt, daß dem Fremdenverkehrsverein eine unverzichtbare Position in der Aufgabenerfüllung des **Innenmarketing** verbleiben und die Einbindung als Mitgesellschafter in die Vermarktungs-GmbH das Wirken des Fremdenverkehrsvereins im Dienste des kommunalen Fremdenverkehrs erheblich begünstigen würde.

Soweit ein Fremdenverkehrsverein keine anderen als die nachstehend genannten Zwecke verfolgt, nämlich

– **Förderung des Fremdenverkehrsbewußtseins und der Gastgeberfunktion**
– **Einflußnahme auf die Gestaltung der Fremdenverkehrseinrichtungen**
– **Einflußnahme auf die kommunikative Abstimmung der verschiedensten Leistungen im Sinne zielgruppengerechter touristischer Leistungs- und Erlebnisprofile**
– **Mitwirkung in der Pflege der kulturhistorischen Gegebenheiten und eines regen Kulturlebens**
– **Maßnahmen der Gästebetreuung**
– **Orientierungs- und Fortbildungsveranstaltungen**
– **Intensivierung der Beziehungen zwischen den Bewohnern der Stadt/Gemeinde und den in- und ausländischen Touristen und ihren Organisationen,**

würde auch der **steuerrechtlichen Anerkennung der Gemeinnützigkeit*** entsprochen sein. Die steuerrechtliche Nichtanerkennung der Gemeinnützigkeit eines Fremdenverkehrsvereins werden zwar die gewerblichen Mitglieder nicht unbedingt als nachteilig bewerten, da ihre Mitgliedsbeiträge als Betriebsausgaben unbegrenzt abzugsfähig sind. Anders werden es natürlich die als Privatpersonen zugehörigen Mitglieder sehen, weil sie dann ihre Mitgliedsbeiträge nicht als Sonderausgaben gemäß § 10 Abs. 1 EStG bei der Einkommensteuerveranlagung geltend machen können. Schließlich sollte es vielmehr im Interesse des örtlichen Fremdenverkehrs sein, daß nicht nur allein diejenigen, die erwerbswirtschaftlichen Nutzen aus dem Fremdenverkehr ziehen, sondern auch viele Privatleute dem örtlichen Fremdenverkehrsverein als Mitglied beitreten. Ein breitgestreutes Interesse an der örtlichen Fremdenverkehrspolitik und eine positive Beeinflussung des Meinungsbildes der Bürger über ihre Stadt als Fremdenverkehrsort wäre dann sichergestellt.

* Exkurs:

Gegenüber einem Fremdenverkehrsverein, der nach seiner Satzung gemeinnützige Ziele verfolgt und die Förderung des Fremdenverkehrs bezweckt, wird das Amtsgericht (bezogen auf das Vereinsregister) die Prüfung eines Amtslöschungsverfahrens einleiten, wenn im nachhinein die Vermittlung von Unterkünften für Feriengäste aufgenommen wird. Daran ändert sich auch dann nichts, wenn seine Tätigkeit als Buchungsstelle für Zimmerreservierungen nicht der wirtschaftliche Hauptzweck ist, sondern seine Tätigkeit überwiegend auf die ideelle Förderung ausgerichtet bleibt.

BGB §§ 21, 22: „Verfolgt ein Fremdenverkehrsverein nach seiner Satzung den Zweck, für seine Mitglieder die Vermietung von Unterkünften an Feriengäste zu vermitteln, ist er auf einen wirtschaftlichen Geschäftsbetrieb ausgerichtet, auch wenn er für sich keinen Gewinn erstrebt" (Beschluß des OLG Celle vom 26.08.1991).

Nach der inzwischen herrschenden Auffassung ist unter einem **wirtschaftlichen Geschäftsbetrieb** im Sinne von BGB § 22 das planmäßige und auf Dauer angelegte Auftreten des Vereins am Markt in unternehmerischer Funktion durch Einschaltung in wirtschaftliche Umsatzprozesse mit einer regelmäßigen entgeltlichen Tätigkeit zu verstehen, ohne daß es in diesem Zusammenhang darauf ankommt, ob der Verein selbst Gewinne erzielen will (vgl. BGHZ 45, 395, 398). Man wird sogar die Vermittlung von Unterkünften als Hilfsgeschäft für die gewerblichen Unternehmen der Vereinsmitglieder zurechnen können; bei einer solchen Interpretation käme es nicht einmal darauf an, ob die Vermittlungstätigkeit für sich betrachtet gegen Entgelt erfolgt (vgl. Palandt/Heinrichs, BGB, 50. Aufl., § 21 Rn. 3). Zwar ist anerkannt, daß nicht jeder Verein, der einen wirtschaftlichen Geschäftsbetrieb unterhält, ein wirtschaftlicher Verein im Sinne des BGB § 22 ist. Doch es kommt dann entscheidend darauf an, daß der wirtschaftlichen Betätigung des Vereins eine den ideellen Hauptzwecken des Vereins dienende Funktion zukommt (vgl. BGHZ 85, 84, 88, 89; Palandt/Heinrichs, a.a.O., § 21 Rn. 4). Dieses Nebenzweckprivileg wird man einem Fremdenverkehrsverein gewiß nicht mit Bezug auf eine Zimmervermittlungstätigkeit einräumen können. Die wirtschaftliche Tätigkeit eines Fremdenverkehrsvereins zieht die Eintragung ins Handelsregister zwecks Erlangung der Rechtsfähigkeit nach sich.

Abb. 11

Bewährte Organisationsstruktur eines Fremdenverkehrsvereins

Vorstand
(= ehrenamtlich tätig)
- gesetzlicher Vertreter des Vereins Rechtsstellung analog GmbH - Geschäftsführer
- übt die Leitungsverantwortung aus zuständig für fremdenverkehrspol./ konzeptionelle Angelegenheiten

Geschäftsführer
(= hauptamtlich tätig)
- für die Organisationsaufgaben zuständig
- übt die Betriebsführung gemäß Dienstvertrag aus

Geschäftsführer:
- i. d. R. kein stimmberechtigtes Mitglied im Vorstand
- steht lediglich zur Beratung u. Auskunftserteilung zur Verfügung
- erarbeitet Vorlagen zur Beschlußfassung

Fachausschüsse: Beratungsgremien von Experten
- Unterstützung des Vorstandes u. des Geschäftsführers
  in Konzeptionsangelegenheiten
  in Organisationsangelegenheiten
- Erarbeitung von Empfehlungen an die Mitgliederversammlung zur Beschlußfassung

Mitgliederversammlung: Willensbildungs- u. Entscheidungsgremium in bezug auf
- Grundsätze der Fremdenverkehrsarbeit
- Fremdenverkehrsmaßnahmen

Abb. 12

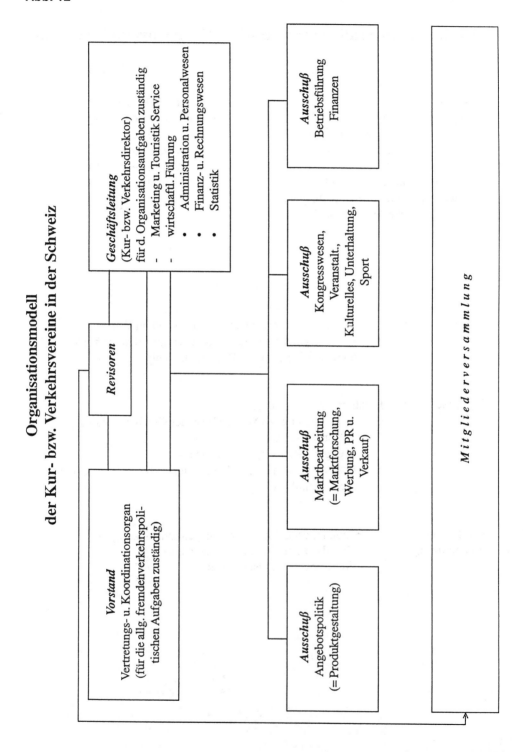

Organisationsmodell der Kur- bzw. Verkehrsvereine in der Schweiz

3 Gesamtörtliche Vermarktungsaktivitäten

Im Ausreifungsprozeß einer Reiseentscheidung können allgemeine Informations- und Werbeanstrengungen zunächst nicht mehr als Aufmerksamkeit auslösen. Ein Interesse und eine Entscheidung für bestimmte touristische Leistungsangebote kann jedoch nur eine direkte Zielgruppenansprache bewirken, die von der Aktion und vom Preis geleitet ist. Eine Imagewerbung kann nur als Globalwerbung genügen und muß durch Angebots- und Verkaufswerbung ergänzt werden. Werbung verpufft, wenn nicht gleichzeitig etwas Verkaufbares angeboten wird. Dabei sind in einer nachgeordneten Abfolge Verkaufsförderung und Verkauf in einem unmittelbaren Zusammenhang zu sehen, denn Verkaufsförderung bedeutet nichts anderes als die Erschließung von Verkaufsmöglichkeiten. Es kommt in der Marktbearbeitung entscheidend darauf an, das umsatzorientierte Betätigungsfeld der Fremdenverkehrsförderung (vgl. Abb. 13, S. 80) voll und ganz auszuschöpfen.

Ein touristisches Dienstleistungsprogramm, das gegenüber der bisherigen Marktbearbeitung auf eine weitaus größere und vielfältigere Leistungs- und Verkaufsorientiertheit abzielt, läßt demzufolge auch das Verständnis und die Bereitschaft der Leistungsträgerschaft erwarten, durch angemessene Gebühren/Beiträge die ihnen gebotenen Leistungen finanziell zu vergüten. Die Leistungsträger profitieren schließlich auch von Vorleistungen (Auskunfts-, Informations- und Beratungsdienste), die im Rahmen des Touristik-Service nicht kommerzialisiert werden können.

Abb. 13

Das umsatzorientierte Betätigungsfeld der Fremdenververkehrsförderung

(= Vermarktungsfunktionen)

- Touristik Service (Tourist Information **i**)
  - Auskunfts- / Informations- / Beratungsdienste
  - Zimmernachweis / Zimmervermittlung
  - Verkaufs- u. Vermittlungsaktivitäten
  - Stadtführungen u. Besichtigungen
  - Reiseleitung

- Marketingservice / Verkaufswerbung
  - Beratung von Hotellerie und Gastronomie
  - Marketingplanung
  - Zusammenstellung / Herausgabe des Gastgeberverzeichnisses
  - Ausfertigung von Gemeinschaftsprospekten
  - Ausfertigung u. Insertion von Gemeinschaftsanzeigen
  - Sales Guide
  - Gästezeitung

- Eigentouristik (= Eigenveranstaltung)
  Erstellung von Leistungsarrangements:
  - Vollpauschalangebote
  - Programmbausteine
  - Kurprogramme
  - Special Interest-Reisen
  - Incentive Reisen

- Verkaufsförderung / Verkauf
  - Eigenvertrieb
    = Direct Mailing
    = Verkaufsanzeigen mit Coupons
  - Durchführung von Workshops
  - Beteiligung an Touristik- u. Freizeitmessen
  - Verkauf durch fremde Veranstalter
    = Reiseveranstalter
    = Verkehrsträger
  - Verkauf durch Absatzmittler
    = Reisebüros
    = Agenturen
    = DZT

- Organisation / Abwicklung von Kongressen / Tagungen

a. Touristik-Service mit Zimmernachweis/Zimmervermittlung

Als verkaufsorientiertes Handeln muß grundsätzlich der **Touristik-Service** gesehen werden; er soll die Gäste mit einer Vielzahl von **Informations-, Vermittlungs- und Verkaufsdiensten** versorgen. Hierfür ist ein **elektronisches Informations- und Reservierungssystem** (IRS) auf örtlicher Ebene unumgänglich geworden. Ein örtlicher Vermarktungsträger kann heute nur auf elektronischer Ebene schnell und umfassend auf Anfragen und auf Informations- und Leistungswünsche potentieller Gäste reagieren.

Auch bei einem EDV-gestützten Zimmernachweis bzw. einer Zimmervermittlung kann auf ein Gastgeberverzeichnis nicht verzichtet werden. Ein TIN[45]**-gerecht abgefaßtes Gastgeberverzeichnis** ist zunächst die Ausgangsgrundlage für eine Kontaktaufnahme; nicht anders, als wenn sich die Gäste direkt an einen Unterkunftsanbieter wenden würden. Doch immer mehr Gäste bevorzugen inzwischen die Kontaktaufnahme mit der örtlichen Fremdenverkehrsstelle, damit ihnen diese ein umfassendes örtliches Gesamtbild vermitteln kann. Eine örtliche Fremdenverkehrsstelle, die das touristische Gesamtangebot vertritt, kann nämlich das Problem eines individuellen Urlaubsaufenthalts gezielter und auch objektiver lösen als ein einzelner Leistungsträger. Eine Fremdenverkehrsstelle führt grundsätzlich ihre Verkaufsgespräche im Blickfeld des örtlichen Gesamtangebots.

Wenn diese Kernfunktion des Touristik-Service, nämlich Zimmernachweis/Zimmervermittlung, in erfolgsorientierter Handlungsabfolge vollzogen wird, kann eine Maximierung der Entgelte eigentlich gar nicht ausbleiben. Die Unterkunftsanbieter werden nämlich von sich aus die Zusammenarbeit auf eine höhere Handlungsstufe ausdehnen, wenn die Leistungsergebnisse den entsprechenden Erfolg sichtbar machen.

Es ist dementsprechend für den Tätigkeitsverbund Zimmernachweis/Zimmervermittlung ein Softwareprogramm erforderlich, welches den Unterkunftsanbietern ermöglicht, kontinuierlich und schrittweise in das EDV-System der Fremdenverkehrsstelle hineinzuwachsen.

---

[45] **Die Touristische Informations-Norm (TIN)**, vom DFV in Auftrag gegeben, im Frühsommer 1992 fertiggestellt und veröffentlicht, stellt Regeln auf, wie in einem Informations- und Reservierungssystem (IRS) über das touristische Angebot informiert und wie mittels spezieller Auswahlkriterien auf dieses Angebot zugegriffen werden kann. Die TIN ist ausgerichtet auf die Bedürfnisse des Gastes, bequem, schnell, umfassend und sicher Informationen über das gewünschte Reiseziel zu erhalten und diese Wünsche gleich in eine Buchung umsetzen zu können. Die Entwicklung der TIN ist zugleich die Voraussetzung dafür, daß in Zukunft unterschiedliche Systeme gekoppelt und lokal bzw. länderübergreifend Angebote gesucht werden können.
(Aus: *Deutscher Tourismus-Bericht*, Hrsg.: Deutsches Fremdenverkehrspräsidium, Bonn, im März 1994.)

Abb. 14

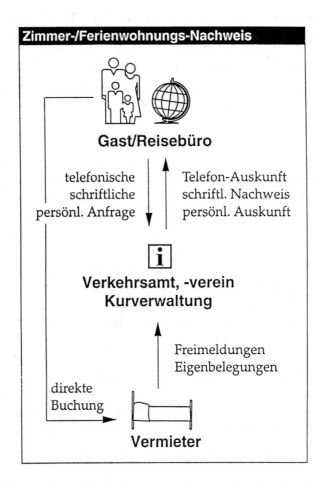

Handlungsstufe I = Zimmernachweis (ZN)

Es handelt sich um die Bereitschaft, den Gästewünschen entsprechend eine Auswahl an Logiereinheiten (Zimmer oder Ferienwohnungen / -häuser) anzubieten. Hierzu gehört auch die Gewährleistung, nach Büroschluß oder am Wochenende in Form einer Schaufenster-Lösung oder in Form einer freistehenden Info-Säule aktuelle Frei- und Belegtmeldungen anzuzeigen. Das setzt aber auch voraus, daß Belegungsänderungen von den Unterkunftsanbietern jederzeit "rund um die Uhr" über Telefon "online" in das System eingegeben werden können.

Abb. 15

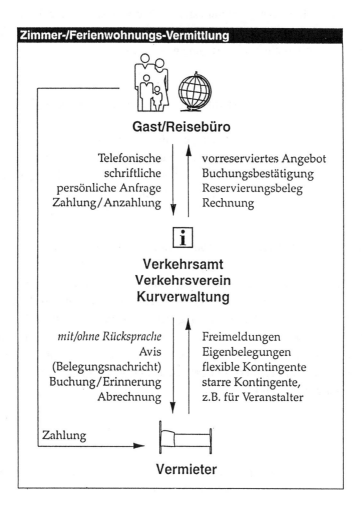

Handlungsstufe II = Zimmervermittlung (ZV)

Mit dieser Handlungsstufe muß die gängige Erwartung erfüllt werden, daß die ZN / ZV-Stelle im Auftrag der betreffenden Unterkunftsanbieter gegenüber Einzelgästen, Reisebüros, Reiseveranstaltern oder auch Reisegruppen verbindliche Vermittlungen (auch mit Inkassoabwicklungen) durchführt. Hierbei müßte dann aber noch im Vorfeld der Reservierung (= Buchung) die Feststellung der Vakanz mit dem Anbieter abgeklärt werden.

Handlungsstufe III = Zimmervermittlung mit Teilverfügbarkeit

Die erweiterte Handlungsfähigkeit muß sich darin erweisen, daß die Vermittlungsstelle selbst über Reservierungen (Buchungen) entscheiden kann, nachdem der Unterkunftsanbieter ihr Teilkontingente zur Verfügung gestellt hat.

Handlungsstufe IV = Zimmervermittlung mit Gesamtverfügbarkeit

Diese Handlungsstufe muß berücksichtigen, daß ein Beherbergungsanbieter der Vermittlungsstelle die Verwaltung des Gesamtkontingents zur Annahme von Reservierungen (Buchungen) übertragen hat, doch der betreffende Unterkunftseigner sich gleichzeitig noch ein eigenes Belegungsrecht vorbehalten läßt.

Handlungsstufe V = Zimmervermittlung mit Alleinverfügbarkeit

Diese Handlungsstufe muß die Vermittlungskompetenz darauf abstellen, daß der Beherbergungsstätte im Vergleich zu IV selbst kein Belegungsrecht (für die Gesamtdauer bzw. für bestimmte Zeitabschnitte) mehr gegeben ist und die Kapazitätsvermarktung damit „exklusiv" in der Hand der Fremdenverkehrsstelle liegt. Dadurch würde es dem örtlichen Vermarktungsträger erlaubt sein, selbst als Veranstalter aufzutreten. So könnten eigene Margen definiert und kalkuliert und aus einem Gesamtkontingent diverse Nebenkontingente gebildet werden.

Exkurs:

Die **Rechtsbeziehungen** zwischen der Fremdenverkehrsstelle (Tourist Information **i**) und dem Reisekunden beinhalten eine **Geschäftsbesorgung**.

Beim **Zimmernachweis** (Vakanzabruf) handelt es sich i.d.R. um eine **unentgeltliche Geschäftsbesorgung (Auftragsverhältnis gemäß BGB § 662)**. Hieraus resultiert zwar keine Verpflichtung für den Auftraggeber, jedoch für den Auftragnehmer, wenn dieser „zur Besorgung gewisser Geschäfte öffentlich bestellt ist oder sich öffentlich erboten hat" (BGB § 663). Dieser Eindruck muß dem Reisekunden zugestanden werden, wenn er sich auf das international gebräuchliche Symbol **i** (bzw. im Hinblick auf eine Fahrplanauskunft auf das Kennzeichen der DB-Vertretung) bezieht. Der Auftraggeber **haftet** nämlich dann **für Vertrauensschäden**. Sollte ein Gast z.B. beklagen müssen, daß die benannten Gastgeber schon längst nicht mehr für eine Gästeunterbringung zur Verfügung stehen, dann wird er sich diese „nutzlos verbrachte Urlaubszeit" vergüten lassen können.

Zimmervermittlungen sind dagegen **entgeltliche Geschäftsbesorgungen gemäß BGB § 675**. Diese entgeltlichen Geschäftsbesorgungen erweisen sich als ein dem **Werkvertrag** (BGB § 631 ff.) ähnliches Auftragsverhältnis (Geschäftsbesorgung i.e.S.). Die Ähnlichkeit hängt von der Auftragsbearbeitung ab:

– **Vermittlungen** als Verkauf **im fremden Namen** für fremde Rechnung. Hiermit verbindet sich eine **Erklärungshaftung**, d.h., die Vermittlungsstelle haftet bei schuldhaft begangenen Sorgfaltsverstößen (Fehler bei der Beratung bzw. bei der Weiterleitung von Daten, z.B. Zeit, Personenzahl).

– **Vermittlungen** als Verkauf **im eigenen Namen*** für fremde Rechnung (* aus einem übernommenen Kontingent). Die Auftragsbestätigung ist der Annahme eines Werkvertrages (BGB § 631 ff.: „womit ein Erfolg versprochen wird") gleichzusetzen. Bei Mängeln, die die Unterkunftsbereitstellung betreffen, übt die Vermittlungsstelle gegenüber den Ansprüchen des Gastes eine **Produkthaftung** aus. Nur durch eine Freistellungserklärung der Leistungsträger kann sich dann der betreffende Vermarktungsträger schadlos halten.

Ein bloßer **Zimmernachweis**, nämlich die Bereitschaft, den Gästen eine Auswahl an Logiereinheiten (Zimmer oder Ferienwohnungen/-häuser) anzubieten, kann nur der Anfang sein. Hierzu gehört auch die Gewährleistung, nach Büroschluß oder am Wochenende in Form einer Schaufensterlösung oder in Form einer freistehenden Infosäule aktuelle Frei- und Belegtmeldungen anzuzeigen. Das setzt aber auch voraus, daß Belegungsänderungen von den Unterkunftsanbietern jederzeit „rund um die Uhr" über Telefon „on line" in das System eingegeben werden können.

Im Endeffekt muß die Zusammenarbeit zwischen der Fremdenverkehrsstelle und den vielen Unterkunftsanbietern auf eine **Zimmervermittlung** hinauslaufen. Immer mehr Gäste sehen heute eine örtliche Fremdenverkehrsstelle als zweifelsfreien verläßlichen Vertragspartner bei Quartierbestellungen an und möchten deshalb sofort/unmittelbar – wie bei einem Reisebüro – eine Buchung tätigen können. Die Fremdenverkehrsstelle haftet schließlich bei fehlerhaften Auftragsausführungen. Und den Vermietern sollten die Buchungen bei der Fremdenverkehrsstelle eigentlich viel mehr eine **Belegungsgarantie** bedeuten, wenn die örtliche Fremdenverkehrsstelle bei Ausübung von Inkassoabwicklungen Anzahlungen bzw. Vorauszahlungen entgegennimmt.

Eine ZN/ZV-Stelle kann mit Sicherheit davon ausgehen, daß durch die zuvor beschriebenen verkaufsorientierten Handlungsabstufungen der erreichte Nutzen (sowohl für die Unterkunftsanbieter durch die Zimmerbelegung als auch für die Vermittlungsstelle durch die Provisionserlöse) höher zu prognostizieren ist als der entsprechende Mehraufwand. In Meersburg hat die Einführung dieses Handlungssystems schon nach drei Jahren den Nachweis gebracht, daß 30% aller registrierten Gästeübernachtungen aus den Buchungs- und Inkassoabwicklungen des Reiseverkehrsbüros[46] resultierten und diese einen Gesamtzuwachs an Übernachtungen von 18% (!) bewirken konnten.

Einem Vermarktungsträger werden die **Provisionserträge** (zugrunde gelegt werden i.d.R. Vermittlungssätze von 8% bis 10%) in einem hohen Maße dazu verhelfen können, die anfallenden Betriebskosten abzudecken. Auch einem Fremdenverkehrsverein, der sich als „Selbsthilfeorganisation der touristischen Leistungsträgerschaft" versteht, sollte diese Einnahmeerzielung eine Selbstverständlichkeit bedeuten. Würde sich z.B. der Verkehrsverein Nordseeheilbad Wangerooge e.V. auf das bisherige gesamte Übernachtungsvolumen von Wangerooge beziehen (1993 = 893.000 Übernachtungen) und für das erste Jahr einen Vermittlungsgrad von 10% zugrunde legen, dann könnten – nach Maßgabe des nachfolgenden Rechenganges – Provisionserlöse in Höhe von DM 250.040,– in Aussicht gestellt werden (mittlerer Übernachtungspreis = DM 35,– × Provisionssatz = 8% × vermittelte Übernachtungseinheiten/= Betten = 89.300).

Selbstverständlich würde es den Unterkunftsanbietern – wie z.B. in Meersburg – weiterhin überlassen bleiben, sich alleine den Gästen (z.B. auf der Grundlage des Gastgeberverzeichnisses) für Buchungen anzubieten. Doch zweifellos wird die Beherbergungswirtschaft ebenso erkannt haben, daß die Sicherung ihrer gegenwärtigen Kapazitätsauslastung sowie die mögliche Auslösung zusätzlicher Nachfrage nur durch neue Angebotsformen auf der Grundlage übertragener Kontingente (z.B. Pauschalangebote) gewährleistet werden. Eine zentrale Zimmervermittlungsstelle sorgt maßgeblich dafür, die Auslastung in den Randzeiten und in der Außersaison zu verbessern.

Man wird zweifellos eine Steigerung der Leistungseffizienz herbeiführen, wenn für jede Fremdenverkehrsstelle eines landschaftsräumlich abgeschlossenen Urlaubsgebietes **ein Anschluß an einen gemeinsamen zentral verwalteten Rechner (Datenbank)** sichergestellt ist. Dann wird jede einzelne gebietszugehörige Fremdenverkehrsstelle sich eines umfassenden Informationsabrufs bedienen können; die Leistungsvielfalt des betreffenden Urlaubsgebietes wird für jede Fremdenverkehrsstelle voll verfügbar sein.

Eine aktive Dienstleistungsbereitschaft im Touristik-Service kann sich nicht nur auf die Kernfunktion „Zimmernachweis/Zimmervermittlung" beschränken, sondern muß durch weitere verkaufsbezogene Aktivitäten komplettiert werden, die das Aufenthaltsinteresse und die Aufenthaltsgestaltung der Gäste erheblich begünstigen. Gemeint sind orts- bzw. regionalbezogene **Werbe- und Serviceartikel** (Postkarten, Land- bzw.

---

[46] Die Zusammenarbeit zwischen dem privatwirtschaftlich geführten **Reiseverkehrsbüro Meersburg** und den Anbietern hat sich sehr bald auf Handlungsstufe III eingependelt. Die Zusammenarbeit dehnt sich zunehmend auf Handlungsstufe IV aus. Ein Vermittlungsgrad von 40% wird als durchaus erreichbar angesehen!

Wanderkarten, Wanderpässe, Wandernadeln, Dias/Videos, Broschüren, Bücher, insbes. Reise- und Kulturführer), **Vermittlungsaktivitäten** (z.B. Fahrscheine, Eintrittskarten, Ausflugsfahrten), die Übernahme der **Reiseleitung** für Reiseveranstalter (Gebühr pro Person/Tag) sowie **Stadtführungen** (Gebührenerhebung pro Person bzw. pro Gruppe). Die hiermit verbundenen Einnahmebeschaffungen sind nicht unerheblich und sind im Laufe der Zeit durchaus steigerungsfähig.

b. Zimmervermittlung im EDV-Verbund mit Reisebüros

Mit der von der Firma START entwickelten Software „**German Soft**" / „**City Soft**" soll sich ein langjähriger Wunsch der deutschen Fremdenverkehrswirtschaft erfüllen: die direkte, einfache und standardisierte Buchungsmöglichkeit deutscher Fremdenverkehrsleistungen für Reisebüros. Jahre-, ja jahrzehntelang hat sich der Deutsche Reisebüro-Verband e.V. (DRV) darum bemüht. Mit der Einführung und Umsetzung der Touristischen Informations-Norm (TIN) durch den Deutschen Fremdenverkehrsverband e.V. (DFV) wurde die Voraussetzung für ein solches System geschaffen. Das heute in nahezu allen deutschen Reisebüros zum Einsatz kommende Buchungssystem „START" ist die Plattform, die dort verwendete TOMA-Bildschirmmaske (TOMA = TOuristik-MAske) bietet den leichten Einstieg. So strebt man nun in allen Bundesländern und länderübergreifend ein flächendeckendes Vernetzungssystem an, damit der Vertriebsverbund zwischen örtlichen Fremdenverkehrsstellen und den ca. 14.000 Reisebürostellen (Stand 1994) gegeben ist.

Der **Zimmervermittlungserfolg** aus einer Zusammenarbeit örtlicher Fremdenverkehrsstellen mit Reisebüros wird gewiß überschätzt. Die technische Verwirklichung dürfte letztendlich nicht das entscheidende Problem sein, viel fragwürdiger erscheinen z.Zt. die nach dem Systemaufbau erhobenen Kosten. Natürlich werden heute Auslandsziele nur noch über elektronische Buchungssysteme vermarktet, weil die hohen Buchungsaufkommen nur im elektronischen Verfahren schnell und kostengünstig bewältigt werden können. Reisen ins Ausland schließen i.d.R. eine Flugbeförderung ein, und für ein Reisebüro ist der Zugriff auf die Flugkapazität grundsätzlich nur über ein globales Computersystem möglich.

Im Geschäftsreiseverkehr werden ohnehin schon von Reisebüros Buchungsmöglichkeiten von Hotels (zu „ermäßigten" Hotel Corporate Rates) im START-Zugriff auf Computer-Reservierungssysteme der betreffenden Hotelketten und Hotelkooperationen vollzogen. Auf dieser EDV-Schiene konzentrieren immer mehr deutsche Hotels ihre Marketingaktivitäten auch gegenüber der touristischen Nachfrage, indem sie vor allem Kurzreisen und Wochenendarrangements dem Reisebürovertrieb anbieten. Es zeichnet sich bereits ab, daß Hotelketten (wie z.B. Steigenberger, Dorint) und Hotelkooperationen (wie z.B. Romantik Hotels und Restaurants) als weiteres Umsatzstandbein selbst eine Reiseveranstaltertätigkeit wahrnehmen und mit einer eigenen Reisebüro-Angebotsversion auftreten. Auch die Best Western Gruppe, deren Zunahme an Mitgliederhotels sich immer mehr auf deutsche Fremdenverkehrsorte erstreckt, hat seit nunmehr zwei Jahren den Urlaubs- und Freizeitmarkt im Visier. Bei Best Western buchten im Jahr 1994 schon über 5.000 Teilnehmer das Kurzurlaubs- und Wochenendarrangement. So werden also in Zukunft ohnehin immer mehr Hotelbetriebe in Deutschland den EDV-gestützten Vertriebsweg über Reisebüros durch ihren Hotelverbund zur Verfügung haben.

Legt man dagegen die Gastgeberverzeichnisse der Fremdenverkehrsgemeinden zugrunde, dann „verlieren" sich i.d.R. die von den örtlichen Fremdenverkehrsstellen vertretenen deutschen Urlaubsunterkünfte in den eindeutig vorherrschenden kleineren Betriebsgrößen und Privatquartieren, und gegenüber diesem gesamtörtlichen Unterkunftsangebot wird es wohl nach wie vor bei den unmittelbaren Kontakten zwischen den Individualtouristen und den örtlichen Fremdenverkehrsstellen bleiben. Darauf scheinen wohl auch die bereits eingeführten ortsbezogenen Systemanbieter eingestellt zu sein, da sie sich bisher weitgehend mit der Realisierung einer START/TOMA-Schnittstelle zurückgehalten haben.

Anders stellt sich dagegen die Situation und damit das Interesse an einem nationalen deutschlandweiten Informations- und Reservierungssystem für bestimmte Fremdenverkehrsstädte und bekannte Kurorte dar. Sie werden immerhin im eigenständigen Profil gesehen und können bereits auf im Reisebüro nachgefragte Produkte bzw. Produktkombinationen (Unterkünfte, kulturelle Veranstaltungen, Sport-Events, Stadtführungen, Pauschal-arrangements, touristische Einzelbausteine) verweisen, wenn man z.B. das bisherige Buchungsvolumen aus der Vielfalt des Hamburg-Angebots der Tourismus-Zentrale Hamburg GmbH nach einem Jahr Einsatz von „City Soft" zum Maßstab nimmt. Die internationale Verfügbarkeit von deutschen Tourismusangeboten ist – auch im Hinblick auf Großveranstaltungen wie die Expo 2000 in Hannover – zweifellos von großer Wichtigkeit. Daraus ergibt sich auch die Forderung an „German Soft" / „City Soft", die Anbindung an die weltweiten Distributionssysteme schnellstens zu tragbaren Preisen zu verwirklichen.

Ein entsprechender Schritt in Richtung **„Internationalisierung"** ist bereits von START in Kooperation mit Siemens Nixdorf vorgesehen, nämlich der Aufbau eines europaweiten IRS unter dem Namen **„EuroSTART"**. Die neue Software auf der Basis von „German Soft" / „City Soft" soll ab 1996 in Deutschland und in Österreich eingesetzt werden können. EuroSTART soll dann auch die Kombination mit der ergänzenden Veranstaltersoftware „Ticket Soft" möglich machen. Später, so die Vision, soll jeder Kunde von zu Hause aus die Möglichkeit haben, direkt via PC oder Fernseher und unter Einsatz modernster Multimedia-Technik Angebote zu buchen.

Die Nutzung eines START-Anschlusses durch eine örtliche Fremdenverkehrsstelle für den Vertriebsweg über Reisebüros setzt grundsätzlich die **Verfügbarkeit von Bettenkontingenten** voraus. Dabei sollten letztendlich das Verfügbarkeitsvolumen sowie die **Verkaufsfähigkeit der Produkte** dafür ausschlaggebend sein, welche der **Möglichkeiten des START-Anschlusses** eine örtliche Fremdenverkehrsstelle ins Auge faßt:

– Wer heute einen **direkten START-Online-Zugriff des Reisebüros auf das örtliche Informations- und Reservierungssystem (IRS)** verwirklicht haben möchte, darf dabei den Kostenaufwand nicht übersehen: hohe Anschlußkosten (= Kauf eines Schnittstellen-Softwaremoduls) deshalb, weil die eingesetzte örtliche Software dem TOMA-Verfahren noch angepaßt werden muß; jährliche Gebühren für den START/TOMA-Anschluß; hinzu kommen die laufenden START-Gebühren von DM 5,19 pro Buchung; ein weiterer wesentlicher Kostenfaktor ist die Reisebüroprovision von gewöhnlich 10%.

– Eine kostengünstigere Alternative wäre die **Variante 2**, wenn **das örtliche IRS eine automatische Schnittstelle zum Landes- bzw. Regionalrechner** unterhält, der wiederum als TOMA-Schnittstelle die weiterführende Anbindung an das START-Netz ermöglicht. Die Kontingente werden dann doppelt geführt, sowohl im örtlichen IRS der Fremdenverkehrsstelle als auch im zentralen System. Die automatische Schnittstelle macht dann einen laufenden Kontingentabgleich möglich, so daß Überbuchungen ausgeschlossen werden können. Hierbei entfällt also der unmittelbare örtliche Anschluß an das START-System, d.h., der START-Zugriff der Reisebüros ist nur auf den Landes- bzw. Regionalrechner gegeben. Doch Schnittstellen- und Leitungskosten sind auch bei diesem Verbund nicht unerheblich.

– Als völlig ausreichend und wirtschaftlich vertretbar ist gewiß für die meisten Fremdenverkehrsgemeinden die **3. Variante** anzusehen. Das örtliche IRS wird ohne automatische Schnittstelle zum Landes- bzw. Regionalrechner geführt, d.h. ausschließlich als **Insellösung**, aber im Verbund mit anderen zugehörigen Fremdenverkehrsstellen einer innerregionalen Gebietsgemeinschaft. Was dann parallel hierzu auf dem Landes- bzw. Regionalrechner für den START-Vertriebsweg als Kontingente hinterlegt und von der örtlichen Fremdenverkehrsstelle verwaltet wird, sollte man auf Pauschalangebote (zugleich eingebunden in einen Gebietskatalog) beschränkt sehen. Denn für Reisebüros dürften ohnehin nur Pauschalangebote interessant sein, da sie aufgrund des Pauschalpreises angemessene Provisionserlöse zu bieten vermögen.

Die **Integration überregionaler und lokaler Informations- und Reservierungssysteme** ist natürlich dann erschwert, wenn innerhalb einer Gebiets- bzw. Verbandsgemeinschaft die betreffenden örtlichen Fremdenverkehrsstellen bereits unterschiedliche Softwaresysteme im Einsatz haben und somit unterschiedlichen Schnittstellenkonzepten unterliegen. Die direkten Verbindungen zwischen den Rechnern sind nur mit sehr großem personellen Aufwand für die Programmierung und damit hohen Kosten umzusetzen. Deshalb sieht die Mehrzahl der Landesfremdenverkehrsverbände mittlerweile die einheitliche Nutzung von „German Soft" / „City Soft" als deutschlandweites IRS als den einzigen richtigen Weg an. Doch dann müßten überaus viele Fremdenverkehrsstellen ihre bisher im lokalen und innerregionalen Einsatz gut funktionierenden Softwaresysteme umrüsten oder durch Lizenzannahme Anschluß an „German Soft / START" finden. Der Auf- und Ausbau der technologischen Infrastruktur am Ort hat diesen Fremdenverkehrsgemeinden bereits hohe Investitionen abverlangt. Schließlich war doch ursprünglich einmal ein dezentraler Lösungsweg von der lokalen Ebene her auf der Basis von TIN fremdenverkehrspolitisch vorgezeichnet worden, weil die Funktionalität zunächst einmal auf der Kommunikationsebene „Betrieb – Ort" hergestellt sein muß , und an ein örtliches IRS sind zugleich auch zahlreiche andere Anforderungen zu stellen als nur die, das Angebot in Reisebüros buchbar zu machen.

Damit nun bewährte Systemlösungen in den Fremdenverkehrsorten und einzelnen Regionen „nicht zu touristischen Inseln verkommen", will jetzt die Deutschland Touristik GmbH (DTG), eine Kooperation der Systemanbieter Alphatron, Intours (= Marktführer), Thaler, BS Datensysteme und Vianova den Anschluß an START auch durch eine Vernetzung von „unten nach oben" möglich machen. Die bisherigen Ortslösungen sollen via DTG-Rechner an START angekoppelt und auf diese Weise für die Reisebüros zugriffsfähig werden. Ein von der DTG zusammengestelltes Reisebüro-Handbuch (und später sogar ein eigener Veranstalterkatalog) gehört als entsprechende Verkaufsgrundlage dazu. Es gilt abzuwarten, ob der DTG als Partner von START Modellfunktion zugerechnet werden kann. Immerhin haben insgesamt ca. 570 Anbieter in Deutschland und im benachbarten Ausland ein Softwarepaket der DTG-Partner; hiervon sind bereits sieben über die Kennung DTG unter dem Aktionscode I in der TOMA-Maske zu finden.

Die gesamtörtliche Wahrnehmung der Absatzfunktion

Abb. 16

DTG - Deutschland Touristik GmbH

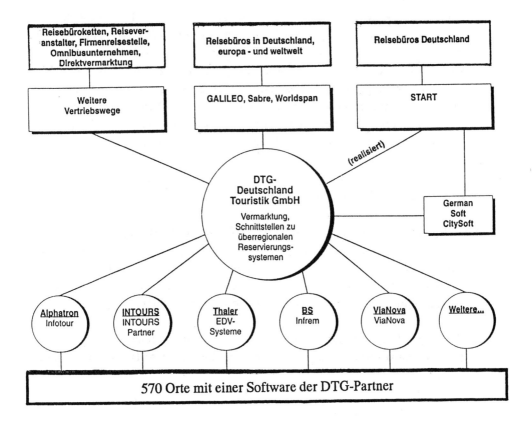

c. Verkaufswerbung/Marketingservice

Man würde die Bedeutung eines zentralen gesamtörtlichen Vermarktungsträgers von vornherein schmälern, wenn man diese Institution nicht zugleich als **„Dienstleistungsproduzent"** sehen würde. Touristische Dienstleistungen können nur dann die bestmögliche Gästeakzeptanz erfahren, wenn sie zuvor marktgerecht produziert worden sind. Diese Aktivitäten beziehen sich auf die Zusammenstellung/Herausgabe des Gastgeberverzeichnisses (Nominierung der Leistungsträger, Plazierung von Anzeigen) und ggf. des Sales Guide, auf die Ausfertigung von Gemeinschaftsprospekten und -anzeigen, auf die Herausgabe einer Gästezeitung und auch auf die Unterbreitung von Marktuntersuchungsergebnissen. Diese Arbeitsverrichtungen rechtfertigen angesichts des eingesetzten Sachverstandes durchaus eine **direkte Leistungsverrechnung mit den einzelnen Angebotsträgern**. Für viele Vermarktungsträger tragen diese Einnahmen zu einem beträchtlichen Teil zur Abdeckung ihrer Betriebskosten bei.

d. Eigentouristik (Eigenveranstaltung)

Ein beachtliches Einnahmenpotential bietet die **Eigenveranstaltung** an, wobei Teilleistungen in eigener Kalkulationsfreiheit gewinnträchtig zu Vollpauschalangeboten, Programmbausteinen, Kur- bzw. Fitneßprogrammen sowie zu Special-Interest-Reisen bzw. Incentive-Reisen zusammengestellt werden. Programmbausteine (Zusatzleistungen) sind dabei im Leistungsbild der Verkaufsförderung zu sehen.

Pauschalangebote sind heute für die Positionierung eines Fremdenverkehrsortes im Markt unverzichtbar geworden. Die Begründung liegt in den **Trends der Inlandsnachfrage**:

– die Reisen werden immer **kürzer**;
– die Bundesbürger verreisen **häufiger**;
– die Gäste werden immer **erlebnisorientierter**.

Weitere Begründungen für Pauschalreisen verbinden sich mit gewissen **formalen und materiellen Vorzügen**:

– der Pauschalreisende ist i.d.R. rechtlich abgesichert;
– das Preis-Leistungs-Verhältnis eines Pauschalangebots wird im Vergleich mit der selbstorganisierten Reise im allgemeinen als günstig angesehen;
– Kosten und Programm der Reise sind im voraus bekannt, was für immer mehr Bundesbürger angesichts des Rückganges ihres frei verfügbaren Einkommens wichtig geworden ist.

Der Inlandtourismus profitiert heute immer mehr vom **Kurzreiseverkehr**, und dieser vollzieht sich zugleich außerhalb der Sommerferienzeit. Inwieweit bereits die Kurzzeiterholung (Kurzreisen) in vielen Fremdenverkehrsgemeinden gegenüber dem Urlaubsreiseverkehr dominiert, vermag die durchschnittliche Aufenthaltsdauer der Gäste zu offenbaren. Von den meisten Fremdenverkehrsorten wird im allgemeinen der Fehler begangen, daß ihre Marktbearbeitung mehr oder weniger nur auf den Haupturlaub (die „großen Ferien") fixiert ist und die Fremdenverkehrssaison dadurch zweifellos eingeschränkt wird.

Das Moorheilbad Bad Zwischenahn im Nordwesten Niedersachsens vermeldet in seinen laufenden Presseerklärungen, daß dort Pauschalangebote inzwischen ein „Renner" geworden sind. Der hohe Präferenzgrad für Pauschalangebote erklärt sich im allgemeinen damit, daß sie den potentiellen Gästen einen programmierten Aufenthaltsvorschlag bieten können, d.h. eine Gesamtlösung. Dabei unterscheidet man in der Strategie der Angebotserstellung drei **Angebotsformen**:

Das „gewöhnliche" Pauschalangebot

Z.B. „**8 Tage Ostseeheilbad Travemünde**" in den verschiedenen Unterkunftskategorien, neben 7 Übernachtungen mit Frühstück allgemeine aufenthaltsbegleitende Zusatzleistungen (Besuche des Meerwassererlebnisbades, ein Besuch im Spielkasino, eine Hochseefahrt, ein Stadtrundgang durch Lübeck mit Stadtführer).[47]

Es stellt sich hierbei die Frage, ob selbstaufgelegte Pauschalangebote durch einen Fremdenverkehrsort überhaupt eine Verkaufschance haben. Es darf nämlich nicht verkannt werden, daß der Markt für Pauschalreisen mit standardisierten Zügen von den Reiseveranstaltern beherrscht wird. Berücksichtigt man die Auswahl der Angebote sowie deren Werbekraft (z.T. Kataloge in Millionenauflage) und deren Vertriebsnetz, dann wird sich ein örtlicher Selbstanbieter schwer durchsetzen können; das gilt auch hinsichtlich der Leistungen, der Reiseorganisation und des Preises.

Das „thematisierte" Pauschalangebot

Als Alternative zu den „gewöhnlichen" Pauschalreisen und damit zu Großveranstaltern haben „thematisierte" Pauschalangebote sehr gute Verkaufschancen für örtliche Selbstanbieter. Solche Pauschalangebote zeichnen sich dadurch aus, daß sie als **Sport-, Hobby- bzw. Erlebnisprogramm** auf ganz bestimmte Aufenthaltsorientie-

---

[47] Ein früheres „Frühjahr/Herbst/Winter-Angebot" der **Kurverwaltung Travemünde**.

rungen abgestellt sind und diese gegenüber bestimmten Zielgruppen in den Mittelpunkt ihres Interesses stellen. Einen besonders hohen Stellenwert genießen kulturtouristische Erlebnisprogramme, denn mit einem Kurzreiseaufenthalt wird zunehmend ein „geistiger Inhalt" verknüpft. Es ist zweifellos förderlich, wenn solche aktions- bzw. kulturbezogenen Pauschalangebote auch einen Identitätsbezug zu dem betreffenden Ort bzw. mit dem betreffenden Gebiet vermitteln, z.B. „Ostfriesenabitur" in Wittmund, „Lübeck – Königin der Hanse", „Happy Hamburg Musicals" (mit Bezug auf die Bedeutung Hamburgs als Musical-Metropole) sowie typische Hamburg-Bausteine („Happy Hamburg St. Pauli"; „Happy Hamburg Maritim"; „Happy Hamburg Hafen-Geburtstag" etc.).

Das „Multiple-Choice-Pauschalangebot"

Vom Multiple-Choice-Pauschalangebot geht heute eine besondere Attraktivität aus, es ist auf die **Selbstgestaltung des Besichtigungsprogramms/Kulturprogramms** abgestellt. Dieses Pauschalangebot trägt dem Trend einer Individualreise Rechnung, es beruht auf einem **Punktepaket** und einer **Punkteliste** (z.B. 3 Übernachtungen / Frühstück + 20 Punkte). Alle möglichen Leistungen sind mit Punkten bewertet und können nach individueller Wahl eingelöst werden. Bei dem Multiple-Choice-Pauschalangebot kann die Unternehmungslust der Gäste nicht nur allein auf die örtlichen Attraktionen, sondern auch auf die Entdeckung einer ganzen Region gelenkt werden. Was läge also z.B. für den Verkehrsverein Jever näher, als ein Multiple-Choice-Pauschalangebot unter dem Aufhänger „Friesland erleben" aufzulegen? Dann würde sich an eine Imagewerbung mit der Dachmarke „Friesland" eine aktionsbezogene Vermarktung anschließen. Ein ansprechendes Kartenmaterial, z.B. eine **Kulturerlebnisroute**, böte dann gleichzeitig eine gute Veranschaulichung.

Pauschalangebote müssen natürlich „**verkaufbar**" kalkuliert werden. Die beteiligten Leistungsträger dürfen für ihre Teilleistungen keine zu hohen Vergütungen erwarten, denn die anteiligen Geschäftskosten der Fremdenverkehrsstelle, evtl. die Reisebüroprovision und auch ein Gewinn, müssen mit dem Verkaufspreis abgedeckt werden. Vom Bezugspreis der Teilleistungen ausgehend, sollte die Fremdenverkehrsstelle einen Kalkulationszuschlag von 25% zugrunde legen. Das ist nicht überzogen, denn Reiseveranstalter wie TUI, NUR Touristic, ITS decken ihre Betriebs- und Verkaufskosten zzgl. Gewinn mit einer Handelsspanne von 35% ab.[48]

---

[48] **Kalkulationszuschlag** ist die Differenz zwischen Einstandspreis und Verkaufspreis in Prozent des Einstandspreises (Bezugspreises).
Handelsspanne ist die Differenz zwischen Verkaufspreis und Einstandspreis (Bezugspreis) in Prozent des Verkaufspreises.

Doch Pauschalangebote bringen wiederum dem einzelnen Beherbergungsbetrieb nur dann eine Umsatzsteigerung, wenn im Vergleich zu den Individualreisenden „eine preislich ausgewogene unterschiedliche Präferenzsituation" angeboten und somit eine unterschiedliche Zielgruppe angesprochen wird. Falls diese **qualitative Marktspaltung** nicht zufriedenstellend gelingt, wird der einzelne Leistungsträger eine Auszehrung seines Direktvertriebs befürchten müssen.

Beim Verkauf von Pauschalangeboten muß zwangsläufig für den betreffenden Vermarktungsträger auch die **Rechtsposition als Reiseveranstalter** gemäß Reisevertragsgesetz (BGB §§ 651 a–k) bewertet werden. Wer als Anbieter mindestens zwei wesentliche / nahezu gleichwertige touristische Leistungen zu einer Gesamtheit verschmilzt, tritt als Reiseveranstalter auf und erbringt damit alle Leistungen im eigenen Namen. Daraus erwächst auch die **Haftung für die Gesamtheit dieser Leistungen**, denn die einzelnen Leistungsträger fungieren lediglich als Erfüllungsgehilfen.

Man mag gewiß als Vermarktungsträger im kommunalen Fremdenverkehr darauf bedacht sein, sich mit seinen Pauschalangeboten als Vermittler auszuweisen, doch das Reisevertragsgesetz BGB § 651 a Abs. 2 richtet sich gegen ein solches Vorgehen. Erklärungen eines Anbieters, die auf eine **Vermittlertätigkeit** und somit auf die Eigenverantwortlichkeit des betreffenden Leistungsträgers hinweisen, sind unwirksam, „wenn nach den sonstigen Umständen der Anschein begründet wird", daß sich der Anbieter als Reiseveranstalter zu erkennen gibt. Der im § 651 a Abs. 2 vermerkte „Anschein" zeigt sich in dem im eigenen Namen herausgebrachten Informations- und Werbematerial und in dem zugrundeliegenden Pauschalpreis. Um also vorher von dem aus der Sicht der Reisenden anzunehmenden Reiseveranstalterbild abzurücken, müßte ausdrücklich auf die jeweils leistenden Unternehmer in der Katalog- bzw. in der Prospekt- und Anzeigenwerbung (und hinterher in der Rechnung) hingewiesen sowie getrennte Preis- und Rechnungsstellungen ausgeworfen werden. Aber diese Konstellation bietet sich nur so lange an, wie solche Angebote von dem örtlichen Vermarktungsträger selbst an den Reisenden gebracht werden. In dem immer wichtiger werdenden indirekten Vertriebsweg gehört nun einmal die Veranstalterreise zum Touristikgeschäft der für den Verkauf eingeschalteten Reisemittler.

Nicht nur die als „klassische" Reiseveranstalter operierenden Reiseverkehrsunternehmen (z.B. TUI, NUR Touristic, ITS) sowie die Reisebüros mit Eigenveranstaltung müssen sich auf die **EG-Pauschalreiserichtlinie** einstellen. Auch Vermarktungsträger im kommunalen Fremdenverkehr können unter die seit 01. November 1994 geltenden Bestimmungen fallen. Kernstück (mit dem eingefügten neuen Paragraphen 651 k) ist für den Fall eines Konkurses die **Kundengeldabsicherungspflicht**, welche die Rückerstattung der von den Reisenden gezahlten Beträge und die Rückreise sicherstellen soll.

Der Gesetzgeber hat jedoch in punkto **Insolvenzabsicherung** eine Ausnahme für juristische Personen des öffentlichen Rechts getroffen, weil die öffentliche Hand nicht in Konkurs gehen kann. Dadurch entfällt für Fremdenverkehrsämter (Regiebetriebe) und Kurverwaltungen (Eigenbetriebe) die Absicherungspflicht und die Aushändigung eines Reisepreissicherungsscheins an die Reisekunden.

Privatrechtliche Organisationsträger, z.B. in Form eines eingetragenen Vereins oder einer GmbH, müssen sich absichern, auch wenn sie sich im öffentlichen Besitz befinden (betr. GmbH/= Eigengesellschaft). Um sich das gesamte Absicherungsprocedere zu ersparen, könnte auf eine Vorkasse verzichtet und die Anzahlung auf den gesetzlichen Freibetrag von DM 500,- beschränkt werden. Eine Vorkasse erübrigt sich im allgemeinen deshalb, weil der Kunde ohnehin fast ausschließlich in eigener Regie mit dem Pkw oder der Bahn die Anreise organisiert, so daß auch für den Rücktransport der Gäste keine Vorkehrungen zu treffen sind. Soweit dann bei Reiseankunft mit Übernahme der Reiseleistungen (= Gutscheine) die Bezahlung vollzogen werden würde, läge sowieso keine Vorauszahlung mehr vor. Falls aber Fremdenverkehr-GmbHs als Eigengesellschaften einer Stadt/Gemeinde eine Reisepreisvorauszahlung von über DM 500,- (z.B. 14 Tage vorher) fordern, können sie die Kundengeldabsicherung auch mit der Bürgschaftserklärung der Stadt/Gemeinde dokumentieren.

Des weiteren enthält die EG-Pauschalreiserichtlinie Vorschriften über die **Informationspflichten des Veranstalters** gegenüber dem Kunden, und zwar im Prospekt/Katalog, vor Vertragsabschluß, im Vertrag und vor Beginn der Reise. Diese neuen Bestimmungen haben inzwischen durch den Gesetzgeber ihren Niederschlag in der **Informationsverordnung für Reiseveranstalter** gefunden.

Es muß verwundern, daß bisher nur wenige örtliche Fremdenverkehrsträger als Veranstalter von **Incentive-Reisen** tätig geworden sind. Dabei ist doch eigentlich bekannt, daß immer mehr deutsche Großunternehmen „exklusive Reisen" als Motivationsinstrument für ihre eigenen Mitarbeiter im Außendienst sowie für ihre Absatzhelfer einsetzen. Das Fachmagazin „Incentive-Journal" schreibt dem deutschen Incentive-Reisemarkt einen Zuwachs von 15% pro Jahr zu; 1993 lag die Gesamtzahl deutscher Incentive-Reisenden bei ca. 2.000.000. Bemerkenswert ist, daß diesen Kurzreisen mit durchschnittlich drei bis vier Nächten Teilnehmerkosten zwischen DM 1.200,- und DM 1.800,- zugrunde liegen.

Die Auftraggeber sehen die Bedeutung und den Anreiz einer Incentive-Reise in einem starken Erinnerungswert durch außergewöhnliche gemeinsame Erlebnisse der Teilnehmer während des Aufenthalts. Damit sind von vornherein überaus hohe Anforderungen an eine qualitäts- und erlebnisorientierte Auswahl an Aufenthaltsleistungen gestellt, die an attraktiven deutschen Fremdenverkehrsstandorten die dortigen Fremdenverkehrsträger wegen ihrer fundierten Orts- und Gebietskenntnisse und ihrer engen Beziehungen zu den einzelnen Leistungsträgern gut erfüllen müßten. Produktmanagement ist nunmehr jenen Fremdenverkehrsämtern, Kurverwaltungen und Geschäftsstellen von Fremdenverkehrsvereinen bzw. Fremdenverkehr-GmbHs angesagt, die sich als Anbieter (Veranstalter) von Incentive-Reisen profilieren wollen. Die Komponenten sind ein größerer Luxus, als ihn sich die Zielgruppe bei einer Privatreise gönnen würde, ein Sport- und Fitneßteil, Abenteuer oder ungewöhnliche Erlebnisse, kulinarisch-festliche und kulturelle Veranstaltungen, ein Fortbildungsteil, ein Besichtigungsteil sowie ein eingeschränkter Erholungs- und Entspannungsteil.

Inwieweit einer Vielseitigkeit im Reiseablauf einer Incentive-Reise Rechnung getragen werden kann, hängt natürlich von der Aufenthaltsdauer ab. Kurzaufenthalte, die nicht mehr als zwei Übernachtungen einschließen, sollten auf einen herausragenden Produktschwerpunkt abgestellt und als spezielle Incentive-Reiseart, z.B. als „Gesundheits-Incentive" oder als „Schlemmer-Incentive", angeboten werden.

Die Exklusivität einer Incentive-Reise verträgt sich grundsätzlich nicht mit dem Massentourismus. Deshalb konzentriert sich das Nachfragevolumen der Incentive-Reisen fast ausschließlich auf das Frühjahr, auf die Vor- und Nachsommerzeit und auf den Herbst, was einem Saisonverlängerungseffekt gleichkommt. Oft ist die Nebensaison die einzige Möglichkeit, ein ganzes Hotel für eine Incentive-Reisegesellschaft anzubieten und dementsprechend firmenspezifisch umzugestalten.

In der Incentive-Branche bringen nur das Know-how und die Kreativität entscheidende Wettbewerbsvorteile mit sich. Die Großunternehmen als Nachfrager und die Reiseteilnehmer erwarten immer neue Ideen. Ein örtlicher Fremdenverkehrsträger könnte den Incentive-Geschäftsbereich als „Forschungs- und Entwicklungsabteilung" ansehen, die relativ präzise zukünftige Entwicklungen und Modetrends des Fremdenverkehrs anzuzeigen vermag. Bei den Incentive-Reisen wird derzeit verstärkt Wert auf Inhalte und nicht mehr so sehr auf den Reiz ferner Ziele gelegt. Destinationen mit einem vernünftigen Preis-Leistungs-Verhältnis haben momentan Hochkonjunktur, und dazu gehören in zunehmendem Maße deutsche Fremdenverkehrsstandorte.

e. Distributionspolitik (Verkaufsförderung/Verkauf)

Ein noch so interessantes touristisches Gesamt- bzw. Teilangebot ist wirkungslos, wenn es keine Abnehmer findet. In dieser Ausrichtung sind Verkaufsförderung und Verkauf in einem gleichbedeutenden Zusammenhang zu sehen, denn Verkaufsförderung versteht sich als Erschließung von Verkaufsmöglichkeiten.

Es hat sich herausgestellt, daß Einzel-Pauschalangebote, welche die Aufenthaltsgestaltung in den Mittelpunkt des Interesses stellen, recht erfolgreich im **Direktvertrieb** abgesetzt werden können.

Die Bad Zwischenahner Fremdenverkehrsgesellschaft mbH löst ihre beachtliche Anzahl an **Direktbuchungen** hauptsächlich durch kontinuierliche und redaktionell gut abgefaßte **Pressemitteilungen** über ihre „Wertvolle Woche" aus. Es handelt sich um Pauschalangebote mit verschiedenen sportiven und kulturellen Freizeitprogrammen.

Erfolgversprechende **Mailing-Aktionen** (Übersendung von Pauschalreise-Offerten mit einem Begleitschreiben und zusammen mit dem Ortsprospekt) sind von vornherein an die Voraussetzung geknüpft, daß der örtliche Vermarktungsträger auf ein umfangreiches, selbst angelegtes Adressenmaterial (Datenbank) zurückgreifen kann. Es ist hier von Adressen jener Personen die Rede, die bereits mit vorausgegangenen Kontakten ein Interesse an dem betreffenden Fremdenverkehrsort haben erkennen lassen. Kundenadressen sind nun einmal das Kapital im Direktmarketing. So wird „direct mailing" z.B. von Versandhäusern und Verlagen deshalb besonders gerne und mit Erfolg genutzt, weil sich dieses Medium aus der Masse der anonymen Werbung heraushebt und einen bereits bestehenden Kontakt suggeriert.

Wenn man sich im Direktvertrieb auf Anzeigenwerbung stützen will, dann sollten sich die **Verkaufsanzeigen** nicht allein auf bedeutende Tageszeitungen in den Haupteinzugsgebieten der bisherigen Gäste beschränken. Es kommen vielmehr bestimmte interessenorientierte Publikumszeitschriften bzw. Fachzeitschriften in Frage, da mit den auf Sport- und Hobbyausübung bzw. Kultur- und Kunsterlebnissen ausgerichteten Aufenthaltsprogrammen die Zielgruppen bereits vorbestimmt sind. Dem Einbau eines Coupons in die Verkaufsanzeige kommt eine besondere absatzpolitische Bedeutung zu. Durch den Coupon in einer Anzeige wird der Leser zur Aktivität aufgefordert, möglichst rasch und unkompliziert das Verkaufsangebot mit entsprechendem Prospekt- und Informationsmaterial anzufordern.

Der Verkauf des Deutschlandurlaubs hat sich bisher kaum im **Fremdvertrieb** vollzogen. Nach den Feststellungen des Deutschen Reisebüro-Verbandes e.V. machten bisher die veranstalter- und nichtveranstaltergebundenen Deutschlandbuchungen vielleicht höchstens 7% des gesamten Reisebüroumsatzvolumens[49] aus. Das soll sich bald ändern, denn mit Hilfe der neuen Produkte im START-Reservierungssystem, „German Soft" für die Fläche und „City Soft" für die Städte, öffnen sich für die **START-Reisebüros** die Märkte für den Urlaub in Deutschland. German Soft / City Soft werden systematisch bundesweit ausgebaut. Schon jetzt können Reisebüromitarbeiter Angebote

---

[49] Quelle: *Deutscher Tourismus-Bericht*. Hrsg.: Deutsches Fremdenverkehrspräsidium, Bonn, im März 1994.

regionaler Anbieter (Schleswig-Holstein Tourismus GmbH, TIBS Buchungsservice z.B. für Baden-Württemberg, die Südeifel, Mecklenburg-Vorpommern, Brandenburg, Sachsen) und von Städten (Hamburg, Frankfurt, Schwerin) über TOMA ganz einfach buchen.

Die Zusammenarbeit mit Reisebüros setzt voraus, daß ihnen vorgefertigte Verkaufsangebote zur Verfügung stehen, die eventuell nach systematischen Gesichtspunkten durch Zusatzleistungen (Stadtrundfahrten, Mietwagen, Eintrittskarten für Theater- oder Sportveranstaltungen) ergänzt werden können. Den einzelnen Reisebüros kann schon längst nicht mehr ein gewöhnlicher Ortsprospekt mit Gastgeberverzeichnis genügen, sondern er muß über die bloße Information und Illustration hinaus **verprovisionierte verkaufbare, d.h. buchbare, Offerten** einschließen, zumindest einen exemplarischen konkreten Aufenthaltsvorschlag. Die Tourismus-Zentrale Hamburg GmbH vertreibt ihre attraktiven Pauschalreiseprogramme bereits zu 40% über Reisebüros (Stand Juli 1994). Die vielen kleineren und unbekannteren Fremdenverkehrsstädte und -gemeinden sollten aber wissen, daß Reisebüroexpedienten bei ihren Beratungen i.d.R. von einer Gebietszugehörigkeit ausgehen. Darum ist es förderlich, daß elektronisch buchbare Unterkunftsangebote und Ortspauschalen in der Regie eines Vermarktungsträgers (z.B. Schleswig-Holstein Tourismus GmbH) zu einem **Gesamtkatalog** („Urlaubs-Angebote Schleswig-Holstein") zusammengefaßt werden. Ohne einen bekannten regionalen Oberbegriff als „**Dachmarke**" würde der konkrete Orientierungsbezug zu den einzelnen Leistungsträgern und auch zu den vielen deutschen Fremdenverkehrsorten verloren gehen.

Zahlreiche Untersuchungen weisen bereits darauf hin, daß der elektronisch geführte Buchungsweg über Reisebüros dazu beitragen wird, eine größere Nachfrage in weiter entfernt gelegenen Gästeeinzugsgebieten auszulösen. Es wird aber auch grundsätzlich die schnelle Buchbarkeit des Reiseziels vom Herkunftsort des Gastes aus immer mehr in den Vordergrund treten. Der Urlauber von morgen wird sich kaum mehr auf bestimmte Zeiten und Ziele festlegen lassen.

Letztendlich wird aber die **Wirtschaftlichkeit** darüber entscheiden, ob das angestrebte nationale deutschlandweite IRS „German Soft" / „City Soft" für Nutzer und Betreiber Bestand haben wird. Von den bekannten Reiseveranstalterunternehmen kann die Bestätigung eingeholt werden, daß als Verkaufskosten neben den EDV-Systemkosten auch hohe **Werbungskosten** ins Gewicht fallen. Da einer der höchsten Kostenfaktoren im Werbeblock der Reiseveranstalter der Katalog ist, muß außer der Gestaltung nach Marketinggesichtspunkten auch die **Produktivität pro Katalogseite** berücksichtigt werden.

Für die meisten **Reiseveranstalter** hat sich bisher der „Deutschlandurlaub" als ein eher undankbares Produkt herausgestellt. Für eine kostengünstige Serienproduktion sind nur große Kontingente pro Beherbergungsbetrieb geeignet. Der Umsatz pro Deutschlandreise ist auch wesentlich geringer als der Umsatz pro Auslandsreise. Deutschlandurlauber nutzen i.d.R. ihren eigenen PKW als Beförderungsmittel; dieser Reiseanteil kommt also für den Reiseveranstalter umsatzmäßig nicht zum Tragen. Leistungsträger zeigen gewöhnlich auch wenig Bereitschaft, dem Reiseveranstalter hohe Preisnachlässe einzuräumen. Damit wird es schwierig, entsprechend hohe Deckungsbeiträge für die Abdeckung der eigenen Betriebskosten sowie der Reisemittlerprovision zu erwirtschaften. In der Festlegung der Verkaufspreishöhe sind Reiseveranstalter von vornherein eingeschränkt, da die Kunden i.d.R. erwarten, daß das Pauschalpaket vom Preis unter den Kosten der selbstorganisierten Reise liegt. Und von einer Saison zur nächsten erleben Reiseveranstalter auch Beeinträchtigungen durch ihre Vertragspartner, weil viele Beherbergungsbetriebe im Zuge ihrer Vertragserfüllung zugleich eine direkte Abwerbung der Veranstalterkunden betreiben.

Als **sporadische Reiseveranstalter** verdienen **Omnibusunternehmen** eine besondere Beachtung, so daß sie intensiv akquiriert werden sollten. In der Regel wollen Omnibusunternehmen selbst als Veranstalter auftreten, doch in diesem Fall ist es genauso notwendig, daß Angebotspräsentationen von seiten der gewerblichen Leistungsträgerschaft bzw. Programmbausteine für den Aufenthalt vorgelegt werden können. Dabei muß es ein örtlicher Vermarktungsträger als ebenso wichtig ansehen, daß sein Fremdenverkehrsort auch als **„Gateway"** angenommen wird. Es gibt nämlich Reiseunternehmen, die lediglich einen Aufenthalt in einem bestimmten Fremdenverkehrsort in ein Rundreise-Package oder in die Reiseform „Go as you please" einbeziehen möchten.

Am effektivsten werden heute geschäftsfördernde Kontakte durch einen **Workshop** vermittelt. Ein Workshop bietet neben der neutralen Darstellung des Reiseziels allen einzelnen Leistungsträgern eines Gebietes die Gelegenheit, sich mit ihren Angebotsleistungen zu präsentieren. Hierzu werden dann mögliche Vermarktungspartner (Omnibusunternehmen und Spezialreiseveranstalter) eingeladen, damit diese die gesamte Angebotspalette studieren können. Jeder eingeladene Veranstalter kann sich dann sein Produkt selbst zusammenstellen. Mit dem von der Deutschen Zentrale für Tourismus (DZT) alljährlich veranstalteten **German Travel Mart**, der auf Deutschland insgesamt als Reiseland abgestellt ist, will man in erster Linie Vermarktungspartner aus dem globalen Ausland gewinnen. Mit Bezug auf Reiseanbieter aus dem Inland und aus ausländischen Nachbarräumen sind selbstverständlich auch größere bekannte Fremdenverkehrsstädte sowie Kreis- und Mittelpunktsstädte als Standort für einen Workshop geeignet. Ein Workshop darf aber auch nicht auf ein zu großes Gebiet als Reiseziel ausgerichtet werden, weil sich dann die Profilbreite und Profiltiefe verlieren. Zur Verkaufsförderung gehört aber auch ein **Sales Manual** (Verkaufshandbuch), das alle Detailangaben über touristische Leistungskomponenten enthalten muß.

Tourismusmessen sind – von einigen Ausnahmen abgesehen – nicht als Verkaufsmessen für Endverbraucher konzipiert, sondern verfolgen vorwiegend kommunikationspolitische Ziele. Es geht um Werbung mit Informationen über die Produktpalette sowie um Kontakte zu Vertriebspartnern und zur Fach- und Wirtschaftspresse und zu den sonstigen Medien. Entscheidend ist, daß mit Bezug auf diese Ansprechpartner die Messebeteiligung gezielt vorbereitet wird.

Sich auf einer Tourismusmesse präsentieren heißt „sich profilieren", d.h. das eigene Leistungspotential aus der Anonymität des gesamten touristischen Leistungsangebots herausheben. Diese Profilierung kann einzelnen unbekannteren Fremdenverkehrsstädten und -gemeinden nur gelingen, wenn sie sich auf einer Messe mit einem touristisch vermarktbaren Gesamterscheinungsbild präsentieren. Eine solche Erkennbarkeit bzw. Wiedererkennbarkeit kann nur eine **regionale Dachmarke** als touristisches Markenprofil (z.B. „Friesland") vermitteln, um im Wettbewerb weiterhin bestehen zu können. Im Gegensatz zu Auslandsreisen treten nahezu alle Deutschlandurlauber ihren Urlaub mit dem eigenen Pkw an; sie wollen eine bestimmte Region erleben und wählen hierfür einen Standort aus. Doch mit Bezug auf die vielen deutschen Reisegebiete würde man gewiß den Messebesuchern die Orientierung erleichtern, wenn man sich für eine Ausstellungskonzeption entscheiden würde, die den Erlebnissituationen im Sinne vergleichbarer homogener Produkte gerecht wird (Urlaub an der See, Urlaub im Mittelgebirge, Urlaub im Seengebiet etc.).

Gute örtliche Standortbedingungen für **Tagungen, Seminare und Ausstellungen** sollten letztendlich ebenfalls Anlaß sein, mit einer professionellen Organisation und Abwicklung solcher Veranstaltungen entsprechende Fremdenverkehrsumsätze zu erzielen. Die betreffenden Auftraggeber zeigen sich ohne weiteres bereit, den Arbeitsanfall mit einer angemessenen Bearbeitungsgebühr zu vergüten (zwischen DM 20,– und DM 50,– pro Teilnehmer), wenn das Dienstleistungspaket eine gute Betreuung sowie ein interessantes Rahmenprogramm einschließt.

Die vorausgegangenen Erläuterungen dürften den Nachweis erbracht haben, daß erst eine verselbständigte umsatzorientierte Fremdenverkehrsförderung auf privatwirtschaftlicher Basis das Anbieten von solchen touristischen Dienstleistungen ermöglicht, die bis dahin aus Mangel an Organisationsfähigkeit und an finanziellen Mitteln nicht offeriert wurden. Es lassen sich die Vermarktungsfunktionen im wesentlichen aus eigenen Leistungen selbst finanzieren. Diese Aussage wird durch das Incoming-Geschäft zahlreicher örtlicher Vermarktungsträger bereits bestätigt. Das privatwirtschaftlich geführte Reiseverkehrsbüro Meersburg vermeldet in der Jahreserfolgsrechnung 1992 sogar einen Betriebsüberschuß von ca. DM 50.000,–.

Es wird schwer voraussehbar sein, inwieweit in Zukunft für einen Deutschlandurlaub der Vertriebsweg über Reisebüros genutzt werden wird. Die bisherige Zurückhaltung von seiten der Reiseinteressenten und auch der Reisebüroexpedienten hängt gewiß damit zusammen, daß es in der Vergangenheit zu wenige leicht buchbare Deutschlandangebote gab.

Doch der Auslandsreiseverkehr war von Anfang an ein Pauschalreiseverkehr, d.h. im Abwicklungsvollzug durch Reiseveranstalter und Reisemittler, und auch die Informationsbeschaffung ging dabei von vornherein ausschließlich vom Katalog- und Prospektmaterial der noch mengenmäßig überschaubaren und damit auch allseits bekannten Reiseveranstalter aus. Die Auslandsreiseanbieter lenken also zugleich mit ihren Katalogen und Prospekten die potentielle Nachfrage zur Beratung und Buchungsabwicklung in ihre Vertriebsstellen (Reisebüros).

Für Deutschlandreisen kommt erst allmählich beim zunehmenden Potential an Kurz-, Städte- und Mehrfachreisenden ein Interesse für Pauschalangebote auf; innerhalb Deutschlands werden die Individualreisen noch länger eine dominierende Bedeutung behalten. Die Informationsbeschaffung bei Deutschlandreisen erfolgt über Anzeigen und Berichte in den Medien, durch Empfehlung von Bekannten und durch das Katalog- und Prospektmaterial der einzelnen Fremdenverkehrsorte und -regionen, und diese Werbemittel und Werbeträger lenken gleichzeitig die Kontakteröffnung auf die betreffenden örtlichen und regionalen Fremdenverkehrsstellen. Ihnen wird im Deutschlandreiseverkehr verständlicherweise die größte Kompetenz zugerechnet, das touristische Angebotpotential zu kennen und somit Aufenthaltswünsche am besten zu erfüllen.

Der Vertrieb des Deutschlandurlaubs muß also von ganz anderen Voraussetzungen ausgehen. Derartige auf Reisebüros fixierte Verkaufsbündelungen wie bei Auslandsreisen wird es niemals geben können. Die einzelnen lokalen und regionalen Fremdenverkehrsstellen sollten vielmehr selbst ihre Bedeutung als Vertriebsstelle erkennen und sie weiter ausbauen. Ihre bevorzugte Rolle im Deutschlandreiseverkehr sollte aber nicht allein im Incoming-Geschäft genutzt werden; gleichermaßen ist auch eine örtliche Fremdenverkehrsstelle auf privatrechtlicher/privatwirtschaftlicher Basis mit Bezug auf Deutschlandreisen prädestiniert, sich der ortsansässigen Bevölkerung für das Outgoing-Geschäft anzubieten und sich somit gleichzeitig als Deutschland-Vertriebsbüro zu qualifizieren. Eine umfassende Kompatibilität der bestehenden einzelnen örtlichen Informations- und Reservierungssysteme müßte schnell zu gewährleisten sein. Schließlich hat mit der „TIN" eine einheitliche Sprachregelung für den Vertrieb Eingang gefunden.

VII. Kooperationsstrukturen zur intraregionalen, interregionalen und nationalen Zusammenarbeit im Fremdenverkehr

Jeder örtliche Fremdenverkehrsträger steht grundsätzlich vor der Fragestellung, inwieweit es ergiebig ist, seine Fremdenverkehrsstadt oder -gemeinde allein im Markt zu positionieren. Ist die touristische Besonderheit am Ort überhaupt groß genug, um über den Nahbereich hinaus eine ausreichende räumliche Orientierung für ein Aufenthaltsinteresse auszulösen? Welchem Blickfeld unterliegt gewöhnlich das touristische Erscheinungsbild eines Ortes? Hierüber können inzwischen zahlreiche meinungspsychologische Untersuchungen Auskunft geben. Danach orientieren Urlaubsgäste ihre Reiseentscheidung vorrangig im Leitbild ihrer Motivationen, Erwartungen und Verhaltensweisen an der landschaftsräumlichen Physiognomie eines Gebietes. Und aus den Umfrageergebnissen in den einzelnen Fremdenverkehrsorten geht gleichermaßen hervor, daß sich die Urlauber von ihrem gewählten Standort aus mit der Region vertraut machen wollen. Dieser Profilzusammenhang zwischen Fremdenverkehrsort und Fremdenverkehrsgebiet erklärt somit die unbedingte Notwendigkeit einer fremdenverkehrspolitischen Zusammenarbeit zwischen den Gemeinden. Inseln haben dagegen naturgemäß ein eigenes Standortprofil, und im eigenständigen Profil werden auch viele international bekannte Kurorte und Fremdenverkehrsstädte gesehen.

1 Fremdenverkehrsgemeinschaften

Als eine sinnvolle organisatorische Maßnahme, die interkommunale Zusammenarbeit zwischen den Fremdenverkehrsgemeinden zu institutionalisieren, erweisen sich **Gebietsgemeinschaften**, als eingetragene Vereine organisiert. Entscheidend ist aber von vornherein, daß die Kooperation auf eine Gebietsabgrenzung bezogen ist, die eine eindeutige landschaftsräumliche Geschlossenheit, d.h. ein erkennbares Landschaftsprofil, präsentiert und einem ziemlich homogenen Erwartungsspektrum der Gäste zu entsprechen vermag. Trotzdem orientiert sich die intraregionale Zusammenarbeit im deutschen Fremdenverkehr viel mehr an den politischen Grenzen, nämlich an den Kreis- und Regierungsbezirksgrenzen, weil sich die in der Tourismusarbeit dominierenden Kommunal- und Regionalpolitiker in erster Linie ihrem Mandatsgebiet verpflichtet sehen. Landkreise repräsentieren i.d.R. unvollständig das Gesamtprofil eines Fremdenverkehrsgebietes, und so manches Verbandsgebiet läßt sich schon deshalb nicht als Gesamtgebiet vermarkten, weil es sich eben aus vollkommen heterogenen Urlaubsgebieten zusammensetzt und somit der betreffende Fremdenverkehrsverband auch keinen effektiven landschaftsräumlichen Imagetransfer für seine Mitgliedsgemeinden herbeiführen kann.

Es müssen darum die **maßgeblichen landschaftsräumlichen Kriterien** herangezogen werden, um die Frage der **Gebietszugehörigkeit** abzuklären:

naturgeographische Gegebenheiten
– Oberflächengestaltung/Relief
– Hydrologische Verhältnisse
– Vegetation
– Klima

kulturhistorische Situation
– mit kulturhistorischen Elementen
– mit kulturellen Einrichtungen

soziologische Verhältnisse
– Tradition, Volkstum, Brauchtum
– Mentalität, Gastfreundschaft
– regionale Eßkultur.

Nur dann, wenn eine einzelne Fremdenverkehrsgemeinde beispielhaft mit einer einzigartigen landschaftsräumlichen Geschlossenheit verknüpft werden kann, profitiert ein solcher Ort davon, und zwar um so mehr, je wirkungsvoller das Gesamtgebiet durch die Gebietsgemeinschaft im touristischen Markt positioniert wird. Zur Vermittlung eines touristisch vermarktbaren Gesamterscheinungsbildes gehört aber auch eine **Markenpolitik**. Als wichtiges Element ist hierbei der touristische Markenname im Sinne einer „**Dachmarke**" anzusehen. Der geographische Name eines umfassenden Landschaftsraumes, mit dem sich vielfach schon ein Assoziationsbild von den besonderen naturgeographischen Eigentümlichkeiten, kulturhistorischen Gegebenheiten und soziokulturellen Besonderheiten verbindet, ist in der Regel am besten geeignet, ihn für alle gebietszugehörigen Fremdenverkehrsgemeinden zur „touristischen Dachmarke" zu erklären. Der Ortsname bzw. das Ortslogo verbleibt selbstverständlich als „**Einzelmarke**" im Imagetransfer, aus einem geschickten Zusammenspiel mit der „Dachmarke" der Region wird dann für die einzelne angehörige Fremdenverkehrsgemeinde ohne Frage eine multiplikative Vergrößerung ihrer Anziehungskraft resultieren.

Mit dem Zusammenschluß der Fremdenverkehrsgemeinden zu einer Gebietsgemeinschaft muß eine Aufgabenteilung zwischen der lokalen und regionalen Ebene abgestimmt sein, um nachhaltige Synergieeffekte bewirken zu können. Aufgabenüberschneidungen und ungeklärte Zuständigkeiten müssen durch eine eindeutige Aufgabenmatrix verhindert werden.

Die grundlegende Aufgabe einer Fremdenverkehrsgemeinschaft ist in der **gebietsbezogenen Öffentlichkeitsarbeit** und **Werbung** zu sehen. Im Trend liegt heute eine umfassende Information und direkte Zielgruppenansprache. Deshalb müssen bereits die Inhalte einer gebietsbezogenen Imageanzeige und eines gebietsbezogenen Streuprospektes eine Aufenthaltsbegründung vermitteln; für ihre Reiseentscheidung möchten heute alle Interessenten auf ein Urlaubsgebietsmagazin zurückgreifen können. Zur aktionsbezogenen Positionierung eines Fremdenverkehrsgebietes gehört auch die Herausgabe entsprechenden Kartenmaterials (Wanderkarte, Radwanderkarte, Wasserwanderkarte), und mit einer Kulturreiseroute (z.B. „An der historischen Alten Salzstraße") bietet sich zugleich eine Angebotsform an, die es zu vermarkten gilt. Dieses letztgenannte Beispiel spricht bereits die Notwendigkeit eines gebietsbezogenen verkaufsorientierten Handelns an, denn für bestimmte kommunikationspolitische Maßnahmen allein würde auch ein Gebietsausschuß genügen können.

Fremdenverkehrsgemeinschaften müssen heute als Wirtschaftsunternehmen geführt werden, welche als regionale Marketingzentralen Dienstleistungen nach innen und außen erbringen. An ihrem Geschäftssitz muß ein zentraler Rechner die Funktion einer **regionalen Datenbank** erfüllen, damit sich die einzelnen angeschlossenen lokalen Fremdenverkehrsstellen eines umfassenden Informationsabrufs bedienen und somit über die Leistungsvielfalt des Gesamtgebietes verfügen können. Inwieweit sich bereits für eine kleinere Region der zentrale Anschluß an das START-System für den Reisebürovertriebsweg rechtfertigen läßt, hängt vom Angebotpotential und vom Profilierungsgrad der betreffenden Region ab.

Zunächst muß der gesamte Landschaftsraum der Fremdenverkehrsgemeinschaft verkaufsgerecht aufbereitet werden. Das Augenmerk sollte dabei auf individuell zu gestaltende Leistungspakete gelegt werden, denn umfassende Pauschalangebote bedürfen schon allein wegen der Reiseleitungsübernahme einer geregelten örtlichen Zuständigkeit. Unter die **regionale Absatzförderung** fallen vor allem die Organisation und Durchführung von Workshops und gebietsbezogenen Messepräsentationen sowie die Zusammenstellung und Herausgabe eines regionalen Verkaufshandbuches (Sales Guide) mit Hinweisen auf die verschiedensten Aufenthaltsmöglichkeiten innerhalb des betreffenden Verbandsgebietes.

Die **Öffentlichkeitsarbeit** darf auf keinen Fall die Aktivitäten der örtlichen Fremdenverkehrsstellen überschatten. Die PR-Maßnahmen von seiten der Fremdenverkehrsgemeinschaft sollten deshalb auf gebietsbezogene thematische Schwerpunkte abgestellt werden. Als eine reine regionale Funktionserfüllung ist die Veranstaltung/Betreuung von Informationsfahrten für Journalisten anzusehen.

Es ist durchaus empfehlenswert, der Fremdenverkehrsgemeinschaft auch eine **produktpolitische Planungskoordination** mit Bezug auf touristische Infrastrukturmaßnahmen (z.B. Wanderwegenetz, Parkplätze, Schutzhütten) sowie überbetriebliche Einrichtungen (Gesundheits-, Sport- und Unterhaltungseinrichtungen) zuzuschreiben, denn in der gegenseitigen Ergänzung benachbarter Fremdenverkehrsgemeinden sollte der Erfolgs- und Spareffekt liegen. Im gleichen Sinne ist auch eine regionale **Veranstaltungsplanung** vonnöten.

Es wird im *Deutschen Tourismus-Bericht*[50] vermerkt, daß es neben der regionalen Verbundenheit eine Vielzahl von Möglichkeiten gibt, eine Stadt kooperativ mit anderen zu präsentieren. Die **Historic Highlights** sind nur ein Beispiel dafür. Voraussetzungen für eine Mitgliedschaft in dieser Werbegemeinschaft sind unter anderem die Bedeutung an Geschichte, Kultur, Wissenschaft und Wirtschaft, ein historischer Stadtkern und mindestens 100.000 Einwohner. Die Mitgliedsstädte, wie z.B. Bonn, Bremen, Augsburg und Freiburg, erarbeiten eine gemeinsame Marktstrategie mit Präsentationen auf In- und Auslandsmärkten, die auch für jede einzelne Stadt von Interesse ist.

Weitere Gemeinschaften mit einem entsprechend gleichen gemeinsamen Nenner könnten, nach Ansicht des Deutschen Fremdenverkehrsverbandes, sicherlich zum Nutzen der einzelnen Mitgliedsstädte in Erwägung gezogen werden, um die Schlagkraft der Marketingmaßnahmen zu erhöhen.

Dagegen sind **Kooperationen von Kurorten** auf kleineren Gebietsebenen relativ selten. Beispielhaft hierfür sind „die gesunden fünf", eine Werbegemeinschaft der fünf Heilbäder in Niederbayern, sowie das Pendant aus dem Rosenheimer Land, das gemeinsam als „Oberbayerisches Kur-Quartett" wirbt. Auch die Heilbäder Ostwestfalens oder des Osnabrücker Landes treten mitunter gemeinsam an die Öffentlichkeit. Grundsätzlich ist ein kooperatives Vorgehen bei der Bäderwerbung jedoch weitaus schwieriger als bei sonstigen Fremdenverkehrsgemeinden, da die Adressaten weniger auf Aussagen über Gemeinsamkeiten Wert legen als vielmehr auf klare Angaben über die natürlichen Kurmittel, sonstige Behandlungsmöglichkeiten, Indikationen und Gegenindikationen, also gerade auf das, was die einzelnen Kurorte voneinander unterscheidet.

2 Landesfremdenverkehrsverbände

Auf Landesebene sind die Fremdenverkehrsgemeinschaften meist zu Landesfremdenverkehrsverbänden zusammengefaßt. Allerdings entsprechen die Verbandsgebiete

---

[50] *Deutscher Tourismus-Bericht*, Hrsg.: Deutsches Fremdenverkehrspräsidium, Bonn, im März 1994, S. 18–19.

nicht immer den jeweiligen Bundesländern. So gibt es zwar einen Landesfremdenverkehrsverband Bayern, einen Hessischen Fremdenverkehrsverband, einen Landesfremdenverkehrsverband Schleswig-Holstein usw., jedoch ist das Bundesland Nordrhein-Westfalen in die Landesverkehrsverbände Rheinland und Westfalen aufgeteilt. Die jeweiligen Verbandsstrukturen und ihre Grenzen sind meist historisch gewachsen.

Daß eine übergeordnete Organisationseinheit an Landesgrenzen orientiert ist, muß als verständlich angesehen werden, denn in die Arbeit der Länder fallen vor allem die Förderung der touristischen Infrastruktur der Regionen, die Gewerbeförderung, die Förderung des Kurwesens und des Sozialtourismus. Weiterhin unterstützen die Länder Marketingmaßnahmen und Forschungsprojekte.

So muß die Aufgabenstellung eines Landesfremdenverkehrsverbandes nicht so sehr in einer intraregionalen Funktion gesehen werden, sondern vielmehr in einer **interregionalen Funktion**, womit das gebieteverbindende Wirken gemeint ist. In diesem Sinne unterliegt ein Landesfremdenverkehrsverband zunächst erst einmal einer fremdenverkehrspolitischen Mission, es geht um das **Intervenieren** für die Fremdenverkehrsbelange in den von ihm vertretenen Regionen und Gemeinden gegenüber den verschiedenen politischen Institutionen:

– Parteien
– Landtag und Landesregierung (Gesetzgebung bzw. Verordnungen, Richtlinien)
– Wirtschaftsministerium/Finanzministerium (Wirtschaftsförderung)
– Sozialministerium (Heilkurverkehr)
– Innenministerium (Raumordnung, Landesplanung)
– Landwirtschaftsministerium/Umweltministerium (Koordination der Raumansprüche der Landwirtschaft und des Fremdenverkehrs nach Maßgabe von Natur- und Landschaftsschutz; Tourismus und Umwelt; „Sanfter Tourismus").

Diese starke Zuständigkeitsaufteilung erschwert zweifellos den Verfahrensgang in den fremdenverkehrspolitischen Problemlösungen und Entscheidungen. Eine Erleichterung würde gewiß eine eigenständige ministerielle Fremdenverkehrsbehörde, wie man sie in Österreich antreffen kann, in den fremdenverkehrsintensiven Bundesländern bringen können. In ähnlicher Weise fungiert ja auch ein Landwirtschaftsministerium als einziger Adressat im Kanalisierungsweg (Bauernverband, Landwirtschaftskammer, Landwirtschaftsministerium) aller landwirtschaftspolitischen Interessen.

Das Vertretungsgebiet eines Landesfremdenverkehrsverbandes läßt sich – wie bereits vermerkt – i.d.R. nicht als Gesamtgebiet vermarkten, so daß die **Marketingarbeit** auf Landesebene weniger produktbezogen, sondern im weitesten Sinne kooperativ ausgerichtet sein muß. Eine Werbung z.B. für Schleswig-Holstein als Ganzes ist zwar geeignet, auf alle Angebote (Urlaubsgebiete) dieses Bundeslandes aufmerksam zu machen, doch die konkrete Entscheidung fällt nicht für das Land Schleswig-Holstein als Ganzes, sondern für eines der drei Urlaubsgebiete, d.h. in erster Linie für die Nordsee oder für die Ostsee oder für das Binnenland, aus. Es werden vornehmlich getrennte Vermarktungsmaßnahmen für die einzelnen Gebiete eine effiziente zielgruppengerechte Ansprache bewirken können.[51]

Doch der von der Schleswig-Holstein Tourismus GmbH (SHT) in Kiel beschrittene Weg der Absatzförderung sollte deshalb nicht in einem Widerspruch gesehen werden. Die SHT bündelt nur im Dienste der Vermittlung unter der genannten gebietsmäßigen Aufgliederung die entsprechenden Urlaubsangebote für den Buchungsweg über START-Reisebüros. Ebenso sind auch die Messeauftritte sowie die Medienarbeit eines Landesfremdenverkehrsverbandes darauf angelegt, die Fremdenverkehrssituation in den räumlichen Gesamtzusammenhängen zu präsentieren.

Die Bedeutung von **Marktuntersuchungen** wird inzwischen von keinem Organisationsträger im Fremdenverkehr unterschätzt. Die Marktforschung erfüllt schließlich eine Basisfunktion für die Erstellung eines marktsegment-gerechten und zielgruppenorientierten Marketingkonzepts. Also sammelt man bereits in den lokalen Fremdenverkehrsstellen Gesprächsaussagen und Umfrageergebnisse, um daraus Angebotsbewertungen und das tatsächliche Aufenthaltsverhalten der Gäste ableiten zu können. Doch solche Verfahren sind natürlich ohne jede Systematik und bar jeglichen Repräsentativwertes. Ein rechtzeitiges Erkennen von Veränderungen, Trends und zukünftigen Entwicklungen, eine Handlungsgrundlage für ein „kreatives" Marketing, bleibt somit versagt. Aussagefähige Marktanalysen für zukunftsweisende Handlungskonzepte erfordern jedoch einen so großen Arbeitsaufwand mit einem so hohen wissenschaftlichen Know-how, daß eigentlich nur Landesfremdenverkehrsverbände in einem größeren Rahmen die Vergabe von Untersuchungsaufträgen an renommierte Marktforschungsinstitute finanziell gewährleisten können. Schließlich kann man aber auch auf regelmäßige Grundlagenuntersuchungen für den Fremdenverkehrsmarkt zurückgreifen. Dieses vorliegende Sekundärmaterial muß dann gesichtet und für das eigene Verbandsgebiet aufbereitet werden. Auch dieser **wissenschaftliche Dienst** gehört zur Globalfunktion eines Landesfremdenverkehrsverbandes, ebenso regelmäßige Betriebsvergleiche, die Beobachtung des Marktes für die Realisation von Informations-, Reservierungs- und Back-Office-Systemen sowie die Auseinandersetzung mit Umweltfragen. Den Mitgliedern muß ebenso eine Beratung vornehmlich in Marketing- und Organisationsfragen geboten werden, aber auch Möglichkeiten der **Fort- und Weiterbildung**

---

[51] Aus: *Urlaubsland Schleswig-Holstein*, motiv- und meinungspsychologische Untersuchungen durch den Studienkreis für Tourismus, Starnberg 1971, 1978/79, 1986.

- durch Veranstaltung von „Fremdenverkehrstagen"
  * zur fachlichen Schulung und Qualifizierung der Beschäftigten im Fremdenverkehr
  * zum Informations- und Erfahrungsaustausch
- durch Mitwirkung des Landesfremdenverkehrsverbandes an Weiterbildungslehrgängen (z.B. zum Touristikfachwirt unter Federführung der IHK).

Die landesweite Vertretung des Fremdenverkehrs verpflichtet einen Landesfremdenverkehrsverband zu einem gesamtheitlichen Denken und Handeln und somit zu einer engen **Zusammenarbeit** mit allen fremdenverkehrsorientierten Standesorganisationen und Verbänden, allem voran mit dem DEHOGA-Landesverband, mit dem Deutschen Bäderverband und den Natur- und Umweltschutzverbänden. So haben z.B. der Landesfremdenverkehrsverband Niedersachsen-Bremen e.V. und der DEHOGA-Landesverband Niedersachsen zusammen die Einführung einer landesweiten Hotelklassifizierung sowie eines landesweiten Informations- und Reservierungssystems initiiert.

3 Deutscher Fremdenverkehrsverband (DFV)[52]

Der Deutsche Fremdenverkehrsverband ist als Spitzenorganisation die umfassende Vertretung der deutschen Fremdenverkehrsregionen und -gemeinden. Alle Landesfremdenverkehrsverbände sowie die größten regionalen Fremdenverkehrsverbände aller 16 Bundesländer, aber auch 29 Städte und die drei Kommunalen Spitzenverbände (Deutscher Städtetag, Deutscher Städte- und Gemeindebund, Deutscher Landkreistag), sind **direkte Mitglieder** des Deutschen Fremdenverkehrsverbandes.

Der DFV ist **beratend** und **koordinierend** für seine Mitglieder tätig. Er hat regelmäßigen Kontakt zu allen wichtigen Institutionen, die im und für den Fremdenverkehr in der Bundesrepublik Deutschland von Bedeutung sind. Neben der Interessenvertretung beim Bund steht er darüber hinaus in ständigem Kontakt mit den Kommunalen Spitzenverbänden, dem Deutschen Industrie- und Handelstag, den Partnerverbänden im Deutschen Fremdenverkehrspräsidium[53] und den politischen Instanzen auf europäischer Ebene in Straßburg und Brüssel. Besonders enge inhaltliche Beziehungen unterhält der DFV zur Deutschen Zentrale für Tourismus (DZT), die das deutsche touristische Angebot, das die Mitglieder des DFV in geeigneter Weise aufbereiten, zur Be-

---

52 Ausführungsgrundlage: *Deutscher Tourismus-Bericht*, Bonn, im März 1994.
53 Präsidium der Spitzenverbände des deutschen Fremdenverkehrs
   – Deutscher Fremdenverkehrsverband e.V. (DFV), Bonn
   – Deutscher Hotel- und Gaststättenverband e.V. (DEHOGA), Bonn
   – Deutscher Bäderverband e.V. (DBV), Bonn
   – Deutscher Reisebüro-Verband e.V. (DRV), Frankfurt/Main
   – Deutsche Zentrale für Tourismus e.V. (DZT), Frankfurt/Main.

dienung der Nachfrage aus dem Ausland bündelt und dort präsentiert. Der DFV unterstützt auch inhaltlich die Arbeit des Deutschen Bäderverbandes (DBV) und gibt gemeinsam mit ihm die „Begriffsbestimmungen für Kurorte, Erholungsorte und Heilbrunnen" heraus.

Die **Marketinganstrengungen** des DFV sind auf das **Inland** ausgerichtet. Es wird in Deutschland für den Deutschlandurlaub geworben, indem zur Gewinnung neuer Zielgruppen die guten Angebotsvoraussetzungen eines Inlandurlaubs hervorgehoben werden. Der DFV tritt für eine Verbesserung der Vertriebswege für deutsche Urlaubsangebote ein, vor allem für die Inanspruchnahme elektronischer Informations- und Reservierungssysteme, und hat durch die Einführung der TIN den Weg geebnet, das deutsche touristische Angebot bequem, schnell, umfassend und sicher buchbar zu machen.

Das Fehlen eines einheitlichen Produktes „Reiseland Deutschland" für den deutschen Markt schließt nicht aus, die Arbeit der regionalen und örtlichen Fremdenverkehrsträger durch entsprechende Empfehlungen und Maßnahmen zu unterstützen. Diese betreffen z.B. die Ferienregelung für alle Bundesländer, nämlich die Weiterführung und Verfeinerung des zeitlich abgestuften rollierenden Systems mit mehreren Ferienblöcken, sowie die Einführung der Bundeswettbewerbe „Familienferien in Deutschland" und „Umweltfreundliche Fremdenverkehrsorte". Der DFV sieht es als durchaus wahrscheinlich an, daß die Entwicklung des Nachfrageverhaltens zu einem „umweltbewußten Reisen" weiterhin kontinuierlich steigen wird und mit einer glaubhaft erlebten Umweltvorsorge der Gast enger an deutsche touristische Regionen gebunden werden kann.

4. Deutsche Zentrale für Tourismus (DZT)[54]

Die Deutsche Zentrale für Tourismus (DZT) fungiert als **Partner im Auslandsmarketing**, sie ist die von der Bundesregierung mit der Förderung des Ausländerreiseverkehrs nach Deutschland beauftragte offizielle Fremdenverkehrsorganisation.

Die DZT hat die Rechtsform eines eingetragenen Vereins mit Sitz in Frankfurt/Main. **Mitglieder der DZT** sind Körperschaften, Verbände, Vereinigungen und Unternehmungen, deren Tätigkeiten von überregionaler Bedeutung sind und deren Aufgaben und Zielsetzungen der DZT entsprechen. Mitglieder sind (Stand Februar 1994):

---

[54] Ausführungsgrundlage: *Deutscher Tourismus-Bericht*, Bonn, im März 1994.

- Arbeitsgemeinschaft Deutscher Verkehrsflughäfen (ADV)
- asr–Bundesverband mittelständischer Reiseunternehmen e.v.
- Autobahn Tank und Rast AG
- Deutsche Bundesbahn
- Deutsche Lufthansa AG
- Deutsche Sektion der International Hotel Association (IHA)
- Deutscher Bäderverband e.V. (DBV)
- Deutscher Fremdenverkehrsverband e.V. (DFV)
- Deutscher Hotel- und Gaststättenverband e.v. (DEHOGA)
- Deutscher Reisebüro-Verband e.V.(DRV)
- Deutsches Reisebüro GmbH (DER)
- Die Historischen Zehn
- Flughafen Frankfurt/Main AG
- Hapag-Lloyd AG
- Historic Highlights of Germany
- Köln-Düsseldorfer Deutsche Rheinschiffahrt AG
- Magic Ten – The German Cities
- Sixt AG
- Steigenberger Hotel AG.

Die DZT als **nationale Marketingorganisation** wirbt im Ausland für den Reiseverkehr in die Bundesrepublik Deutschland, pflegt dabei die Zusammenarbeit mit den maßgeblichen nationalen und internationalen Stellen und stellt der Bundesregierung, anderen für den Tourismus zuständigen Stellen sowie allen Interessenten ihre Erfahrungen und Sachkenntnisse zur Verfügung.

Als Orientierungsrahmen zur Marktbewertung dient der DZT eine **allgemeine volkswirtschaftliche Markteinschätzung der Quellmärkte** sowie ein Marktbewertungsschlüssel, der jährlich aktualisiert wird und die Schwerpunkte bei den DZT-Marketingmaßnahmen beeinflußt.

Um die Ziele der Förderung des Ausländerreiseverkehrs zu optimieren, ist es notwendig, daß möglichst viele Partner mit gleicher Zielsetzung mit der DZT kooperieren und gemeinsam die touristische Werbearbeit für die Bundesrepublik Deutschland leisten. Die DZT bietet ihre Kooperation deshalb den Fremdenverkehrsverbänden, den Städten und Gemeinden ebenso wie den Betrieben der Fremdenverkehrswirtschaft an.

Mit diesen Kooperationen sind **Vorteile der Mittel- und Themenbündelung** verbunden:

- durch die Konzentration und Koordination von Mitteln mehrerer Partner,
- durch thematisch geschlossene und damit in ihrer Wirkung überzeugende Werbeaktionen.

Die Kooperationsangebote der DZT betreffen alle Marketingbereiche und richten sich an alle interessierten Partner, die adäquate Angebote für den Auslandsmarkt haben. Auch jenen kleineren Angebotsträgern, die nur über bescheidene Mittel für die Auslandswerbung verfügen, wird es hierdurch ermöglicht, erfolgreiche Auslandswerbung in relevanten Märkten zu betreiben.

Insbesondere im Bereich der **DZT-Anzeigenwerbung** und der **Auftritte bei Messen, Workshops** etc. werden diese Kooperationen praktiziert und in zunehmendem Maße auch genutzt. So entstehen unter einem Dach der DZT themenbezogene Anzeigen bzw. deutsche Gemeinschaftsstände auf den verschiedenen Auslandsmessen zu für den einzelnen Anbieter erschwinglichen Konditionen.

Neben dem breitgefächerten Kooperationsangebot der Partnerwerbung betreibt die DZT **Verbundwerbung** mit jenen ausgewählten Partnern, die sich bereits eines eigenständigen Vermarktungsprofils bewußt sind, doch ihre Positionierung im Ausland besser auf dem Weg der Kooperation erreicht sehen. Solche DZT-Verbundkooperationen (vielfach auch unter Einbeziehung weiterer Verbundpartner, z.B. Deutsche Lufthansa, Deutsche Bundesbahn, Deutsche Touring) vollziehen sich mit:

- der AUMA (Ausstellungs- und Messeausschuß der Deutschen Wirtschaft)
- dem GCB (German Congress Bureau)
- der Städtewerbegemeinschaft „Magic Ten – The German Cities"
- den Historic Highlights of Germany (zwölf historische deutsche Städte)
- Individual Travel (vier Hotelgruppierungen)
- Deutsches Küstenland / Top of Germany.

Die DZT kooperiert auf **internationaler Ebene** mit Fremdenverkehrszentralen des Auslandes im Rahmen internationaler Werbegemeinschaften mit dem Ziel, durch gemeinsame Werbung eine positive Ausgangslage für die eigene nationale Werbung zu schaffen.

In der **Außenorganisation** unterhält die DZT 14 eigene Vertretungen in 13 Ländern, in weiteren 11 Ländern finden sich Repräsentanzen in Zusammenarbeit mit der Deutschen Lufthansa oder den Auslandshandelskammern des Deutschen Industrie- und Handelstages sowie anderen Partnern vor Ort.

Die DZT befindet sich in einer **Phase der strukturellen und konzeptionellen Neuausrichtung**. Ziel dieser Veränderungen ist es, die DZT noch stärker zu einer schlagkräftigen Marketing- und Dienstleistungsorganisation für die optimale weltweite Vermarktung des deutschen Tourismusangebotes auszubauen. Ferner sollen die Voraussetzungen für einen erhöhten Finanzierungsbeitrag durch Dritte (insbesondere der Tourismuswirtschaft) zur Erhöhung der Gesamtleistungsfähigkeit der DZT geschaffen werden.

VIII. Fremdenverkehrsörtliche Einnahmen

1 Rechtsgrundlagen und Rechtfertigung für die fremdenverkehrsspezifischen Abgaben „Kurabgabe" und „Fremdenverkehrsabgabe"

Die **Kurabgabe** und **Fremdenverkehrsabgabe** sind spezielle spezifische Deckungsmittel eines Finanzierungsaufwandes für den Fremdenverkehr, der bei Nichteinführung dieser Abgaben durch die öffentliche Hand andernfalls über Landesmittel, über kommunale Steuern oder über den Preis für einzelne Leistungen aufgebracht werden müßte.

Beide Abgaben beruhen auf der Rechtsgrundlage des **Kommunalabgabengesetzes (KAG)** der Bundesländer. Vollzugsgrundlagen sind die nach Maßgabe der Gemeindeordnung (GO) von der Stadt- bzw. Gemeindevertretung erlassenen Satzungen: **Satzung über die Erhebung einer Kurabgabe** bzw. **Satzung über die Erhebung einer Fremdenverkehrsabgabe**.

Fremdenverkehrsgemeinden haben i.d.R. ohnehin die höchsten Hebesätze für die Grundsteuer und für die Gewerbesteuer, um auf diese Weise Defizite ihrer Fremdenverkehrsorganisationsträger ausgleichen zu können; noch höhere Kreditaufnahmen für den Fremdenverkehr sind für viele Gemeinden mit einer ordentlichen Finanzwirtschaft schon längst nicht mehr zu vereinbaren. So manche Fremdenverkehrsgemeinde ist im Verwaltungshaushalt mit Zinsen und im Vermögenshaushalt mit Tilgungsraten so hoch belastet, daß keine Eigenmittel mehr für Investitionen aufgebracht werden können. Es sind deshalb sogar schon Kreditaufnahmeverbote von der Kommunalaufsicht ausgesprochen worden. In einer solchen Finanzlage ist eigentlich für alle Fremdenverkehrsgemeinden die Erhebung fremdenverkehrsspezifischer Abgaben zwingend notwendig, wenn die erwarteten Aufgaben hinreichend erfüllt werden sollen.

Bei einer unverhältnismäßigen Erhöhung der Grundsteuer würden sich alle diejenigen Ortseinwohner, die überhaupt keinen wirtschaftlichen Nutzen aus dem Fremdenverkehr ziehen, unangemessen hoch belastet sehen. Eine Erhöhung der Gewerbesteuer käme zwar durchaus in Betracht, doch damit würden dann alle Gewerbetreibenden belastet, während in einem Kurort oder in einer Fremdenverkehrsgemeinde vorwiegend die vorhandenen Fremdenverkehrsbetriebe den großen Vorteil aus dem Kur- und Fremdenverkehrsgeschäft ziehen. Unter diesen Gesichtspunkten bewähren sich die Kurabgabe und die Fremdenverkehrsabgabe als spezielle spezifische Deckungsmittel, die den großen Ausgabenbedarf verringern helfen und, auf die Dauer gesehen, einen guten Beitrag zur Fremdenverkehrsförderung leisten.

Abb. 17

Fremdenverkehrsspezifische Einnahmen

	Kurabgabe (1)	Fremdenverkehrsabgabe (2)

Rechtsgrundlage/ Vollzugsgrundlage:	- Kommunalabgabengesetz (KAG)
	- Gemeindesatzung
	  • über die Erhebung einer Kurabgabe
	  • über die Erhebung einer Fremdenverkehrsabgabe	

Erhebungsberechtigt:	alle staatlich anerkannten Fremdenverkehrsorte (sowohl Kur- als auch Erholungsorte)	
Verwendung: (zweckgebunden)	(1) für die Herstellung, Verwaltung u. Unterhaltung der zu Kur- u. Erholungszwecken bereitgestellten öffentlichen Einrichtungen	<u>bisher</u>: (2) für Zwecke der Fremdenverkehrswerbung <u>neuerdings</u>: auch zur Deckung von Aufwendungen nach (1)
Abgabepflichtig:	diejenigen, die sich im Erhebungsgebiet aufhalten, ohne dort ihren gewöhnlichen Wohnsitz zu haben	diejenigen, denen durch den Fremdenverkehr der Gemeinde besondere wirtschaftliche Vorteile geboten werden

2 Kurabgabe

Nach den „Begriffsbestimmungen für Kurorte, Erholungsorte und Heilbrunnen" des Deutschen Bäderverbandes e.V. sind lediglich Kurorte mit den Artbezeichnungen Heilbad, Seeheilbad, Seebad, Kneipp-Heilbad, Kneipp-Kurort, Heilklimatischer Kurort und Luftkurort berechtigt, eine Kurabgabe zu erheben.[55] Erholungsorte sind danach ausgenommen. Die Kommunalabgabengesetze der Länder berücksichtigen dagegen abweichend, daß alle staatlich anerkannten Fremdenverkehrsorte, d.h. sowohl **Kurorte** als auch **Erholungsorte**, eine **Kurabgabe** erheben können. Das Erhebungsrecht beschränkt sich, wenn nur ein Teil der Gemeinde als Fremdenverkehrsort staatlich anerkannt ist, auf diesen Gemeindeteil.

Die Kurabgabe wird von allen Personen erhoben, die sich im Erhebungsgebiet aufhalten, ohne dort ihren gewöhnlichen Aufenthalt zu haben. Als Merkmal gilt die **„Ortsfremdheit", d.h. der vorübergehende Aufenthalt**. Ortsfremd sind grundlegend diejenigen, abgesehen von bestimmten Befreiungen (z.B. beschränkter Aufenthalt, Kur- und Erholungszweck liegt nicht vor), die im Kur- oder Erholungsort nicht ihre Hauptwohnung im Sinne des Melderechts haben. Auch Inhaber von Zweitwohnungen gelten als ortsfremd und sind kurabgabepflichtig. Sie bezahlen eine Jahreskurabgabe. Gegen ein ermäßigtes Entgelt kann ebenso den Ortseinwohnern eine Jahreskurkarte ausgehändigt werden, um ihnen das Eintrittsrecht zu bestimmten Veranstaltungen und das Benutzungsrecht von bestimmten Einrichtungen zu bescheinigen. Die Kurabgabe ist nicht nur auf Übernachtungsgäste fixiert; gegenüber Tagesgästen z.B. in Seeheilbädern, Seebädern und Küstenbadeorten wird diese Zahlleistung mit **Strandbenutzungsgebühr** umschrieben.

Dadurch, daß jedoch die Kurabgabe in der allgemeinen Öffentlichkeit die Bezeichnung „Kurtaxe" trägt, wird sie zwangsläufig als „Aufenthaltssteuer" mißverstanden. Die Kurabgabe stellt nach der Rechtssprechung des Bundesverwaltungsgerichtshofes weder eine Steuer noch eine Gebühr dar, sondern sie wird im Steuerrecht als „eine öffentlich-rechtliche Abgabe besonderer Art" bezeichnet. Die Kurabgabe ist in ihrer Rechtsnatur als **„Beitrag"** zu sehen; der Beitragspflichtige soll zu den Kosten der touristischen Infrastruktur beitragen. Damit darf das Kurabgabeaufkommen nach den Bestimmungen des Kommunalabgabengesetzes der Länder auch nur zweckgebunden verwendet werden: **zur Deckung des Aufwandes für die Herstellung, Verwaltung und Unterhaltung der zu Kur- und Erholungzwecken bereitgestellten öffentlichen Einrichtungen.**

---

[55] Vgl. *Begriffsbestimmungen für Kurorte, Erholungsorte und Heilbrunnen*, Hrsg.: Deutscher Bäderverband e.V., Bonn, März 1991.

Nach dem heutigen Recht ist für die Verwendung der Kurabgabe im allgemeinen ein „weiter Maßstab" anzulegen.[56] Neben eigentlichen Kureinrichtungen zählen auch Spazier- und Wanderwege, Ruhebänke, eine Liegewiese, Aufenthalts- und Gesellschaftsräume, Sport- und Unterhaltungsanlagen sowie Kurkonzerte, Vortrags-, Theater- und Unterhaltungsveranstaltungen hierzu. Die Ausführungsanweisung zum Kommunalabgabengesetz von Schleswig-Holstein schränkt dagegen ein, „daß die Kurabgabe nicht zur Finanzierung von Investitionen für Kureinrichtungen erhoben werden darf, weil diese Einrichtungen für den Gast noch nicht benutzbar sind". Andere Bundesländer, wie z.B. Hessen, Niedersachsen, Nordrhein-Westfalen und das Saarland, zählen auch die Herstellung und Erweiterung vorhandener Einrichtungen zum Kurortaufwand.

Die Kurabgabe bemißt sich nach dem **Äquivalenzprinzip**, d.h., die Beitragszahlung muß mit einer erbrachten Gegenleistung (Vorteil) verknüpft sein. Ob die betreffende Person die sich aus dem Fremdenverkehr ergebenden Vorteile wahrnimmt, ist dabei unerheblich. Der Kurabgabe unterliegt jeder, der sich in ihrem räumlichen Geltungsbereich aufhält und dadurch die Möglichkeit zur Benutzung der Einrichtungen und Veranstaltungen hat; auf einen Vertragswillen kommt es nicht an.

Ein besonderes Problem ist in den **Staatsbädern** gegeben. Als Träger der Kureinrichtungen, und somit zur Kurabgabenerhebung berechtigt, zeichnen sich die Länder bzw. deren Organisationsträger aus. Gleichzeitig fordern dann die Gemeinden noch zusätzlich Gebühren für ihre Erholungseinrichtungen (z.B. für das Schwimmbad) ein. Da dies nicht sehr werbewirksam ist, haben sich manche dieser Gemeinden bereits zu Ermäßigungen bzw. freiem Einlaß bei Vorzeigen der Kurkarte veranlaßt gesehen. Bezüglich der **Angemessenheit der Kurabgabenhöhe** muß der Organisationsträger die Kalkulation schlüssig darlegen können. Die Maximalbemessung errechnet sich aus der Höhe des Kurort- bzw. Erholungsortaufwandes[57] (abzüglich der Einnahmen aus Kurmittelleistungen und anderer Entgelte) dividiert durch die Gesamtzahl der jährlichen Übernachtungen. Die Kurabgabeerhebung kann zugleich gestaffelt werden, sowohl unter Berücksichtigung beitragsmäßig abgestufter Saisonzeiten als auch unter Zugrundelegung räumlich abgestufter Kurzonen. Besondere Richtlinien über die Höhe der Kurtaxe gibt es in Bayern. Dort wird die Kurtaxe nach dem Rang der Prädikatisierung abgestuft. Diese Abstufung darf nicht überschritten, sondern nur unterschritten werden.

---

[56] **Schieder, Happ, Moezer**, *Kommentar zum Bayerischen Kommunalabgabengesetz*, Erläuterungen 4.2 zu Artikel 7.
[57] **Kurort-/Erholungsortaufwand** sind alle Aufwendungen, die für den Unterhalt und für das Betreiben von Einrichtungen, für das Abhalten von Veranstaltungen und für die anteilige Verwaltung des Kurkomplexes sowie für Abschreibungen des Anlagevermögens und kalkulatorische Verzinsung des dabei eingesetzten Eigenkapitals anfallen.

Wer für die **Abschaffung der Kurabgabe** plädiert, der sollte sich zugleich über die zwangsläufigen Folgen im klaren sein. Es würde dadurch eine deutliche Leistungsminderung im gesamten Kur- und Erholungsbereich eintreten, woraus sich insbesondere negative Folgen im Therapiebereich ergeben müßten. Und hier bestehen die Aufwendungen immerhin zu etwa 80% aus Lohnkosten.

Was die **Kritik an der Sozialverträglichkeit** der Kurabgabe anbelangt, so muß entgegengehalten werden, daß die Kurabgabesatzungen in allen Fällen gestaffelte Ermäßigungssätze für Familienangehörige (fast ausnahmslos Kurabgabebefreiung bei jugendlichen Familienangehörigen) und unter besonderen sozialen Gesichtspunkten auch Vergünstigungen für verschiedene Gruppen der Bevölkerung vorsehen. Unverwundert dürfte man wohl gewiß nicht über die in manchen Kurabgabesatzungen angemerkten Befreiungen gegenüber Journalisten oder Ärzten oder Mitgliedern anderer Fremdenverkehrs- und Kurverwaltungen sein. Es werden hierfür werbliche Gründe bzw. eine kollegiale Konzilianz als Rechtfertigung aufgeführt. Diese eingeräumten Vergünstigungen verstoßen unzweifelhaft gegen den Gleichbehandlungsgrundsatz GG Art. 3.

Es darf nicht unerwähnt bleiben, daß die Einführung der Kurabgabe letztlich eine **Ermessensentscheidung** der betreffenden Gemeinde ist. So hat z.B. das Ostseebad Eckernförde die Kurabgabeerhebung abgeschafft, weil sich der Erhebungsaufwand im Verhältnis zum Beitragsaufkommen als zu hoch erwies. Dieser Verzicht hat sich inzwischen als Wettbewerbsvorteil ausgewirkt, nicht nur bei den Übernachtungsgästen im Erholungsverkehr, sondern auch bei den Tagesgästen, denn bei sommerlichem Badewetter suchen viele Touristen und Einheimische aus dem weiten Hinterland bevorzugt Eckernförde auf und beleben die dortigen Restaurations- und Handelsumsätze.

Aus der Sicht der Abgabepflichtigkeit ist die Kurabgabe eine **Bringschuld des Kurbeitragspflichtigen**. Die Kurabgabe ist am ersten Werktag innerhalb 24 Stunden nach Ankunft bei der Gemeinde oder der von ihr beauftragten Stelle zu entrichten. Die Kritik der Gäste, am ersten Kur- bzw. Urlaubstag zum Teil weite Wege, langes Anstehen und Warten vor nicht immer geöffneten Kurkassen in Kauf nehmen zu müssen, ist nicht unbeantwortet geblieben. Im Zuge der bundesweiten Neufassung der Landesmeldegesetze 1985/1986 trat der Deutsche Fremdenverkehrsverband (DFV) mit seinen Landesverbänden gegenüber den Innenministern der Länder dafür ein, das Meldescheinverfahren[58] im Durchschreibegang mit dem Einziehungsbeleg der Kurabgabe und mit der Ausstellung der Kurkarte zu kombinieren.

---

58 Nach dem **Meldegesetz** hat jeder Gast am Tage seiner Ankunft einen besonderen Meldeschein handschriftlich auszufüllen. Dabei wird kein Unterschied mehr zwischen Übernachtungen in privaten oder gewerblichen Beherbergungsstätten gemacht.

Inzwischen ermächtigen in den Bundesländern Runderlasse die Fremdenverkehrsgemeinden, den Vermietern per Satzung die Pflicht der Kurabgabeeinziehung aufzuerlegen. Solche Satzungsbestimmung bedeutet dann zugleich, daß die Beherbergenden für die rechtzeitige Einziehung und vollständige Ablieferung der Kurabgabe gegenüber der Gemeinde haften. Diese neue Regelung ist als Service für die Gäste gedacht, doch manche Vermieter wenden dagegen ein, „daß sie es nicht für einen Service halten, dem Gast gleich zur Begrüßung eine Kurkarte unter die Nase zu halten und Geld abzuverlangen". Anderen Vermietern ist es verwaltungsrechtlich unverständlich, daß sie als „eigentlicher" Nichtschuldner für eine Zahlungsverweigerung bzw. Säumigkeit seitens des Kurgastes in Anspruch genommen werden können. Im Nordseeheilbad St. Peter-Ording konnten sich bereits Ende 1990 einige Anbieter von Urlauberzimmern mit Hilfe der neuen Kommunalverfassung per Bürgerbegehren gegen ihre Gemeinde durchsetzen. Jetzt ist es dort jedem Vermieter freigestellt, ob er selbst die Kurabgabe einzieht oder den Gast zur Kurverwaltung schickt.

3 Fremdenverkehrsabgabe

Gemeinden, die ganz oder teilweise als **Kurort oder Erholungsort** staatlich anerkannt sind, können **zur Deckung ihres Aufwandes für die Fremdenverkehrswerbung** eine Fremdenverkehrsabgabe erheben. Die langläufige Bestimmung im Kommunalabgabengesetz wurde ab 1990 dahingehend erweitert, daß die Fremdenverkehrsabgabe grundsätzlich auch **zur Deckung der Investitionen für die Einrichtungen des Fremdenverkehrs sowie für die laufenden Unterhaltungskosten dieser Einrichtungen** verwendet werden dürfen. Soweit jedoch diese letztgenannten Aufwendungen anderweitig, d.h. durch Kurbeiträge und/oder durch Benutzungsgebühren, aufgebracht werden, können Fremdenverkehrsbeiträge für dieselben Aufwendungen nicht erhoben werden. Fremdenverkehrsabgabe und Kurabgabe stehen aber gleichberechtigt nebeneinander. Die Gemeinde kann autonom entscheiden, ob und in welchem Umfang sie von den Finanzierungsmöglichkeiten bei Einrichtungsaufwendungen Gebrauch machen will.

Abgabepflichtig sind alle natürlichen und juristischen Personen, denen durch den Fremdenverkehr in der Gemeinde besondere Vorteile unmittelbarer oder mittelbarer Art erwachsen. Eines unmittelbaren wirtschaftlichen Vorteils erfreuen sich jene Personen und Unternehmungen, denen Ausgaben der Fremden direkt zufließen, wie z.B. den Inhabern von Beherbergungsbetrieben, von Gast- und Schankwirtschaften, von Kuranstalten und von bestimmten Verkaufsgeschäften. Das Kriterium der mittelbaren Vorteilsziehung stellt auf jene Personen und Unternehmen ab, die auf der zweiten Umsatzstufe durch den Fremdenverkehr begünstigt werden (Inhaber von Handwerksbetrieben und sonstigen gewerblichen Betrieben, Steuerberater, Architekten etc.). Anknüpfungspunkt für die besonderen Vorteile sind die **durch den Fremdenverkehr der Gemeinde erzielten Mehreinnahmen**.

Die Fremdenverkehrsabgabe ist in gleicher Weise wie die Kurabgabe keine Steuer, sondern „**eine öffentlich-rechtliche Abgabe besonderer Art**", weil die Gemeinde für sie zweckgebunden eine Gegenleistung zu erbringen hat. Bei der Feststellung des Aufwendungsanteils, der durch Fremdenverkehrsbeiträge gedeckt werden soll, ist eine Fremdenverkehrsgemeinde gehalten, einen entsprechenden öffentlichen Anteil von mindestens 25% zu berücksichtigen, weil die Wirtschaftskraft aus dem Fremdenverkehr und auch die Fremdenverkehrseinrichtungen allen Einheimischen zugute kommen.

Was die **Beitragsregelung** anbetrifft, so sieht sich eigentlich jede Fremdenverkehrsgemeinde von vornherein außerstande, sie zweifelsfrei regeln zu können. Der Katalog der Abgabepflichtigen, wie ihn die Mustersatzungen der Innenminister der Länder vorgeben, ist nicht erschöpfend. Die Gemeinde muß ihn nach den örtlichen Erfordernissen ergänzen. Da dem Kreis der Vorteilhabenden aus dem Fremdenverkehr völlig unterschiedliche Betriebsarten zugrunde liegen, kann kein einheitlicher Beitragsmaßstab herangezogen werden. Es müssen in den Gemeindesatzungen über die Erhebung einer Fremdenverkehrsabgabe dem Betriebstyp entsprechende „Produktionsfaktoren" als Bemessungsmaßstäbe[59] ausgewiesen werden, in die alle möglichen Abgabepflichtigen eingeordnet werden können. Die Verteilungsmaßstäbe müssen jedoch gewährleisten, daß die Abgabepflichtigen im Verhältnis zu allen anderen Abgabepflichtigen entsprechend ihrem wirtschaftlichen Vorteil aus dem Fremdenverkehr (Verdienstmöglichkeiten) angemessen mit Abgaben belastet werden. Die sich ergebenden Beitragssätze der verschiedenen Wirtschaftseinheiten müssen also untereinander hinreichend stimmig sein, d.h., daß annähernd gleichen Vorteilen gleiche Beitragslasten zugeordnet sind.[60] Zwar wird von der Rechtsprechung immer wieder betont, daß das

---

[59] Dem Betriebstyp entsprechende Bemessungsmaßstäbe, z.B. für
   – Beherbergungsbetriebe und Zimmervermieter = **Anzahl der Betten**
   – Restaurants, Cafés, Bars, Eisdielen u.ä. = **Anzahl der Sitzplätze**
   – Ladengeschäfte mit Verkaufs- und Ausstellungsfläche = **m²-Grundfläche**
   – Dienstleistungsbetriebe = **Anzahl der Beschäftigten**.
[60] Die Satzung über die Erhebung einer Fremdenverkehrsabgabe im Heilklimatischen **Kurort Eutin** legt z.B. für folgende unterschiedliche Wirtschaftseinheiten gleichgewichtige Vorteilsbemessungen (Verdienstmöglichkeiten aus dem Fremdenverkehr) und somit gleiche Beitragslasten fest:

Jahresabgabe (Vorteilssätze)

   – Beherbergungsbetriebe u. Zimmervermieter, je Bett = DM 12,–,
      somit **Hotel garni** bzw. **Pension** mit 13 Betten   = DM 156,–
   – **Restaurant** bis zu 50 Sitzplätzen
   – **Ladengeschäft** bis zu 50 m²   } Beitragsstufe = DM 150,–
   – **Reinigung/Wäscherei** mit bis zu 6 Beschäftigten

Ermessen der Gemeinde bei der Festlegung der sog. Produktionsfaktoren und bei der Festsetzung der Vorteilssätze relativ groß und von den Verwaltungsgerichten nur begrenzt nachprüfbar sei. Die Gerichte stellen aber dennoch an die Genauigkeit der Maßstäbe sehr hohe Anforderungen und sehen die durch Abgabengerechtigkeit und -gleichheit gebildeten Grenzen der gemeindlichen Ermessensfreiheit frühzeitig verletzt. Sie nehmen auf diese Weise die den Gemeinden gewährte Bewertungsfreiheit weitgehend wieder zurück. Diese Rechtsunsicherheit und das tatsächliche Ausmaß an Klageerhebungen hat schon viele Fremdenverkehrsgemeinden veranlaßt, auf die Erhebung einer Fremdenverkehrsabgabe zu verzichten. Zur Erfüllung der genauen Anforderungen ist im Grunde eine sehr intime Kenntnis der Verhältnisse in den einzelnen Betriebs- bzw. Berufszweigen der jeweiligen Gemeinde erforderlich. Ob es sich rechtfertigen läßt, für die im Grunde recht geringfügigen jährlichen Beiträge die zu ihrer genauen Bestimmung erforderlichen intensiven Offenbarungspflichten der Betroffenen herbeizuführen, ist gewiß diskutabel.

Eine Fremdenverkehrsgemeinde darf es auch nicht damit belassen, einen hinreichend differenzierten Beitragsmaßstab und daran orientierte Beitragssätze festzulegen. Die Verwaltungsgerichte fordern in ihrer Rechtsprechung auch eine **Beitragskalkulation**. Diese hat aus der Ermittlung der umlagefähigen Aufwendungen unter Berücksichtigung des öffentlichen Anteils und der einzelnen Refinanzierungsanteile sowie der Ermittlung aller Maßstabseinheiten zu bestehen. Die Kompliziertheit ist damit schon erkennbar.

4 Zweitwohnungssteuer

Zu einer für Fremdenverkehrsorte typischen Einnahmeart ist inzwischen die Zweitwohnungssteuer geworden. Man wird zwar die Zweitwohnungssteuer nicht als fremdenverkehrsspezifische Einnahme bezeichnen können, weil sie eben nicht wie die Kurabgabe und die Fremdenverkehrsabgabe aus einem Leistungsaustausch im Fremdenverkehr erwirtschaftet wird. Doch in historisch-genetischer Sicht ist die Einführung der Zweitwohnsteuer als fremdenverkehrsbedingt zu bezeichnen.

Die reizvollen Aufenthaltsbedingungen, mit denen sich gewöhnlich Fremdenverkehrsorte auszeichnen, haben vielerorts eine begleitende Entwicklung zum Tourismusgeschäft ausgelöst, nämlich das Immobiliengeschäft. In den 70er Jahren setzte in den deutschen Fremdenverkehrsregionen der große **Ferienwohnungsbauboom** ein. Zum einen wurden überall alte Hotel- und Pensionsgebäude aufgekauft und in Appartementhäuser umgewandelt, zum anderen wurden für Zweitwohnungen Großanlagen an der Nord- und Ostseeküste, im Harz und im Bayerischen Wald gleich massenhaft aus dem Boden gestampft. Sylt hat inzwischen neben 4.000 Hauptwohnungen fast 6.000

Zweitwohnungen („eine Entwicklung, die wir mal gewollt haben, aber in dieser Form nicht einschätzen konnten"[61]). Und im Ostseebad Sierksdorf stehen den 1.500 Einwohnern immerhin ca. 2.500 Zweitwohnsitzler gegenüber.

Der Nutzen der Zweitwohnungen wurde fremdenverkehrswirtschaftlich begründet, nämlich für das damals noch ständig wachsende Urlauberaufkommen möglichst rasch und mit fremdem Kapital viele Unterkünfte für den Urlaubsverkehr zu schaffen. Doch es wurde übersehen, daß von der sozialen Struktur des Eigentums her mit dem Ankauf solcher Ferienwohnungen bei den kapitalkräftigen Käufern die natürliche Neigung geweckt wurde, diese nur für sich alleine – zumindest später – zu nutzen.

Es bot sich also für viele Privatleute an, den Umweg über den Kauf einer Ferienwohnung zu gehen, weil sie sonst an einem derart lagemäßig begünstigten Standort nie eine Baugenehmigung bekommen hätten. Und in den Zonenrandförderungsgebieten wurde dann auch noch die Verwirklichung durch Subventionen und erhöhte Abschreibungsmöglichkeiten finanziert.

Es hat sich dann in den betreffenden Fremdenverkehrsgemeinden herausgestellt, daß – je dominanter die privaten Appartements das Beherbergungsangebot repräsentieren – die Fremdenverkehrsnachfrage im wesentlichen auf den Individualreiseverkehr in der Hochsommerzeit beschränkt bleibt und somit den maßgeblich außerhalb der Ferienreisezeit nachgefragten organisierten Gruppenaufenthalten und somit einer Saisonverlängerung immer geringer entsprochen werden kann. Dem Urlaubsverkehr werden auch fortlaufend weniger Vermietobjekte zur Verfügung gestellt.

Der Zweitwohnungsausbau in den Fremdenverkehrsgemeinden hat nicht nur den erwerbsfördernden Effekt des Fremdenverkehrs beeinträchtigt, sondern auch die haushaltswirtschaftlichen Probleme der betreffenden Kommunen erheblich vergrößert. Auf der Einnahmenseite ist in vielen Fremdenverkehrsgemeinden das Gewerbesteueraufkommen zwangsläufig geringer geworden, und der erhoffte Kurabgabezuwachs ist – wenn überhaupt – nur unwesentlich eingetreten. Und da sich dann unweigerlich in Anpassung an die vorhandene Bettenkapazität die touristischen Infrastrukturkosten erhöhen und sich mit den Zweitwohnflächen die gewöhnlichen wohnbedingten Infrastrukturkosten vermehren, mußte nach einem finanziellen Ausweg gesucht werden.

So führten die ersten Fremdenverkehrsgemeinden im heftigen Widerstreit mit den Betroffenen sehr bald die **Zweitwohnungssteuer** ein. Die Rechtsfähigkeit dieser Erhebung wurde dann letztlich durch den Bundesverwaltungsgerichtshof im Jahre 1979

---

[61] **Zitat** des ehemaligen **Westerländer Bürgermeisters Volker Hoppe** in: „Nach uns die Sintflut", *Der Fremdenverkehr + Reisebüro*, Nr. 1, 1985, S. 19.

entschieden.[62] Mit der Zweitwohnungssteuer können Gemeinden einen **Ausgleich für die durch die Zweitwohnungen entstehenden Vorhaltekosten** schaffen. Denn bei der Zumessung des den Gemeinden zufließenden Einkommensteueranteils in Höhe von 15% werden nur die Gemeindebürger berücksichtigt, die in der betreffenden Gemeinde ihren Hauptwohnsitz haben, und dieser ist nun einmal bei Zweitwohnsitzlern mit ihrer Heimatgemeinde verbunden. Die inzwischen gängig gewordene Zweitwohnungssteuererhebung ist also eine Ausgleichsabgabe für Infrastrukturkosten, die nicht durch die anteilige Einkommensteuerzuweisung an die Gemeinde abgedeckt werden. Die Aufwendungen für die Zweitwohnungsinhaber müßten sonst von den Gemeindebürgern mit noch größeren Belastungen mitgetragen werden.

Als **Bemessungsgrundlage** für die Höhe der Zweitwohnungssteuer gilt nicht die m^2-Wohnfläche, sondern der **taxierte Jahresmietwert** (ortsübliche Jahresrohmiete). Nach der Zweitwohnungssteuersatzung im Nordseeheilbad Horumersiel / Gemeinde Wangerland vom 16. September 1992 beträgt die betreffende Steuer DM 480,– bei einem jährlichen Mietwert bis zu DM 3.600,–; bei einem jährlichen Mietwert von mehr als DM 3.600,– aber nicht mehr als DM 7.200,– sind DM 720,– zu zahlen. DM 960,– fallen bei einem jährlichen Mietaufwand von mehr als DM 7.200,– an.

Auf die **Zweitwohnsitzler** entfallen **insgesamt folgende Entgeltleistungen**:

– als Ortsfremde und Nichtvermieter die **Jahreskurabgabe**,
– als Vermieter die **Fremdenverkehrsabgabe** (deren Logiergäste
   zahlen die Kurabgabe),
– zusätzlich als Beteiligung an den Infrastrukturkosten die
   Zweitwohnungssteuer; auf die Steuer werden die Beträge
   angerechnet, die der Steuerpflichtige und seine Angehörigen
   als Kurabgabe entrichtet haben.

Es ist viel zu lange verkannt worden, daß sowohl dem Fremdenverkehrsgewerbe als auch den einheimischen Privatvermietern der erwerbsfördernde Effekt aller Anstrengungen um so mehr versagt bleibt, je weniger die Gestaltung des Beherbergungsangebotes auf sie beschränkt bleibt. Erst nach Änderung des Bundeswohnungsbaugesetzes konnte die schleswig-holsteinische Landesregierung durch eine Landesverordnung im Jahre 1988 den Gemeinden das Recht zusprechen, den Bestand an gewerblich genutztem Wohnraum flächenmäßig festzuschreiben, um dadurch den Ausverkauf von Hotelkapazitäten und deren Umwandlung in Eigentumswohnungen zu stoppen.

---

62 Genehmigt wurde die **Zweitwohnungssteuer in Form des Überlinger Modells**; verworfen wurde die ursprüngliche Gemeindesatzung Timmendorfer Strand wegen Verletzung des Gleichheitsgrundsatzes (auch Einheimische, die eine Zweitwohnung in ihrer Wohngemeinde erwerben, müssen wie Ortsfremde Zweitwohnungssteuer bezahlen).

IX. Der Umgang mit der Fremdenverkehrsstatistik (vgl. hierzu Anhang B)

1 Grundlegendes über die offiziellen Fremdenverkehrsstatistiken

Um Aufschlüsse über die Nachfrage- und Angebotssituation eines Fremdenverkehrsstandortes zu erhalten, stehen zwei offizielle Statistiken zur Verfügung: zum einen die **amtliche Fremdenverkehrsstatistik** des Statistischen Bundesamtes und der Statistischen Landesämter, zum anderen die **Bäderstatistik** des Deutschen Bäderverbandes.

Beide Statistiken zeichnen sich als **Totalerhebungen** unter Zugrundelegung der **Standortmethode** aus, d.h., die Erhebungen werden bundesweit am Ort des Aufenthalts vollzogen, und die ermittelten Daten schließen die Ankünfte und Übernachtungen inländischer und ausländischer Gäste ein. Der Vorteil der Standortmethode gegenüber der von vielen anderen Ländern (z.B. USA, Großbritannien, skandinavische Länder) praktizierten Grenzmethode liegt zweifellos darin, daß das Fremdenverkehrsaufkommen innerhalb des Landes genau lokalisiert und auch eine Frequenzverteilung auf die verschiedenen Beherbergungskategorien ermittelt werden kann. Allerdings bleiben Fremde, die bei Bekannten und Verwandten übernachten, aber auch der Durchgangsreiseverkehr und der Ausflugsverkehr, unerfaßt.

a. Amtliche Fremdenverkehrsstatistik

Der Informationswert der amtlichen Fremdenverkehrsstatistik für Marktuntersuchungen ist unterschiedlich. Für eine Analyse der touristischen Nachfrage in den einzelnen Fremdenverkehrsgemeinden können nur quantitative Informationen zugrunde gelegt werden, qualitative Merkmale wie z.B. Reisezweck und Organisation der Reise werden nicht berücksichtigt. In die Ermittlung des Beherbergungsangebots werden zwischenzeitlich auch qualitative Aspekte, nämlich Ausstattungskriterien, mit einbezogen.

Die rechtliche Basis der amtlichen Fremdenverkehrsstatistik ist das **Gesetz über die Statistik der Beherbergung im Reiseverkehr** (Beherbergungsstatistikgesetz) vom 14. Juli 1980. Nach diesem Gesetz haben die meldepflichtigen Beherbergungsstätten die Pflicht, monatlich Gästeankünfte und -übernachtungen sowie ihre Beherbergungskapazität den Statistischen Landesämtern zu melden, die diese an das Statistische Bundesamt weiterleiten. Der Betriebsberichtsbogen muß bis zum 5. des folgenden Monats bei der Gemeinde-, Amts- oder Kurverwaltung (je nach der örtlichen Zuständigkeit) eingereicht sein. Die statistischen Veröffentlichungen geben dann die Ankünfte und Übernachtungen von inländischen und ausländischen Gästen wieder, nämlich aufgegliedert nach Fremdenverkehrsgebieten, Städten und Gemeinden und weiterhin unterschieden nach Kurortsparten und nach der Art der Beherbergungsstätte.

Die **Erhebungsweise der amtlichen Fremdenverkehrsstatistik** ist am 01. Januar 1981 auf ein neues Konzept umgestellt worden. Die gravierendste Änderung im Vergleich zu früher besteht darin, daß nur noch **Beherbergungsstätten mit 9 und mehr Betten** (sog. gewerbliche Beherbergungsstätten) und **Campingplätze mit mehr als 6 Stellplätzen** (genehmigungspflichtige Campingplätze) einbezogen werden, während der Fremdenverkehr bis 1980 nur in ausgewählten Gemeinden, d.h. in den meldepflichtigen Berichtsgemeinden, erfaßt wurde, dort aber bei sämtlichen Beherbergungsstätten. Nicht mehr berücksichtigt werden also Privatquartiere (Unterkunftsstätten mit weniger als 9 Betten).

Diese Einschränkung auf die gewerblichen Beherbergungsstätten (Hotels, Gasthöfe, Pensionen, Hotels garni) und daneben auf die sog. Massenunterkünfte (Jugendherbergen, Kinderheime, Erholungs- und Ferienheime, Schulungs- und Tagungsstätten und Kurkrankenanstalten und Sanatorien) hat den **Aussagewert der amtlichen Fremdenverkehrsstatistik** erheblich gemindert; für die typischen Ferienstandorte ist sie nahezu wertlos geworden. Im Urlaubsland Schleswig-Holstein kann nämlich nach Maßgabe der Zahlen von 1980 mehr als 50% der Beherbergungskapazität (in den Seebädern sogar 58,8%) der sog. Privatvermietung zugerechnet werden; demzufolge dominieren auch in sehr vielen Fremdenverkehrsgemeinden die Übernachtungen bei den Kleinvermietern. Als methodischer Bruch hat sich dagegen für die Fremdenverkehrsgemeinden nicht die Tatsache ausgewirkt, daß die Beschränkung auf „meldepflichtige Berichtsgemeinden" (auf Landesebene Gemeinden mit mindestens 3.000 Übernachtungen pro Jahr, auf Bundesebene Gemeinden mit mindestens 5.000 Übernachtungen pro Jahr) aufgegeben wurde. Derart niedrig angesetzte Übernachtungskonzentrationen konnten schon damals alle Fremdenverkehrsorte überschreiten.

Die heutigen amtlichen Statistiken stellen sich für eine detaillierte Gesamtuntersuchung im Fremdenverkehr als unbrauchbar heraus. Lediglich für Großstädte und Mittelstädte geben die statistischen Zahlen die reale Fremdenverkehrssituation und -entwicklung wieder, weil dort so gut wie keine Privatvermieter das Beherbergungsangebot vertreten. Im gesamten registrierten Übernachtungsaufkommen im Bundesgebiet (1992: 293,8 Mio. Übernachtungen), in den Bundesländern und in den einzelnen Regionen ist dadurch die touristische Nachfrage gegenüber dem Geschäfts- und Dienstreiseverkehr eindeutig unterrepräsentiert. Die Lücke (Übernachtungen in Privatquartieren), die der Jahresgesamtübernachtungszahl in der BRD zugerechnet wird, beträgt ca. 30%. Da sich die touristische Inlandsnachfrage ohnehin auf das Sommerhalbjahr konzentriert, kann die Saisonausprägung an Hand der statistischen Monatswerte gar nicht nachvollzogen werden. Es ist also dringend geboten, daß das Bundeswirtschaftsministerium die von der Fremdenverkehrswirtschaft permanent erhobene Forderung erfüllt, angemessene Voraussetzungen für eine aussagefähige Tourismusstatistik zu schaffen.

Damit den Fremdenverkehrsgemeinden vollständige Gästeankunfts- und Übernachtungszahlen zur Verfügung stehen, sollten sich die örtlichen Fremdenverkehrsstellen vorerst damit behelfen, durch die Meldescheinausfüllung der Gäste (ggf. mit einem gesonderten Durchschreibebeleg für die Statistik) das Nachfrageaufkommen der Privatvermietung zu erfassen. Von einer solchen Problemlösung können sich die Organisationsträger der bayerischen Fremdenverkehrswirtschaft ausgenommen sehen. Das Bayerische Landesamt für Statistik und Datenerhebung erfaßt auf landesrechtlicher Grundlage auch die Zahl der Ankünfte und Übernachtungen in Beherbergungsstätten mit weniger als 9 Gästebetten. Diese Mitberücksichtigung sog. Kleinbeherbergungsstätten ist allerdings auf die dortigen prädikatisierten Fremdenverkehrsgemeinden (Heilbäder, Kneipp-Heilbäder, Heilklimatische Kurorte, Kneipp-Kurorte, Luftkurorte, Erholungsorte) beschränkt.

b. Bäderstatistik

Immerhin seit 1947 werden vom **Deutschen Bäderverband e.V.** regelmäßig die wichtigsten statistischen Daten über die Entwicklung des Kur- und Fremdenverkehrs in den staatlich anerkannten Heilbädern und Kurorten erfaßt und dokumentiert. Diese als Vollerhebung durchgeführte Bäderstatistik wird nach grundsätzlich gleichgebliebenen Erhebungskriterien abgefragt und aufbereitet, so daß sich nicht nur genaue Aufschlüsse aufgrund der Jahresergebnisse im Vergleich gegenüber dem Vorjahr ergeben, sondern auch Zeitreihen die langfristige Entwicklung ohne methodische Brüche wiedergeben können.

Die Bäderstatistik erweist sich als eine **wichtige Ergänzung der amtlichen Fremdenverkehrsstatistik** des Bundes und der Länder, sie unterscheidet sich durch unterschiedliche methodische Ansätze. Da die amtliche Fremdenverkehrsstatistik jede Gästeankunft in den gewerblichen Beherbergungsstätten erfaßt, werden umherreisende Touristen, die häufig nur wenige Nächte in einem touristisch attraktiven Ort verweilen, auf diese Weise überproportional häufig gezählt. Die Bäderstatistik registriert hingegen grundsätzlich **nur Aufenthalte** von solchen Gästen, die **mindestens 4 Nächte** am Ort bleiben; denn die Intention der Bäderstatistik richtet sich stärker auf die Erfassung des gesundheitlich orientierten Fremdenverkehrsgeschehens, und bei Kuraufenthalten von weniger als vier Nächten ist davon auszugehen, daß weder ein Gesundheits- noch ein Erholungseffekt im medizinischen Sinne erzielt wird. Allerdings erfaßt die Bäderstatistik alle diesen Kriterien entsprechenden Aufenthalte **auch** in **Beherber-**

gungseinrichtungen mit weniger als 9 Betten. Der Deutsche Bäderverband richtet sein Interesse schon deshalb auch auf die kleinen Privatpensionen sowie Ferienwohnungen, weil sie für die touristische Versorgung gerade von Langzeitgästen infolge ihrer günstigen Preisstrukturen attraktiv sind und damit auch die zukünftige Profilierung der Heilbäder und Kurorte begünstigen werden.

2 Gesamtörtliche Entwicklungs- und Situationsbeschreibungen des Übernachtungsverkehrs

Jeder Organisationsträger im kommunalen Fremdenverkehr sollte über ein Mindestgerüst an Indikatoren verfügen, um Entwicklungen frühzeitig erkennen und Vergleiche ziehen zu können. Bisher ist die Datenbasis im allgemeinen unzureichend ausgebaut. Die Kontroll- und Planungsarbeit der Fremdenverkehrsstelle ist qualitativ nur so hochwertig wie die zugrundeliegenden Daten und Informationen. Eine verläßliche und systematische Aufbereitung der Daten ist Grundvoraussetzung für ihre Auswertung und Interpretation.

a. Fremdenverkehrsnachfrage

Für die Analyse der Fremdenverkehrsnachfrage ist das **Gäste- und Übernachtungsaufkommen** zugrunde zu legen. Die Jahreswerte sollten zumindest in Ergebnisse des Sommer- und Winterhalbjahres[63] aufgegliedert werden, um die jahreszeitliche Fluktuation sichtbar zu machen. Es empfiehlt sich aber auch, die Gästeankunfts- und Übernachtungswerte auf die Beherbergungskategorien „gewerbliche Unterkünfte" bzw. „Privatquartiere" abzustellen, um dadurch deren Akzeptanz ermessen zu können. (Veranschaulichungen der Datenaufbereitung am Beispiel Eutin; siehe Anhang B, Nr. 1 und 2.)

(1) Gästeankünfte (Fremdenmeldungen)

Die Gästeankünfte sind als **Gradmesser für den Pull-Effekt** eines Fremdenverkehrsstandortes zu werten, d.h., sie dokumentieren das Gästeinteresse am betreffenden Zielort. Den **Attraktivitätsgrad** wird aber nur eine relative Bewertung ermessen können, d.h. ein Vergleich der absoluten Ergebnisse mit denen der übergeordneten Region (z.B. Heilklimatischer Kurort Braunlage im Vergleich mit dem Gesamtgebiet Harz)

---

63 Die **Halbjahresberichte der amtl. Fremdenverkehrsstatistik** legen folgende Perioden zugrunde: Sommerhalbjahr = 01. Mai – 31. Oktober
    Winterhalbjahr = 01. Nov. – 30. April.

bzw. der gemeindespezifischen Gesamtkategorie (Ostseeheilbad Travemünde im Vergleich mit den schleswig-holsteinischen Ostseebädern insgesamt). Aus einem solchen Vergleich (z.B. jeder achte übernachtende Ostseegast in Schleswig-Holstein besucht Travemünde) kann dann die erkenntnisreiche Schlußfolgerung für die Kommunikationspolitik gezogen werden, inwieweit der betreffende Fremdenverkehrsort in einem eigenständigen Profil gesehen wird.

Attraktivitätszuwachs bzw. -einbuße läßt sich aus der Entwicklung der Fremdenmeldungen ablesen. Die Vergleichbarkeit wird man dadurch begünstigen können, daß man die absoluten Werte auf eine Indexreihe (mit dem Basisjahr = 100) umrechnet. Inwieweit diese Ergebnisse als relatives Indiz für die Attraktivitätsverbesserung bzw. -verschlechterung zu bewerten sind, vermögen die Vergleichszahlen eines gleichartigen Fremdenverkehrsortes (z.B. Eutin im Vergleich mit Ratzeburg; vgl. Anhang B, Nr. 3 und Nr. 4) sowie die des Gesamtraumes aufzuzeigen (z.B. Eutin im Vergleich mit Schleswig-Holstein insgesamt; vgl. Anhang B, Nr. 3 und Nr. 5).

(2) Gästeübernachtungen

Die Übernachtungszahlen vermelden die **Inanspruchnahme der Beherbergungswirtschaft** und darüber hinaus in Multiplikation mit dem durchschnittlichen Ausgabensatz der Gäste den **wirtschaftlichen Gesamtnutzen aus dem Übernachtungsverkehr**.

Die Situationsverbesserung bzw. -verschlechterung wird für jede Fremdenverkehrsgemeinde am deutlichsten aus den Indizes erkennbar, zugleich im Vergleich mit anderen Fremdenverkehrsgemeinden und mit den Durchschnittswerten des übergeordneten Raumes. Die Übernachtungszuwächse fallen gewöhnlich unterproportional gegenüber den Zuwächsen der Gästeankünfte aus, was sich durch den Rückgang der durchschnittlichen Aufenthaltsdauer aufgrund des zunehmenden Kurzreiseverkehrs erklärt. (Veranschaulichungen der Datenaufbereitung am Beispiel Eutin; siehe Anhang B, Nr. 1 und 2 sowie 3, 4 und 5).

(3) Übernachtungsintensität

Die Übernachtungsintensität drückt die **Anzahl der Übernachtungen je Einwohner** aus und erweist sich damit als ein **Indiz für die standortmäßige Konzentration und Bedeutung des Fremdenverkehrs**. Der Nahbereich des Ostseeheilbades Grömitz nimmt mit 276,6 Übernachtungen je Einwohner den Spitzenwert in Schleswig-Holstein ein, gefolgt von St. Peter-Ording mit 259,1. Westerland (155,8) rangiert mit deutlichem Abstand hinter diesen erstgenannten Fremdenverkehrsgemeinden (Stand 1992).

Die **Übernachtungsintensität** gilt sowohl für die **Raumordnung/Landesplanung** (Zonierungen in Schleswig-Holstein: Fremdenverkehrsentwicklungsraum, Fremdenverkehrsgestaltungsraum, Fremdenverkehrsordnungsraum) als auch für die **Wirtschaftsförderung** als maßgebende Kennziffer. Dem Fremdenverkehr wird erst eine erwerbswirtschaftliche Hauptfunktion ab Überschreitung der Intensitätsstufe von 100 zugerechnet.

b. Beherbergungsangebot

Eine Entwicklungs- und Situationsanalyse des Beherbergungsangebots wird man nur dann als aufschlußreich bezeichnen können, wenn sie über den Umfang der Beherbergungskapazität hinaus auch Angaben über die Beherbergungsstruktur vermittelt. Die **Beherbergungskapazität** umfaßt die **Anzahl der Beherbergungsstätten** und die **Gesamtzahl der Betten**. Die maximale Aufnahmefähigkeit an Übernachtungsgästen pro Jahr errechnet sich aus der Gesamtbettenzahl × 360. Die **Beherbergungsstruktur** bezieht sich auf die Aufgliederung der Beherbergungskapazität nach **Beherbergungsarten** (gewerbliche Betriebe bzw. Privatquartiere) sowie nach **Betriebsarten** (Hotels, Gasthöfe, Hotels garni, Pensionen, Ferienwohnungen, Kuranstalten/Sanatorien, Kur- und Erholungsheime, Jugendherbergen). Die Beherbergungsstruktur macht die Erwerbsfähigkeit durch den Fremdenverkehr sichtbar. Es kann eigentlich davon ausgegangen werden, daß eine Fremdenverkehrsstelle über die entsprechenden genauen Daten aufgrund der Erstellung des Gastgeberverzeichnisses und eventuell aufgrund der Erhebung der Fremdenverkehrsabgabe verfügt. Entwicklungsverläufe und entsprechende Entwicklungsvergleiche können am eindrucksvollsten durch Indexreihen veranschaulicht werden (Veranschaulichung der Datenaufbereitung am Beispiel Eutin; siehe Anhang B, Nr. 6 und 7a/7b).

Exkurs:

Die **Privatvermietung** ist bundeseinheitlich auf acht Betten beschränkt, gleichgültig, welches Leistungsangebot ein Privatvermieter vorweist. Das gilt hinsichtlich der Verpflegung (ohne bzw. mit Frühstück, Halbpension, Vollpension) und der Wohnungseinheit (abschließbares Zimmer innerhalb einer Wohngemeinschaft, Appartement, Ferienhaus). Solche Ferienwohnungen/Appartements sowie Ferienhäuser, die zwar einzelnen Zweitwohnsitzlern gehören, aber von einem gemeinsamen Angebotsträger in einem Gesamtumfang von mehr als acht Betten zur Vermietung angeboten werden, fallen in der fremdenverkehrsstatistischen Zuordnung nicht mehr unter die Privatvermietung, sondern unter die Beherbergungsart „gewerbliche Beherbergungsstätten".

Auch **Ferienquartiere auf dem Bauernhof** (bis zu acht Betten) gehören zur Privatvermietung. Ferienquartiere auf dem Bauernhof erweisen sich als eine strukturpolitische Hilfsmaßnahme zur Dezentralisierung des Bettenangebots. Sie bewirken, daß die Fremdenverkehrsentwicklung nicht auf die größeren Fremdenverkehrsorte beschränkt bleibt.

Der **Privatvermietung** ist lediglich eine **Zuerwerbsfunktion** zugeschrieben worden, so daß deshalb keine Gewerbeanmeldung gefordert wird. Privatvermieter unterliegen damit nicht einmal der Mindestaufzeichnungspflicht gemäß Abgabenordnung (AO).

Aus der Entwicklung der nach Betriebsarten aufgegliederten Beherbergungsstruktur in den Kur- und Erholungsorten wird im allgemeinen deutlich erkennbar, daß sich das Unterkunftspotential im wesentlichen in der Kategorie „**Ferienwohnungen/Appartements**" kontinuierlich vergrößert hat, was sowohl für die gewerbliche Beherbergungswirtschaft als auch für die Privatvermietung gilt. Diese Angebotsentwicklung ist beispielhaft dafür, daß sich immer mehr Beherbergungsstätten auf die Nachfragetrends der am Urlaubsreiseverkehr beteiligten Individualtouristen eingestellt haben und somit auch eine überdurchschnittlich ausfallende Übernachtungssteigerung in der Hochsommerzeit bewirken konnten. Im individuell organisierten Urlaubsreiseverkehr ist nämlich der Trend vom vermieteten Zimmer mit persönlichem Service hin zur separaten Wohneinheit ohne Service, aber größerer persönlicher Unabhängigkeit allgegenwärtig geworden. Es sind zweifellos in erster Linie Erwachsene mit Kindern/Jugendlichen, die Ferienwohnungen/Appartements, sogar noch mehr Ferienhäuser, zur familiengerechten Unterkunftsart erklären.

Im Aufrißbild der traditionellen Betriebsarten des Beherbergungsgewerbes (Hotels, Gasthöfe, Hotels garni, Pensionen) fällt bei den Kur- und Erholungsorten gleichermaßen auf, daß die Hotelbetriebe (teilweise mit Zimmervermietung und Appartements) eine beachtliche Steigerung ihrer Bettenkapazität vorgenommen haben, während anderseits die Bettenzahl in den Kategorien „Gasthof" und „Hotel garni" sogar zurückgegangen ist. Geht man davon aus, daß i.d.R. die Leistungsstruktur eines Hotelbetriebes einem breiten Nachfragespektrum gegenüberzutreten vermag, sowohl Gästen im längerfristigen Urlaubsverkehr als auch Kurz- und Durchgangsreisenden, aber auch Dienst- und Geschäftsreisenden, dann erweist sich die allgemeine Steigerung der Bettenzahl im gewöhnlichen Hotelgewerbe als folgegerechte Angebotsmaßnahme zur Verbesserung der Kapazitätsauslastung und Ertragssituation.

c. Allgemeine Strukturdaten

(1) Durchschnittliche Aufenthaltsdauer

Die durchschnittliche Aufenthaltsdauer der Übernachtungsgäste (Gästeübernachtungen: Gästeankünfte) vermittelt einen globalen Aufschluß über die **Nachfragestruktur (Marktsegmente)**, ohne hieraus zugleich die einzelnen Zielgruppen interpretieren zu können.

Die **Durchschnittswerte der Aufenthaltsdauer** drücken im einzelnen folgende Signifikanz aus:

Übernachtungen pro Gast	am Aufenthaltsort dominieren:
1 – 2	– Geschäfts- und Dienstreisen
	– Schulungs- und Tagungsreisen
	– Durchgangsreisen
<4	– Kurzreisen (Kurzzeiterholung)
4 – 14	– Urlaubsreisen[64]
>14	– Kuraufenthalte.
>20	– Kuraufenthalte nach Maßgabe der Sozialversicherungsträger.

Exkurs:

Mit einer durchschnittlichen Aufenthaltsdauer von 4,4 Übernachtungen pro Gast im Jahresdurchschnitt erweist sich z.B. Eutin nicht eindeutig als Zielort längerfristiger Reisen,[65] sondern die längerfristigen Erholungsaufenthalte werden in Eutin in einem hohen Maße von kurzzeitigen Aufenthalten in den gewerblichen Beherbergungsstätten überlagert. Es trifft dort lediglich für die Privatquartiere zu, daß sie fast ausschließlich für längere Erholungsaufenthalte in Anspruch genommen werden (vgl. Anhang B, Nr. 1 und 2).

Für den **Organisationsträger der kommunalen Fremdenverkehrsförderung** bietet die durchschnittliche Aufenthaltsdauer der Gäste (= Verweildauer) zugleich einen Anhaltspunkt für die **Personalbemessung**, denn für die Arbeitsbelastung ist nicht

---

64 Die **amtliche Fremdenverkehrsstatistik** und i.d.R. auch **die touristikorientierten Forschungsinstitute** legen für **Urlaubsreisen mindestens vier Übernachtungen** zugrunde.
65 Siehe Fn. 64.

allein die Gesamtzahl der Übernachtungen ausschlaggebend. Bei gleichen Übernachtungszahlen, aber unterschiedlicher Verweildauer, ist die Arbeitsbelastung in der Fremdenverkehrsstelle um so höher, je niedriger die Verweildauer ist.

(2) Durchschnittliche Kapazitätsauslastung

Die wirtschaftliche Auswirkung der Nachfragesituation und -entwicklung auf die Beherbergungswirtschaft zeigt sich in den Kapazitätsauslastungswerten. Die Kapazitätsauslastung erklärt den Ausnutzungsgrad der verfügbaren Bettenkapazität in Prozent.

Jahresauslastungswert aller Betten

$$= \frac{\text{tatsächliche Übernachtungen} \times 100}{\text{mögliche Übernachtungen}}$$

$$= \frac{\text{Zahl der Jahresübernachtungen} \times 100}{\text{Zahl der Betten} \times 360}$$

Die durchschnittliche Jahresauslastung hat nur dann eine Aussagebedeutung, wenn zugleich das ganze Jahr über eine mehr oder weniger volle Angebotsbereitschaft gegeben ist. Das trifft sicherlich nur für die Beherbergungswirtschaft in den größeren Städten zu, wo das Beherbergungsangebot fast ohnehin nur durch gewerbliche Betriebe repräsentiert wird. Nach den Erfahrungen des DEHOGA wird eine Jahresauslastung von 40% als die allerunterste Grenze angesehen, um einen gewerblichen Beherbergungsbetrieb existenzfähig zu halten.

Dort, wo aufgrund einer ausschließlichen touristischen Nachfrage nur eine angemessene Gästefrequentierung im Sommerhalbjahr gegeben ist, ist der durchschnittliche Kapazitätsauslastungswert im Sommerhalbjahr ausschlaggebend. Ein Gesamtwert allein reicht aber nicht aus, um die Erwerbswirtschaftslage genauer bewerten zu können. Es ist zusätzlich erforderlich, daß die Auslastungsberechnungen gesondert auf das gewerbliche Beherbergungsangebot und auf die Privatvermietung abgestellt werden. Im reinen Sommerfremdenverkehrsgeschehen wird im allgemeinen für die gewerbliche Beherbergungswirtschaft eine Sommerhalbjahresauslastung von 55% als Mindestvoraussetzung für die Existenzsicherung gewertet.

Anders als bei den gewerblichen Beherbergungsbetrieben ist der Saisonverlauf bei der Privatvermietung nicht von existentieller Bedeutung. Privatquartiere zeichnen sich ohnehin durch eine spezifische Angebotselastizität aus. Sie sind hauptsächlich auf den hochsommerlichen Zeitraum eingestellt, in welchem das Gesamtübernachtungsaufkommen das Übernachtungsaufkommen der gewerblichen Beherbergungswirtschaft bei weitem übersteigt.

Eine Vollauslastung spricht man der gewerblichen Beherbergungswirtschaft bereits ab einem Auslastungsgrad von 90% zu. Zum einen ist eine 100%ige Nutzung technisch kaum zu erreichen, weil Ankunfts- und Abreisetag der Gäste nicht immer günstig zusammenfallen; zum anderen entspricht das Verhältnis Einzelzimmer zu Doppelzimmer nicht immer der Nachfragestruktur. So ist es möglich, daß zwar die Zimmerkapazität voll ausgelastet ist, nicht jedoch die Bettenkapazität.

3 Grundlegende Bewertung der Beherbergungskapazität

a. Entwicklungsbeurteilung des Bettenangebots im Spiegelbild der Übernachtungsentwicklung

Angesichts der hohen Fixkostenbelastung und engen Grenzen der Preisgestaltung ist für die Gewinnerzielung der Beherbergungswirtschaft außerordentlich entscheidend, daß sich die Kapazitätsauslastung nicht verschlechtert. Um aber ein angemessenes Auslastungsniveau sicherstellen zu können, muß auch die Ausweitung des Beherbergungsangebots zumindest in Übereinstimmung mit der Übernachtungsentwicklung verlaufen. Eine überproportionale Kapazitätsentwicklung schmälert zwangsläufig die durchschnittliche Kapazitätsauslastung und somit auch die Ertragssituation.

Die Frage der **Abstimmung der Bettenkapazität mit der Übernachtungsentwicklung** findet ihre Beantwortung in der vergleichenden Gegenüberstellung der jeweiligen Indexwerte (vgl. Eutin; Anhang B, Nr. 1 und 6 bzw. 2 und 6). Zeitraum und Ausmaß einer über- oder unterproportionalen Kapazitätsentwicklung werden noch besser in einer graphischen Darstellung erkennbar (vgl. Eutin; Anhang B, Nr. 8 und 9). Man wird zunächst einen auf das gesamte Bettenvolumen bezogenen Vergleich mit allen pro Jahr registrierten Übernachtungen vornehmen; für die gewerbliche Beherbergungswirtschaft hat aus erwerbswirtschaftlichen Gründen eine gesonderte Bewertung (ein Vergleich zwischen der Entwicklung des gewerblichen Bettenangebots und der Entwicklung der Übernachtungen in den gewerblichen Unterkunftsstätten) eine noch größere Bedeutung.

Stabilitätsbewußte Bettenanpassung ist dann gegeben, wenn sich das Unterkunftsangebot der jährlichen Veränderung der Fremdenverkehrsnachfrage im nachhinein anpaßt. Ein deutlich gegenläufiges Ausmaß des Bettenangebots mag gewiß von seiten des Beherbergungsgewerbes in so mancher einzelbetrieblichen Bewertung als Gunstmoment für die Ertragssituation gesehen werden; es müssen in gesamtwirtschaftlicher

Vernunft aber auch die Voraussetzungen für das wünschenswerte Fortbestehen einer Übernachtungssteigerung ins Auge gefaßt werden. Nachfragesteigerungen (neue Gäste) schließen nämlich auch veränderte Gästeerwartungen ein, so daß die Beherbergungswirtschaft im Interesse der Angebotskongruenz zu einer quantitativen und qualitativen Angebotsverbesserung gefordert ist.

b. Die Ausprägung des Saisonverlaufs und die Bewertung der Betriebsgrößen des Beherbergungsgewerbes

Es ist eine hinreichend bekannte Tatsache, daß das zentrale Problem der Beherbergungswirtschaft in der Zusammenballung der Nachfrage auf die Sommermonate zu sehen ist.

Zwar ist in den Seebädern die Nachfragezuspitzung auf die Hochsommerzeit gewöhnlich extremer als in anderen Fremdenverkehrsgemeinden, doch auch die **Analyse des Saisonverlaufs** (Übernachtungen pro Monat) des binnenländischen Fremdenverkehrsortes Eutin (vgl. Anhang B, Nr. 10 und 11) führt immerhin zu dem Ergebnis, daß vier Fünftel (81,4%) aller auf das Gesamtjahr 1992 bezogenen Übernachtungen dem Sommerhalbjahr (01. April – 30. September) zuzuschreiben sind, wobei sich dieses Übernachtungsaufkommen im wesentlichen auf die Ferienmonate Juli und August (40% der Gesamtjahresübernachtungen) konzentriert.

Würde man von einer völlig gleichmäßigen Übernachtungsverteilung, d.h. von einem völlig ausgeglichenen Saisonverlauf, ausgehen können (im Berichtsjahr 1991/92 hätte in Eutin der monatliche Durchschnittswert, d.h. die **Monatsnormale**, 13.435 Übernachtungen betragen), dann wäre unter Berücksichtigung einer monatlichen Vollauslastung der erforderliche Beherbergungsbedarf (Monatsnormale : 30 = erforderliches Bettenvolumen) schnell errechenbar. In einer solchen Idealsituation des Nachfrageverlaufs würde man in den Fremdenverkehrsorten wohl kaum private Beherbergungsstätten vorfinden können. Die tatsächlichen Abweichungen von der errechneten Monatsnormalen lassen die allerorts gegebenen Intensitätsschwankungen der Nachfrage im Jahresverlauf deutlich erkennen. Sechseinhalb Monate lang, von Mitte Oktober bis Ende April, liegen im Heilklimatischen Kurort Eutin die monatlichen Übernachtungen beträchtlich unter dem durchschnittlichen monatlichen Nachfrageumfang von 13.435 Übernachtungen.

Der bisher vorherrschenden Auffassung, daß die Intensitätsschwankungen der Nachfrage lediglich von der Nachfrage[66] aus zu verstehen sind, sollte man sich nicht an-

---

[66] Gemeint sind die **klimatischen Einflüsse** sowie die **Termine der Schul- und Betriebsferien**.

schließen. Wenn es weniger um die Erhaltung des jetzigen Zustandes, sondern vielmehr um den Ausbau der örtlichen Fremdenverkehrswirtschaft geht, dann darf man die Bewertung des Beherbergungsgewerbes nach Betriebsgrößen und Leistungsstruktur und damit die Möglichkeit eines Zuwachses an Übernachtungen mit Hilfe eines adäquateren Beherbergungsangebots nicht außer acht lassen. Die Ansicht, daß alle gewerblichen Beherbergungsbetriebe unabhängig von der Bettenzahl angebotsmäßig der gesamten Fremdenverkehrsnachfrage entsprechen könnten, wäre selbst für Fremdenverkehrsorte, die nur von individuellen Urlaubern aufgesucht werden und somit eine homogene Nachfragestruktur vorweisen, nur eingeschränkt denkbar.

Die **Betriebsgrößen der Beherbergungswirtschaft**[67] müssen danach unterteilt werden, inwieweit sie das Übernachtungsvolumen maximal auszuschöpfen vermögen. Alle maßgebenden Hotelbetriebsvergleiche weisen Beherbergungsbetriebe unter 45 Betten als Kleinbetriebe aus, da sie eigentlich nur dem Individualreiseverkehr Rechnung tragen können. Um den organisierten Gruppenaufenthalten (z.B. Reisebusgesellschaften) wenigstens eine quantitativ ausreichende Aufnahmekapazität bieten zu können, werden als Mindestbetriebsgröße 45 Betten bei einem gleichzeitigen umfassenden Gastronomie- und Serviceangebot vorausgesetzt. Für die angebotsgerechte Abdeckung aller gängigen Marktsegmente des Übernachtungsverkehrs wird eine betriebliche Beherbergungskapazität von mehr als 150 Betten und darüber hinaus ein entsprechender Restaurations- sowie Bankett- und Veranstaltungsbereich zugrunde gelegt. Derartige Betriebsgrößen werden in den Hotelbetriebsvergleichen als sog. Vollhotelbetriebe bezeichnet.

Sowohl eine spezifische **Betriebsgrößenstruktur mit überwiegend Kleinbetrieben** (vgl. z.B. Eutin; Anhang B, Nr. 12) als auch das damit verbundene Leistungsangebot bringen es zwangsläufig mit sich, daß vielerorts die Beherbergungswirtschaft eindeutig auf den Individualtourismus eingestellt ist. Hierfür gelten Kleinbetriebe in komfortmäßiger und preislicher Hinsicht zweifellos als eine angemessene Angebotsgrundlage. Doch es darf nicht verkannt werden, daß sich der Individualtourismus im wesentlichen in der Ferienreisezeit vollzieht. Und wenn dann bestimmte Beherbergungsbetriebe noch verhältnismäßig intensiv bzw. gleichzeitig auf Familienurlauber mit Kindern ausgerichtet sind, dann leidet die örtliche Fremdenverkehrswirtschaft unter den saisonverkürzenden Einflüssen der Feriengebundenheit. Mit zunehmender Starrheit der Leistungsstruktur wächst die wirtschaftliche Problematik eines schwankenden Nachfrageverlaufs.

---

[67] **Beherbergungskapazität** **Betriebsgrößen**
   < 45 Betten = Kleinbetriebe
   ab 45 Betten = mittlere Beherbergungskategorie
   > 150 Betten = Vollhotelkategorie *
   * mit zusätzlichem Restaurations-, Bankett- und Veranstaltungsbereich.

Außerhalb der Ferienreisezeit ist die inländische Nachfragestruktur in hohem Maße von **organisierten Gruppenaufenthalten** (Busveranstalterreisen bzw. von örtlichen Fremdenverkehrsstellen aufgelegten Aktionsprogrammen) gekennzeichnet, die als Kurzreisen immer mehr ins Gewicht fallen und alle attraktiven deutschen Fremdenverkehrsorte zunehmend im Frühjahr und im Herbst beleben. Und in zeitlicher Gegenläufigkeit zum Urlaubsverkehr schlagen sich bereits **Seminare, Konferenzen, Tagungen** und andere **geschlossene Veranstaltungen** besonders stark im Übernachtungsvolumen des Winterhalbjahres nieder, so daß es dann als durchaus möglich erscheint, zusammen mit den touristischen Kurzaufenthalten eine relativ gleichmäßige Fremdenverkehrsnachfrage zu halten. Doch für alle gruppenbezogenen Aufenthaltsorientierungen gilt natürlich, daß sie sowohl in quantitativer als auch in qualitativer Hinsicht ein adäquates Angebotpotential bedingen.

Was den **erzielbaren relativ gleichmäßigen Übernachtungsverlauf in der Außersaison** anbetrifft, so kann – wie sich empirisch nachweisen läßt – die Monatsnormale (siehe Anhang B, Nr. 11) als Indikator herangezogen werden. Die Monatsnormale spiegelt nämlich situationsmäßig den allgemeinen Übernachtungsstand und die allgemeine Nachfragestruktur außerhalb der Sommerreisezeit, nämlich die Zeitabschnitte April/Mai sowie Oktober, wider. Und somit kann dieses Kriterium des durchschnittlichen monatlichen Übernachtungsniveaus (Monatsnormale) durchaus als ein vertretbarer Orientierungsmaßstab in Anrechnung gebracht werden, auf den in attraktiven Fremdenverkehrsgemeinden eine gruppengerechte Beherbergungskapazität hinsichtlich der Bettenzahl und des betrieblichen Leistungsangebots abgestellt werden sollte, um die angemessene Aufnahmekapazität für die mit der „Off-Season" verbundenen spezifischen Nachfragestruktur sicherzustellen. Wenn hierbei die Existenz der Kleinbetriebe (< 45 Betten) für das Winterhalbjahr außer acht gelassen wird, so wird damit der Tatsache Rechnung getragen, daß i.d.R. ihre geringere Anlagenintensität nicht im gleichen Maße wie bei größeren Beherbergungsbetrieben eine ganzjährige Betriebsbereitschaft erforderlich macht. Soweit bei den bereits bestehenden Kleinbetrieben die Fixkostenbelastungen relativ gering sind, erscheint in wirtschaftlicher Hinsicht die in einer Vielzahl praktizierte betriebliche Ausrichtung auf die sommerliche Urlaubsnachfrage und die Stillegung im Winterhalbjahr zweifellos am vertretbarsten. Andererseits hat die betriebsgrößenbedingte verminderte Nachfrageakzeptanz bereits so manchen Kleinbetrieb entweder zur völligen Einstellung der Geschäftstätigkeit oder zur Kapazitätsaufstockung veranlaßt, was inzwischen auch vom DEHOGA bestätigt wird.

c. Zur Frage des zukünftigen gewerblichen Beherbergungsbedarfs

Es wird in traditionellen Fremdenverkehrsorten eine Steigerung des jährlichen Übernachtungsvolumens wohl kaum erwartet werden können, und dabei in den Wintermonaten schon gar nicht eine Verringerung der beträchtlichen Übernachtungsunterschiede zur Monatsnormalen, solange die **Beherbergungskapazität der Betriebsgrößenklasse > 45 Betten** nicht am bisherigen durchschnittlichen monatlichen Nachfrageumfang quantitativ ausgerichtet ist. Auf diesen Maßstab abgestellt, würde sich für Eutin in der angesprochenen Betriebsgrößenklasse eine vertretbare Bettenzahl von 448 (13.435 : 30) errechnen. Diese quantitative Abstimmung würde dann den größeren Beherbergungsstätten in Eutin die Möglichkeit einer hohen Auslastung über einen längeren Zeitraum sicherstellen. Die Schnittpunkte der Monatsnormalen mit dem tatsächlichen Saisonverlauf der Gästeübernachtungen projizieren unter den gesetzten Voraussetzungen mit Bezug auf die errechnete Bettenzahl von 448 den Jahreszeitraum einer 100%igen Bettenauslastung von April/Mai bis Oktober (vgl. Anhang B, Nr. 11) sowie einen entsprechenden Übernachtungsüberhang für die gewerblichen Kleinbetriebe. Der Privatvermietung ist ohnehin nur die Funktion eines Ausgleichsfaktors gegenüber der Spitzennachfrage zuzuschreiben.

Bisher werden in Eutin aber nur insgesamt 360 Betten durch fünf Beherbergungsbetriebe mit umfassenden Gastronomie- und Serviceleistungen bereitgestellt, wobei diese Zahl mindestens 65 Betten einschließt, die in separaten Häusern mit Mehrbettappartements (für 2 - 4 bzw. 2 - 5 Personen) in der Trägerschaft mit einem Hotelbetrieb geführt werden. Und selbst eine ausreichende Sitzplatzkapazität im Aufenthaltsbereich ist nicht grundsätzlich geeignet, sich für z.B. Konferenzen, Seminare und Tagungen anzubieten.

Es darf eigentlich nicht verwundern, daß die heutige Fremdenverkehrswissenschaft den **sog. Vollhotelbetrieben** mit einem entsprechenden Restaurations- und (räumlich großen) Bankett- bzw. Veranstaltungsbereich einen besonders hohen Stellenwert für die Angebotspolitik eines Fremdenverkehrsstandortes zuerkennt. Diese Bewertung beruht auf der Tatsache, daß diese Betriebsgrößen die Fremdenverkehrsnachfrage mit Bezug auf Marktsegmente und Zielgruppen global abzudecken und das Übernachtungsvolumen maximal auszuschöpfen vermögen. Sie fungieren gegenüber der Fremdenverkehrsnachfrage im Sinne eines Katalysators. Die mittleren Betriebsgrößen dagegen können dem gesamten Nachfragespektrum nur eingeschränkt gegenübertreten, während Kleinbetriebe der Beherbergungswirtschaft in erster Linie dem Zeitraum des überdurchschnittlichen Übernachtungsaufkommens zuzurechnen sind.

In jenen größeren Städten, die aufgrund ihres Attraktivitätsgrades einen hohen Stellenwert im Städtetourismus (Kurzreisen, Durchgangsreisen) und zugleich auch im Kongreß-, Tagungs- und Veranstaltungswesen genießen, ist es vertretbar, allein die **Bettenzahl der Vollhotelkategorie** auf die Monatsnormale abzustellen. Dieser methodische Ansatz wurde in der Hansestadt Lübeck (ohne Ortsteil Ostseeheilbad Travemünde) nach Maßgabe einer vorausgegangenen quantitativen Bewertungsanalyse der dortigen Beherbergungskapazität erfolgreich zugrunde gelegt.

Bis 1984 wurde das bisherige Hotelbettenangebot vom Lübecker Hotel- und Gaststättenverband angesichts der niedrigen durchschnittlichen Auslastungswerte (Jahreswert = 38,2%; Winterhalbjahreswert = 26,2%; Sommerhalbjahreswert = 50%) und der relativ geringen Übernachtungszuwächse als völlig ausreichend für den Übernachtungsbedarf bewertet. In Abstimmung mit der damaligen Monatsnormalen von 21.059 Übernachtungen konnte die Stadt Lübeck aber nicht die errechnete Bettenzahl von 702, sondern lediglich 450 Betten (von 2 Vollhotelbetrieben bereitgestellt) vorweisen. Der Senat der Hansestadt Lübeck erkannte daraufhin die Notwendigkeit eines größeren Hotelneubaus im Stadtgebiet von Lübeck und konnte dann auch sehr schnell mit Hilfe der vorgelegten gutachterlichen Bewertung Investoren und Betreiber für den Neubau eines großen Hotels der First-Class-Kategorie gewinnen.

Wenn Lübeck inzwischen auf eine beachtliche Übernachtungssteigerung (im Zeitraum 1984–1992 = +135%) mit vor allem überdurchschnittlichen Zuwächsen in den Winterhalbjahren zurückblicken kann, so hat diese Übernachtungssteigerung mit dem ersten Zugewinn eines Großhotels den entscheidenden Ausgang gefunden. Auf die nach oben verschobene Monatsnormale stellten sich weitere größere Hotelinvestitionen ein, die gleichermaßen eine zusätzliche Übernachtungsnachfrage auslösten und dadurch die Auslastungssituation der alteingesessenen Beherbergungswirtschaft überhaupt nicht belasteten. Es zeigte sich nämlich der Vorteil, daß die neuen Lübecker Vollhotelbetriebe (mit quantitativ und qualitativ angemessenen Räumlichkeiten für Sonderveranstaltungen) der Betriebsträgerschaft renommierter Hotelgruppen angehören. Während ein Einzelbetrieb mehr oder weniger nur einen regionalen Markt erschließen kann, decken Großhotelunternehmen mit mehreren eigenen bzw. lizenzierten Betrieben – getragen von ihrer gemeinsamen Imagewirkung und unterstützt durch PR und Werbung – einen großen überregionalen, vielfach sogar internationalen Markt ab. Der unternehmerische Verbund von mehreren Betrieben begünstigt nämlich auch die Zusammenarbeit mit größeren Firmen als Geschäftspartner sowie mit touristischen Großabnehmern.

X. Das Messen der wirtschaftlichen Bedeutung des Fremdenverkehrs

Die wirtschafts- und sozialpolitische Bedeutung des Fremdenverkehrs für die ortsansässige Bevölkerung hängt grundlegend vom Kaufkraftstrom ab, der von den Herkunftsgebieten der Gäste in den Fremdenverkehrsort fließt. Er belebt den Umsatz an Gütern und Dienstleistungen und schafft dadurch Beschäftigung und Einkommen, stimuliert Investitionen und erhöht die Steuereinnahmen. Eine Fremdenverkehrswirtschaft im Sinne einer selbständigen, in sich geschlossenen Wirtschaftsgruppe, die nur den Fremden dient, gibt es nicht. Nur Dienstleistungen der Beherbergungsbetriebe sind ausschließlich darauf spezialisiert. Die Fremdenverkehrswirtschaft ist vielmehr ein Sammelbegriff für verschiedene Wirtschaftszweige, die dem Bedarf der Besucher Rechnung tragen. Neben den Hauptausgaben der Gäste für Unterbringung und Verpflegung im Gastgewerbe gehen namhafte Beträge auch anderen Sparten zu, wie dem Handel, sonstigen Dienstleistungsbetrieben, dem Verkehrsgewerbe, dem Handwerk, dem Tankstellengewerbe etc.

Einer **Berechnung der wirtschaftlichen Bedeutung des Fremdenverkehrs** stehen erhebliche Schwierigkeiten entgegen. Die volkswirtschaftliche Gesamtrechnung, die von der amtlichen Statistik für die Berechnung des Beitrages eines Wirtschaftsbereiches zum Sozialprodukt durchgeführt wird, geht von der **Umsatzsteuerstatistik** aus. Bei der Anwendung dieses Verfahrens auf die Fremdenverkehrswirtschaft liegt das Problem erst einmal darin, alle vom Fremdenverkehr profitierenden Betriebe zu erfassen. Als nächstes ist es dann schwierig, die nicht auf den Fremdenverkehr zurückgehenden Betriebsumsätze (Verkäufe von Waren und Leistungen an die ortsansässige Bevölkerung) auszusondern. Auch in den mit einer Beherbergungsstätte verbundenen Restaurationsbetrieben werden Umsätze bewirkt, die nicht auf den Fremdenverkehr zurückgeführt werden können. Selbst die betreffenden Betriebsinhaber sehen sich außerstande, anhand ihrer Unterlagen eine Trennung der Einnahmen nach ortsfremden und ortsansässigen Konsumenten vorzunehmen. Eine weitere Schwierigkeit besteht darin, daß die Umsatzsteuerstatistik keine Privatvermieter enthält, da sie von der Umsatzsteuerveranlagung ausgenommen sind.

Da also die vorliegenden Gegebenheiten eine Ermittlung der fremdenverkehrsbedingten Umsätze über die unmittelbar und mittelbar auf den Fremdenverkehr orientierten Betriebe verhindern, kann für eine Fremdenverkehrsgemeinde nur versucht werden, durch **Ermittlung der Ausgaben bei den Erholungsgästen** die Umsätze aus dem Fremdenverkehr zu berechnen. Diese Erhebungsart ist von Christl/Koch[68] bereits im

---

68 Christl, A. / Koch, A., „Die Ausgaben der Erholungsreisenden in 9 ausgewählten südbayerischen Fremdenverkehrsorten" in: *Schriftenreihe des Deutschen Wirtschaftswissenschaftlichen Instituts für Fremdenverkehr an der Universität München*, Heft 10, 1957.

Jahre 1955 begründet worden und hat inzwischen in mehreren regionalen und lokalen Untersuchungen, meist nur unter Berücksichtigung des Übernachtungsverkehrs, Anwendung gefunden. Eine hinreichend genaue **Berechnung des Jahresgesamtumsatzes im Fremdenverkehr** verlangt selbstverständlich, daß alle Aufenthaltsarten im Erholungsverkehr entsprechend der nachfolgenden Aufgliederung und Kennzeichnung der Multiplikationsfaktoren (×) berücksichtigt werden.

Aufenthaltsart		Durchschnittlicher Tagessatz	Durchschnittliche Aufenthaltsdauer	Gesamtumsatz
Übernachtungsverkehr	Übernacht. (1)	in DM (2)	in Tagen (2)	in DM
gewerbliche Beherbergungsstätten	×	×		....
Privatquartier	×	×		....
Reisecamping	×	×		....
Freizeitstättenverkehr	Gäste (1)			
Zweitwohnungen	×	×	×	....
Dauercamping	×	×	×	....
Tagesausflugsverkehr	×	×		....
				= Primärumsatz des Fremdenverkehrs (inkl. MwSt.)

(1) Statistische Erhebungen
(2) Befragungen

Mit Bezug auf die durchschnittlichen Ausgaben der Gäste können bereits bestehende Angaben zum Ausgabeverhalten im Fremdenverkehr herangezogen werden, die das Deutsche Wirtschaftswissenschaftliche Institut für Fremdenverkehr (DWIF) an der Universität München kontinuierlich erarbeitet hat. Wenn man aber der Besonderheit einer Fremdenverkehrsgemeinde möglichst genau Rechnung tragen möchte, dann wird man um eine detaillierte Gästebefragung auf Stichprobenbasis nicht herumkommen, zumal auch über die Zusammensetzung der Ausgaben entsprechende Auskünfte vorliegen müssen, um den Wertschöpfungsanteil am Primärumsatz des Fremdenverkehrs errechnen zu können.

Im **Freizeitstättenverkehr** ist eine Aussage über durchschnittliche Tagesausgabensätze deshalb erschwert, weil Wochenendaufenthalten vielfach schon Einkäufe am Herkunftsort vorausgehen. Erst bei längeren Aufenthalten (Ferien- und durchgehenden

Sommeraufenthalten) ist davon auszugehen, daß Einkäufe ausschließlich am betreffenden Fremdenverkehrsort vorgenommen werden.

Bei der **quantitativen Erfassung des Ausflugsverkehrs** wird man gewiß nur auf eigene Hilfsmittel in Form ausgewählter Indikatoren zurückgreifen können. Eine Umfangsermittlung auf der Grundlage des ein- oder ausströmenden Straßenverkehrs („Strichel"- oder „Zählschlauch"-Methode) wird dann ausscheiden müssen, wenn die Ein- bzw. Ausfallstraßen gleichzeitig mit einem Durchgangsverkehr belastet sind. So verbleibt als methodischer Weg meist nur die Erfassung des ruhenden Verkehrs an allen entscheidenden örtlichen Auffangplätzen.

Nachdem der gesamte **Primärumsatz des Fremdenverkehrs** ermittelt worden ist, stellt sich das Problem, ihn als Leistungsergebnis innerhalb der örtlichen Wirtschafts- und Sozialstruktur zu bewerten. Der auf die Wohnbevölkerung bezogene durchschnittliche Pro-Kopf-Umsatz stellt sich eigentlich nur in einem intraregionalen Bewertungsvergleich als aussagefähig heraus. Und an der Höhe des ermittelten Umsatzes läßt sich die wirtschaftliche Bedeutung des Fremdenverkehrs auch nur bedingt ermessen, da es vor allem auf die **vom Fremdenverkehr ausgehende örtliche Einkommensbildung**, d.h. **Wertschöpfung**, ankommt. Analog zur volkswirtschaftlichen Gesamtrechnung ist zur Feststellung der Wertschöpfung (NIP zum FK) folgender Rechengang notwendig:

Jahresgesamtumsatz im Fremdenverkehr (= Bruttoproduktionswert)
minus **Vorleistungen** in Form von Waren und Dienstleistungen fremder Wirtschaftseinheiten
minus **Abschreibungen**
minus **indirekte Steuern**
= **Summe der Erwerbs- und Vermögenseinkommen aus dem Fremdenverkehr**

Um diesen Rechengang recht exakt durchführen zu können, bedarf es zunächst der genauen Kenntnis darüber, mit welchen Anteilswerten die Gästeausgaben den am Primärumsatz beteiligten Betriebsarten zufließen und mit welcher Kostenstruktur sich diese auszeichnen. Selbst wenn eine Befragung aller Übernachtungsgäste unter Differenzierung des Beherbergungsangebots erfolgt, ist eine Ausgabenstaffelung nach den Unterkunftsarten nicht möglich. Die Schwierigkeit zeigt sich nämlich darin, daß in jeder Beherbergungskategorie unterschiedliche Leistungen[69] von den Gästen in An-

---

[69] Auswertungen einer Fragebogenaktion im Kneipp-Heilbad Malente-Gremsmühlen im Sommer 1992.
Beherbergungsgewerbe/Leistungen: mit Frühstück 8%; mit Halbpension 51%; mit Vollpension 36%; mit Selbstversorgung 5%.
Privatvermietung/Leistungen: mit Frühstück 76%; mit Selbstversorgung 24%.

spruch genommen werden, und schließlich können auch die reinen Übernachtungspreise nicht als Vergleichsgrundlage errechnet werden, weil viele Betriebe gegenüber Urlaubsgästen die Buchung von Halb- bzw. Vollpension zur grundsätzlichen Bedingung erklärt haben. Und bei den einzelnen betroffenen Betriebsarten wird es ebenso unmöglich sein, auf genaue Kostenstrukturwerte zurückzugreifen.

Es stehen nur **globale Wertschöpfungsquoten für die Fremdenverkehrsleistungen** zur Verfügung. Diese Prozentsätze beruhen auf Ergebnissen einschlägiger Untersuchungen des DWIF, wonach das Beherbergungs- und Restaurationsgewerbe (Gastgewerbe) eine durchschnittliche Wertschöpfungsquote von 43% vom Nettoumsatz (d.h. ohne MwSt.) erreicht und diese in der Privatvermietung fast doppelt so hoch (80%) ausfällt. In der Privatvermietung sind Vorleistungen in einem weitaus geringeren Maße zu berücksichtigen, auch die Abschreibungen spielen eine untergeordnete Rolle, und Kostensteuern fallen i.d.R. nicht an. Im Handelsgewerbe wird die durchschnittliche Wertschöpfungsquote mit ca. 14% veranschlagt.

Es kann hilfsweise genügen, nur allein die zuvor genannten drei durchschnittlichen Wertschöpfungsquoten in Ansatz zu bringen, wenn gleichzeitig durch entsprechende Befragungen der Aufschluß darüber gelingt, wie die Ausgabenverwendungen der nach Aufenthaltsart gegliederten Gäste, nämlich
- **Unterkunftsausgaben**
- **Verpflegungsausgaben**
- **Sonstige Begleitausgaben,**

den maßgeblichen Fremdenverkehrsumsatzkategorien
- **Gastgewerbe**
- **Privatvermietung**
- **Handelsgewerbe**

zugerechnet werden können. Dabei kommt es in der Verteilungsrechnung im besonderen darauf an, die entsprechenden Verpflegungsausgaben der Gäste in Privatquartieren, auf Campingplätzen und in Zweitwohnstätten (betr. Ausgaben für Selbstversorgungen, d.h. Abendbrot bzw. alle Mahlzeiten) den Handelsumsätzen und den Hauptanteil der sonstigen Begleitausgaben (z.B. für Cafébesuche und Abendgeselligkeit) wiederum den Umsätzen des Gastgewerbes zuzurechnen. Aus den Ergebnissen spricht dann, in welcher Umsatzhöhe sich die wirtschaftlichen Impulse, die von Ortsfremden ausgehen, im Gastgewerbe, in der Privatvermietung und in der Gruppe der Einzelhandelsbetriebe niederschlagen. In günstigen Fällen rechnet das DWIF insgesamt mit knapp über 50% der ursprünglichen Nettoumsätze, die fremdenverkehrsbedingt zu Einkommen führen. Dieser Wert wurde bereits durch eine der ersten fremdenverkehrsorientierten Regionaluntersuchungen (*Der Fremdenverkehr in der Holsteinischen Schweiz*) nachgewiesen.

Neben dem gesamten absoluten Wertschöpfungsbetrag aus den drei maßgeblichen fremdenverkehrsbedingten Umsatzbereichen wird zur **Berechnung des Einkommensbetrages aus dem Fremdenverkehr zum lokalen Volkseinkommen** das durchschnittliche Pro-Kopf-Einkommen der Wohnbevölkerung benötigt. Diese Werte werden von den Statistischen Landesämtern auf der Ebene der kreisfreien Städte und Landkreise veröffentlicht. Mit dieser Berechnungsgrundlage wurde bereits 1972 für das Kneipp-Heilbad Malente-Gremsmühlen die Einkommensquote aus dem Fremdenverkehr mit 13,4% errechnet.[70] Es ist gewiß ein Überprüfen angebracht, ob das lokale Volkseinkommen etwa dem auf Kreisebene entspricht. Das gilt insbesondere dort, wo relativ niedrige Einkommen aus der Landwirtschaft das Volkseinkommen auf Kreisebene bestimmen, der zentrale Fremdenverkehrsort aber über erheblich höheres Einkommen verfügt.

Abschließend muß noch vermerkt werden, daß in den vorausgegangenen Ausführungen die wirtschafts- und sozialpolitische Bedeutung des Fremdenverkehrs im Grunde genommen noch nicht umfassend berechnet worden ist. Es kommt noch hinzu, daß gewisse **multiplikative Wirkungen** beachtet werden müssen. Zum einen ist in den bisher zugrunde gelegten Umsatzgrößen ein ganzer Strom an Wirtschaftsleistungen enthalten, zum anderen leiten sich wiederum aus den Einkommen aus dem Fremdenverkehr durch den Hang zum Verbrauch weitere Sekundäreinkommen ab. Diese Vervielfachungswirkung der Fremdenverkehrsumsätze ist an einem Standort (Nahbereich) grundsätzlich um so größer, je stärker die Einnahmen aus dem Fremdenverkehr der einheimischen Wirtschaft zufließen. Soweit die betrieblichen Ausgaben des Gastgewerbes auf Nahbereiche bezogen werden, lassen die Antworten der Betriebsinhaber einen Anteilswert von mindestens 70% erkennen. Die Gastbetriebe üben nämlich gewissermaßen die Rolle eines Konsumenten aus, indem sie ihren vorrangigen Bedarf an Verbrauchsgütern in ungleichförmiger Weise und in geringer zeitlicher Diskrepanz gedeckt sehen möchten. Auf gemeindlicher Marktebene kann selbst den kleineren Landgemeinden nachgesagt werden, daß ihnen fast die Hälfte des von den Unterkunftsstätten betrieblich verausgabten Gesamtbetrages verbleibt.

Neben den vielen Privatvermietern beziehen auch einige Pensionsinhaber jene Waren, die in Form von Mahlzeiten an Fremde abgesetzt werden, fast ausschließlich im Gemeindegebiet. Außerdem wird von allen Beherbergungsstätten das einheimische

---

[70] **Luft, H.**, *Der Fremdenverkehr in der Holsteinischen Schweiz*, Dissertation Universität Kiel, 1974.

Handwerk bei Aufträgen für Instandsetzungs-, Ausbau- und Neubauarbeiten bevorzugt bedacht.[71]

Nach einer Definition von Kaspar gibt der **touristische Multiplikator** an, um wieviel größer die durch die touristische Ausgabe bewirkte Einkommensvermehrung ist als die Ausgabe, welche sie ausgelöst hat.[72] Eine exakte Bestimmung des touristischen Multiplikators ist für den einzelnen Fremdenverkehrsort mit Sicherheit nicht möglich. Vorausgegangene Untersuchungen in Kurorten Baden-Württembergs legen Schätzziffern zwischen 1,2 und 1,6 zugrunde.[73] Zumindest kann der fremdenverkehrsbedingten Einkommensvermehrung nachgesagt werden, daß sie von keinem anderen wirtschaftlichen Tätigkeitsfeld erreicht wird (vgl. hierzu Abb. 18, S. 147).

Die Entscheidungsträger im kommunalen Fremdenverkehr sehen sich der berechtigten Fragestellung ausgesetzt, inwieweit die hohen Investitionsaufwendungen und laufenden Kosten für die touristische Infrastruktur und für die überbetrieblichen Einrichtungen in vergleichender Sicht mit anderen Wirtschaftsbereichen überhaupt gerechtfertigt sind. Schließlich beziehen die Einwohner einer Gemeinde ihre Einkommen aus verschiedenen Wirtschaftsbereichen. Demzufolge ist es sehr wichtig, die aus dem örtlichen Fremdenverkehr resultierende Wertschöpfung als Orientierungs- und Rechtfertigungsmaßstab zugrunde zu legen. Bei dieser Bewertung ist sogar i.d.R. eine Korrektur zugunsten des Fremdenverkehrs angesagt, da das lokale Gesamteinkommen nicht ausschließlich das reine Erwerbs- und Beschäftigungseinkommen widerspiegelt. Es trifft nämlich für die meisten Fremdenverkehrsgemeinden zu, daß sie von überdurchschnittlich vielen „Ruheständlern" bewohnt werden.

Manche politischen Vertreter einer Fremdenverkehrsgemeinde leiten z.Zt. ihre Bedenken gegenüber den hohen Fremdenverkehrsausgaben aus der prekären Haushaltssituation der Stadt/Gemeinde ab. Hierbei ist mit Sicherheit unbekannt geblieben, daß vom DWIF das **Steueraufkommen aus dem örtlichen Fremdenverkehr** mit einem Anteil von 3% des Fremdenverkehrsprimärumsatzes nachgewiesen worden ist. Der auf diese Weise errechnete Steuerbetrag vermag schließlich in nahezu allen Fremdenverkehrsgemeinden das Defizit ihrer gemeindeeigenen Organisationsträger (Fremdenverkehrsämter, Kurverwaltungen, Fremdenverkehr-GmbHs) abzudecken.

Keine andere größere Wirtschaftsgruppe erweist sich in einem vergleichbar hohen Maße als arbeits- und dadurch zugleich als beschäftigungsintensiv. Als Anhaltspunkt

---

71 Auswertungen einer **Umfrage im Fremdenverkehrsgebiet „Holsteinische Schweiz"** im Sommer 1992.
72 **Kaspar, Ch.**, *Die Tourismuslehre im Grundriß*, 4. Aufl., Bern/Stuttgart 1991, S. 129.
73 **Bleile, G.**, „Die wirtschaftliche Bedeutung des Fremdenverkehrs für den Kurort" in: *Heilbad und Kurort*, Heft 10, 1982, S. 12–14.

für die **Beschäftigungsintensität im örtlichen Fremdenverkehr** errechnete das DWIF den Bemessungszusammenhang : 10 Fremdenbetten = 2 Arbeitsplätze. Das Statistische Bundesamt bezifferte zuletzt im Jahr 1990 für das alte Bundesgebiet 1,4 Millionen Vollarbeitsplätze im unmittelbaren Tourismusbereich und 0,4 Millionen in den vorgelagerten Bereichen. Im Hinblick auf den überdurchschnittlichen Anteil an Teilzeitbeschäftigten in der Tourismuswirtschaft (die überaus zahlreichen Zusatzeinkommensbezieher aus der Privatvermietung einbezogen) dürfte im heutigen Gesamtgebiet der BRD die Zahl der vom Tourismus abhängigen Beschäftigten mehr als 3 Millionen betragen. Die Arbeitsplätze im Fremdenverkehr haben sich auch in den Jahren der Rezession als sicher und krisenfest erwiesen – abgesehen vom sektoralen Bereich des Heilkurverkehrs. Dies wird gewiß auch in Zukunft so bleiben, denn wohnortsferne Erholungsaufenthalte (das „Weg vom Alltag") sind für jeden Menschen mehr und mehr zu einem Grundbedürfnis geworden.

Der Tourismus ist für viele Regionen, die nicht als Industriestandorte in Frage kommen, als eine Alternative unverzichtbar. Entwicklungen in Süd- und Westeuropa zeigen, daß ganze Regionen fast ausschließlich vom Tourismus leben. Ein eindrucksvolles Beispiel ist die Insel Mallorca, wo der Tourismus zu mehr als 80% zum Pro-Kopf-Einkommen beiträgt. Mallorca zählt heute zu den reichsten Provinzen Spaniens, vor 40 Jahren gehörte es noch zu den ärmsten. Auch in Deutschland gibt es Regionen und Gemeinden – so etwa die Nordseeinseln, aber auch in den Alpen – die fast ausschließlich vom Tourismus abhängen. Hier hat der Tourismus dazu beigetragen, daß die früher zu den Industriezentren bestehenden Einkommensunterschiede abgebaut wurden.

Dem Tourismus könne noch **weitere positive Effekte** zugerechnet werden. Er bewirkt in ländlichen Regionen den Erhalt der Bevölkerungszahl und damit zugleich die Sicherstellung der weiteren Bewirtschaftung von Flächen. Das ist letztlich auch für die Existenz der Tourismuswirtschaft besonders wichtig zu erachten, denn die optisch-ästhetische Anziehung einer Fremdenverkehrsregion beruht zugleich aus „gepflegten" Landschaftsflächen. In dieser Hinsicht erfüllt also die Landwirtschaft zugleich die Funktion eines „Landschaftsgärtners". Zweifelsohne geht vom Tourismus ein großer Landbedarf aus, doch dieser grenzt andere Nutzungsansprüche nicht vollkommen aus, was z.B. für Industrieareale zutrifft. Die Bedeutung, die man z.B. in Küstenabschnitten der Fremdenverkehrsnutzung zumißt, verhütet vielerorts eine Umweltgefährdung durch unverträgliche Nutzungsansprüche. Das bereits mit dem Tourismus verknüpfte Attribut „Landschaftsfresser" muß global gesehen als überzogen bewertet werden. Es trifft gewiß für manche vom Fremdenverkehr ausgelöste, doch fehlentwickelete Siedlungsstrukturen zu. Doch Natur- und Umweltschutzorganisationen verkennen vielmehr, daß der Tourismus bereits selbst ein Regulativ für den Natur- und Umweltschutz in sich birgt.

In der Vertretung der sowohl materiellen als auch immateriellen Interessen am Fremdenverkehr sind die aufgezeigten Argumente bisher viel zu kurz gekommen. Sie müssen von den Standesorganisationen und Interessenvertretungen im Tourismus viel stärker artikuliert werden. Man sollte sich doch von einer Tourismuslobby unterstützt sehen können, die – gemessen an der gegenwärtigen Reiseintensität in der BRD – einen Bevölkerungsanteil von 78,2% ausmacht. Die Tourismuswirtschaft ist letztlich nur dann überlebensfähig, wenn sie sich rechnet und zugleich ökologisch vertretbar ist.

Abb. 18

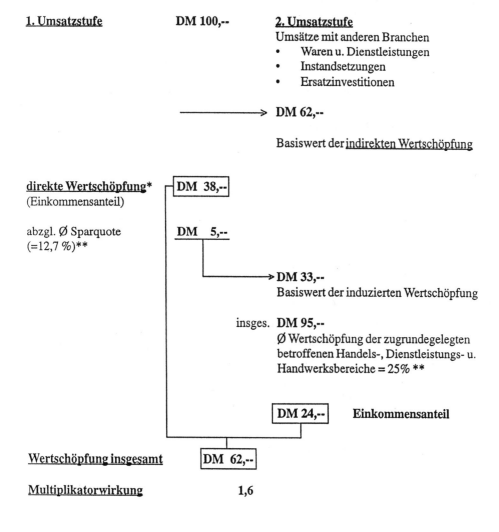

Multiplikator-Effekt des Fremdenverkehrs
(Ausgangsgrundlage: Ø Gästeausgabensatz pro Tag = DM 100,--)

1. Umsatzstufe   DM 100,--   2. Umsatzstufe
                                 Umsätze mit anderen Branchen
                                 • Waren u. Dienstleistungen
                                 • Instandsetzungen
                                 • Ersatzinvestitionen

                                 ⟶ DM 62,--

                                 Basiswert der indirekten Wertschöpfung

direkte Wertschöpfung*   DM 38,--
(Einkommensanteil)

abzgl. Ø Sparquote   DM 5,--
(=12,7 %)**

                          ⟶ DM 33,--
                          Basiswert der induzierten Wertschöpfung

                          insges. DM 95,--
                          Ø Wertschöpfung der zugrundegelegten
                          betroffenen Handels-, Dienstleistungs- u.
                          Handwerksbereiche = 25% **

                          DM 24,--   Einkommensanteil

Wertschöpfung insgesamt   DM 62,--

Multiplikatorwirkung   1,6

---

*   Ø Wertschöpfung des Fremdenverkehrs in Niedersachsen lt. DWiF-Untersuchung 1992 = 38,1%
**   Ø Sparquote in der BRD / 1993 lt. Statist. Bundesamt = 12,7 %
**   Ø Wertschöpfung / 1993 lt. Statist. Bundesamt
      im Handelsgewerbe   = 14,7 %
      im sonst. Dienstleistungsbereich   = 60,4 %
      (u. a. Werbung, Wirtschafts- u. Rechtsberatung)
      im Bau- u. Ausbauhandwerk   = 47,7 %

Anhang A

**Muster eines Gesellschaftsvertrages
Gründung einer Gesellschaft mit beschränkter Haftung
(„Beteiligungsgesellschaft")**

§ 1 Firma

Die Gesellschaft ist eine Gesellschaft mit beschränkter Haftung unter der Firma

Tourismus Promotion .... GmbH.

§ 2 Sitz

Die Gesellschaft hat ihren Sitz in ....

§ 3 Gegenstand des Unternehmens

1.
Gegenstand des Unternehmens ist die Entwicklung und die Förderung des Fremdenverkehrs (und des Kurwesens) am Fremdenverkehrsstandort ....
....

2.
Die Gesellschaft ist berechtigt, alle die Gesellschaftszwecke fördernden Geschäfte zu tätigen.

Sie ist befugt, andere Unternehmungen zu erwerben, sich an solchen zu beteiligen und deren Geschäftsführung zu übernehmen.

§ 4 Stammkapital und Stammeinlage

1.
Das Stammkapital der Gesellschaft beträgt DM 50.000,00
i.W. Deutsche Mark fünfzigtausend.
Hiervon übernehmen als Stammeinlagen:
....
....

....
....
....
Diese sind in Geld zu erbringen.

§ 5 Geschäftsjahr

Das Geschäftsjahr ist das Kalenderjahr. Das erste Geschäftsjahr beginnt mit der Eintragung der Gesellschaft in das Handelsregister und endet am darauffolgenden 31. Dezember.

§ 6 Geschäftsführung

1.
Die Gesellschaft hat einen oder mehrere Geschäftsführer.

2.
Ist nur ein Geschäftsführer bestellt, so vertritt dieser die Gesellschaft allein.

3.
Sind mehrere Geschäftsführer bestellt, so wird die Gesellschaft durch zwei Geschäftsführer gemeinschaftlich oder durch einen Geschäftsführer in Gemeinschaft mit einem Prokuristen vertreten.

4.
Die Gesellschafterversammlung kann auch bei Vorhandensein mehrerer Geschäftsführer einzelnen oder allen von ihnen Alleinvertretungsbefugnis erteilen.

5.
Sie kann Geschäftsführer von den Beschränkungen des § 181 BGB befreien; ist der Alleingesellschafter zugleich Geschäftsführer, so ist er befreit.

6.
Einem oder mehreren Geschäftsführern kann Befreiung vom Wettbewerbsverbot erteilt werden.

7.
Im Außenverhältnis ist die Vertretungsbefugnis unbeschränkt. Im Geschäftsführervertrag, der von den Gesellschaftern mit einfacher Mehrheit beschlossen werden kann, ist die Geschäftsordnung festzulegen.

§ 7 Aufsichtsrat (oder auch Beirat genannt)

1.
Die Gesellschafter können beschließen, daß die Gesellschaft einen aus .... Mitgliedern bestehenden Aufsichtsrat erhält.

2.
Auf den Aufsichtsrat finden § 52 Abs. 1 GmbHG und die dort genannten aktienrechtlichen Bestimmungen nur Anwendung, falls und soweit die Gesellschafter dies mit Dreiviertelmehrheit der abgegebenen Stimmen beschließen.

3.
Der Aufsichtsrat überwacht die Geschäftsführung. Die Gesellschafter können dem Aufsichtsrat durch Beschluß mit einer Dreiviertelmehrheit der abgegebenen Stimmen weitere Aufgaben und Befugnisse zuweisen, insbesondere das Recht gewähren, Geschäftsführer zu bestellen und abzuberufen, Anstellungsverträge mit diesen abzuschließen, zu ändern und zu beendigen, Geschäftsführer zu ermächtigen, die Gesellschaft allein zu vertreten, Befreiung vom Wettbewerbsverbot zu erteilen, eine Geschäftsordnung für die Geschäftsführer festzulegen und diesen Weisungen zu erteilen.

4.
Die Gesellschafter können jederzeit mit einfacher Mehrheit der abgegebenen Stimmen beschließen, daß durch Gesellschafterbeschluß gemäß Absatz 2 für anwendbar erklärte aktienrechtliche Bestimmungen keine Anwendung mehr finden oder daß dem Aufsichtsrat Aufgaben und Befugnisse, welche ihm gemäß Absatz 3 durch Gesellschafterbeschluß zugewiesen wurden, nicht weiter zustehen.

§ 8 Gesellschafterversammlung – Gesellschafterbeschlüsse

1.
Die Gesellschafterversammlung ist zu berufen, wenn eine Beschlußfassung der Gesellschafter erforderlich wird oder die Einberufung aus einem sonstigen Grund im Interesse der Gesellschaft liegt. In jedem Fall ist jährlich eine Gesellschafterversammlung innerhalb von zwei Monaten nach Vorliegen des Jahresabschlusses abzuhalten.

2.
Die Versammlung wird durch den Geschäftsführer in vertretungsberechtigter Zahl einberufen. Die Ladung erfolgt schriftlich mit einer Frist von mindestens zwei Wochen unter Mitteilung der Tagesordnung, bei der jährlichen Versammlung unter Beifügung des Jahresabschlusses.

3.
Die Gesellschafterversammlung findet am Sitz der Gesellschaft statt. Jeder Gesellschafter darf an der Gesellschafterversammlung teilnehmen. Für den Gesellschafter handelt dessen gesetzliche Vertretung. Der Gesellschafter kann sich durch einen anderen Gesellschafter oder einen zur Berufsverschwiegenheit verpflichteten Dritten vertreten lassen. Jeder Gesellschafter kann verlangen, daß sich der Bevollmächtigte durch schriftliche Vollmacht legitimiert.

4.
Die Versammlung wird vom Vorsitzenden geleitet. Der Vorsitzende ist von den anwesenden und vertretenen Gesellschaftern mit einfacher Mehrheit zu wählen.

5.
Die Gesellschafterversammlung ist beschlußfähig, wenn mindestens die Hälfte des Stammkapitals vertreten ist. Fehlt es hieran, so ist innerhalb von vier Wochen eine neue Versammlung einzuberufen, die immer beschlußfähig ist. Darauf ist in der Ladung hinzuweisen. Beschlüsse der Gesellschafter können nur in einer Gesellschafterversammlung oder gemäß § 48 Abs. 2 GmbHG schriftlich gefaßt werden.

6.
Gesellschafterbeschlüsse werden mit einfacher Mehrheit der abgegebenen Stimmen gefaßt, soweit nicht die Satzung oder das Gesetz zwingend eine andere Mehrheit vorschreiben.

7.
Abgestimmt wird nach Geschäftsanteilen. Je DM 500,00 eines Geschäftsanteils gewähren eine Stimme. Stimmenthaltungen gelten bei der Abstimmung als nicht abgegeben.

8.
Über die gefaßten Beschlüsse hat der Vorsitzende unverzüglich eine Niederschrift aufzunehmen, zu unterschreiben und den Gesellschaftern zuzuleiten. Diese können innerhalb vier Wochen nach Empfang der Niederschrift eine Ergänzung oder Berichtigung schriftlich verlangen. Die unwidersprochene oder ergänzte bzw. berichtigte Niederschrift hat die Vermutung der Richtigkeit bzw. Vollständigkeit.

9.
Gesellschafterbeschlüsse können nur innerhalb von sechs Wochen nach Empfang der Niederschrift durch Klage angefochten werden.

§ 9 Jahresabschluß

Der Jahresabschluß ist von der Geschäftsführung innerhalb der gesetzlichen Fristen aufzustellen und von sämtlichen Geschäftsführern zu unterzeichnen.

§ 10 Verwendung des Jahresergebnisses

Für die Ergebnisverwendung gelten die gesetzlichen Vorschriften.

§ 11 Verfügung über Geschäftsanteile und sonstige Verfügungen – Vorkaufsrecht

1.
Für die Veräußerung von Teilen eines Geschäftsanteils an andere Gesellschafter sowie für die Teilung von Geschäftsanteilen ist die Genehmigung der Gesellschaft erforderlich.

2.
Die Abtretung und Verpfändung von Geschäftsanteilen ist nur mit Genehmigung der Gesellschaft zulässig.
Der Antrag auf Erteilung der Genehmigung ist an die Gesellschaft zu richten und gilt zugleich als Anmeldung der Veräußerung.

3.
Ist ein Gesellschafter Inhaber mehrerer Geschäftsanteile, auf welche die Stammeinlagen voll geleistet sind, so können diese mehreren Geschäftsanteile oder einzelne von ihnen auf Antrag des betroffenen Gesellschafters durch Gesellschafterbeschluß miteinander vereinigt werden.

§ 12 Erbfolge

1.
Ist ein Gesellschafter eine natürliche Person, dann ist der Geschäftsanteil des verstorbenen Gesellschafters gegen Entgelt einzuziehen.

2.
Statt der Einziehung kann die Gesellschaft verlangen, daß der Anteil ganz oder geteilt an die Gesellschaft selbst, an einen oder mehrere Gesellschafter oder an einen Dritten abgetreten wird.

§ 13 Austritt

1.
Jeder Gesellschafter kann aus wichtigem Grund seinen Austritt aus der Gesellschaft erklären.

2.
Der Austritt kann nur zum Ende eines Geschäftsjahres erfolgen. Er ist unter Einhaltung einer Frist von sechs Monaten durch eingeschriebenen Brief zu erklären.

3.
Der ausscheidende Gesellschafter ist nach Wahl der Gesellschaft verpflichtet, seinen Geschäftsanteil jeweils ganz oder zum Teil an die Gesellschaft selbst, an einen oder mehrere Gesellschafter oder an von der Gesellschaft zu benennende Dritte abzutreten oder die Einziehung zu dulden. Bis zum Ausscheiden kann er seine Gesellschafterrechte ausüben. Die verbleibenden Gesellschafter sind verpflichtet, bis zum Wirksamwerden des Austritts über die Einziehung oder Abtretung Beschluß zu fassen.

§ 14 Einziehung von Geschäftsanteilen

1.
Die Einziehung von Geschäftsanteilen ist mit Zustimmung des betroffenen Gesellschafters jederzeit zulässig.

2.
Der Zustimmung des betroffenen Gesellschafters bedarf es nicht,

– wenn der Gesellschafter seinen Geschäftsanteil ganz oder teilweise ohne Zustimmung nach § 11, also unberechtigt abtritt oder belastet,

– wenn sein Geschäftsanteil gepfändet oder auf sonstige Weise in diesen vollstreckt wird und diese Vollstreckungsmaßnahme nicht innerhalb von zwei Monaten wieder aufgehoben wird,

– wenn über sein Vermögen das Konkurs- oder Vergleichsverfahren eröffnet oder die Eröffnung mangels Masse abgelehnt wird,

– wenn in seiner Person ein anderer wichtiger Grund, der seine Ausschließung aus der Gesellschaft rechtfertigt, gegeben ist,

– wenn der Gesellschafter seine Mitarbeit – gleich aus welchem Grund – einstellt und auf entsprechende schriftliche Aufforderung durch die Geschäftsführung innerhalb von vier Wochen nicht wieder aufnimmt,

– wenn der Gesellschafter, der Privatperson ist, nicht binnen drei Monaten nach Eintritt in die Gesellschaft nachweist, daß er mit einem Ehegatten durch Ehevertrag Gütertrennung oder modifizierte Zugewinngemeinschaft dergestalt vereinbart hat, daß gehaltenen Geschäftsanteilen an dieser Gesellschaft, ein entstehender Mehrwert oder Gewinnausschüttungen aus dem Zugewinn herausgenommen werden, so daß diese vom Zugewinnausgleich ausgeschlossen werden. Ferner ist der Gesellschafter für diesen gesamten Vermögensbereich von seinem Ehegatten von den Einschränkungen seiner Verfügungsmacht (§§ 1365, 1369 BGB) freizustellen. Der Gesellschafter hat den Ehevertrag während der Dauer seiner Mitgliedschaft beizubehalten. Der Nachweis des Abschlusses einer solchen Vereinbarung ist durch Vorlage einer entsprechenden Notarbestätigung binnen drei Monaten nach Eintritt in die Gesellschaft vorzuweisen. Ist ein Gesellschafter bei Eintritt in die Gesellschaft nicht verheiratet, so hat er den Abschluß einer solchen Vereinbarung binnen drei Monaten nach Eheschließung vorzuweisen. Weist der Gesellschafter auch nach schriftlicher Aufforderung nicht nach, kann der Geschäftsanteil des Gesellschafters eingezogen werden.

3.
Steht ein Geschäftsanteil mehreren Gesellschaftern gemeinschaftlich zu, so genügt es, wenn ein Einziehungsgrund in der Person eines der Mitgesellschafter vorliegt. Die Gesellschaft oder die Gesellschafter können bei der Pfändung eines Geschäftsanteils den vollstreckenden Gläubiger befriedigen und alsdann den gepfändeten Anteil einziehen. Der betroffene Gesellschafter darf der Befriedigung nicht widersprechen; er muß sich

das zur Befriedigung des vollstreckenden Gläubigers Aufgewendete auf seinen Entgeltanspruch anrechnen lassen.

4.
Statt der Einziehung kann die Gesellschafterversammlung beschließen, daß der Geschäftsanteil auf einen oder mehrere von ihr bestimmte Gesellschafter oder Dritte zu übertragen ist.

5.
Die Einziehung und die Abtretung kann von der Gesellschafterversammlung nur mit Dreiviertelmehrheit beschlossen werden. Der betroffene Gesellschafter hat kein Stimmrecht. Seine Stimmen bleiben bei der Berechnung der erforderlichen Mehrheit außer Betracht.

6.
Soweit in den Fällen einer Pfändung des Geschäftsanteils oder des Konkurses kraft zwingenden Rechts eine für den oder die Gläubiger günstigere Regelung bezüglich der Berechnung oder der Fälligkeit des für den eingezogenen Geschäftsanteils zu zahlenden Entgelts Platz greift, tritt diese an die Stelle der in diesem Gesellschaftsvertrag vereinbarten Regelungen.

7.
Die Einziehung oder der Beschluß über die Abtretungsverpflichtung sind unabhängig von einem etwaigen Streit über die Höhe der Abfindung.

§ 15 Bewertung und Abfindung

1.
Soweit nach diesem Gesellschaftsvertrag eine Bewertung von Geschäftsanteilen stattzufinden hat, ist der Wert anzusetzen, der sich im Zeitpunkt des Ausscheidens des betreffenden Gesellschafters unter Anwendung der steuerrechtlichen Vorschriften zur Ermittlung des gemeinen Werts von Geschäftsanteilen mangels Ableitbarkeit aus Verkäufen ergibt.

2.
In den Fällen der Einziehung nach § 14 ist der Buchwert des Anteils (Nennbetrag zuzüglich Anteil an offenen Rücklagen und Gewinnvortrag abzüglich eventuellen Verlustvortrags) maßgebend.

3.
Der so ermittelte Abfindungsbetrag ist dem ausscheidenden Gesellschafter längstens in drei gleichen Halbjahresraten auszuzahlen, die erste Rate ein halbes Jahr nach dem Zeitpunkt des Ausscheidens. Der jeweils ausstehende Betrag ist ab dem Ausscheiden mit 2% über Bundesdiskontsatz zu verzinsen.

§ 16 Kündigung

1.
Die Kündigung der Gesellschaft durch einen oder mehreren Gesellschafter hat nicht die Auflösung der Gesellschaft, sondern das Ausscheiden des oder der kündigenden Gesellschafter zur Folge.

2.
Die Gesellschaft wird von den verbleibenden Gesellschaftern fortgesetzt.

§ 17 Auflösung und Liquidation

1.
Die Auflösung der Gesellschaft kann von der Gesellschafterversammlung nur mit Dreiviertelmehrheit beschlossen werden.

2.
Die Liquidation erfolgt durch den Geschäftsführer mit der Maßgabe, daß die Bestimmungen des Vertrages bis zur Beendigung der Liquidation sinngemäß weitergelten.

3.
Der verbleibende Liquidationserlös wird im Verhältnis der Geschäftsanteile verteilt.

§ 18 Bekanntmachungen

Die gesetzlich vorgeschriebenen Bekanntmachungen der Gesellschaft erfolgen nur im Bundesanzeiger.

§ 19 Schlußbestimmungen

Der Vertrag bleibt auch dann gültig, wenn einzelne Bestimmungen sich als ungültig erweisen sollten, soweit Treu und Glauben dem nicht zwingend entgegenstehen. Die betreffenden Bestimmungen sind dann durch die Gesellschafterversammlung so zu ändern, daß die ursprünglich mit ihr angestrebten wirtschaftlichen und rechtlichen Zwekke soweit wie möglich erreicht werden.
Dasselbe gilt, wenn bei der Durchführung des Gesellschaftsvertrages eine ergänzungsbedürftige Lücke offenbar wird. Jeder Gesellschafter ist zu Vertragsänderungen verpflichtet, die der Gesellschaftszweck oder die Treuepflicht der Gesellschafter gegeneinander gebieten.

§ 20 Gründungsaufwand

Die Kosten der Gründung bei Notar und Registergericht trägt die Gesellschaft bis DM 5.000,00; darüber hinausgehende Gründungskosten tragen die Gesellschafter entsprechend den übernommenen Geschäftsanteilen.

Anhang B

Veranschaulichungen der Datenaufbereitung am Beispiel Eutin

Entwicklung der Gesamtzahl der Gästeankünfte und Gästeübernachtungen in Eutin   Anhang Nr. 1

Erhebungsgrundlage: Alle Beherbergungsstätten (= inkl. Privatquartiere)

Quelle: Jahresstatistiken (01. Okt. - 30. Sept. .....) des Fremdenverkehrsamtes Eutin, Campingplatz unberücksichtigt

Erhebungszeitraum: 1984 - 1992

Jahr	Gästeankünfte		Übernachtungen		Aufenthaltsdauer
	absolut	Index	absolut	Index	Übern. pro Gast
1984	32.154	100	148.585	100	4,6
1985	31.050	97	143.543	97	4,6
1986	33.966	106	150.433	101	4,4
1987	35.718	111	160.043	108	4,5
1988	35.844	111	162.705	110	4,5
1989	40.652	126	173.287	117	4,3
1990	41.253	128	181.551	122	4,5
1991	42.028	131	185.611	125	4,4
1992	42.917	133	189.397	127	4,4

Entwicklung der Gästeankünfte und -übernachtungen in Eutin nach Maßgabe der Beherbergungsstruktur   Anhang Nr. 2

Quelle: Jahresstatistiken (01. Okt. - 30. Sept. ....) des Fremdenverkehrsamtes Eutin, Campingplatz unberücksichtigt

Jahr	Gewerbliche Betriebe					Privatquartiere				
	Gästeankünfte		Übernachtungen		Übernacht. pro Gast	Gästeankünfte		Übernachtungen		Übernacht. pro Gast
	absolut	Index	absolut	Index		absolut	Index	absolut	Index	
1984	28.152	100	108.821	100	3,9	4.002	100	39.764	100	9,9
1985	27.348	97	107.996	99	3,9	3.702	93	35.547	89	9,6
1986	29.863	106	111.448	102	3,7	4.103	103	38.985	97	9,5
1987	31.384	111	118.431	109	3,8	4.334	108	41.612	105	9,6
1988	31.349	111	121.225	111	3,8	4.495	112	41.480	104	9,2
1989	36.327	129	132.890	122	3,7	4.325	108	40.397	101	9,3
1990	36.564	130	142.436	131	4,0	4.689	117	43.115	108	9,2
1991	37.316	133	142.732	131	3,8	4.712	117	42.879	108	9,1
1992	38.093	135	145.981	134	3,8	4.824	120	43.416	109	9,0

Anhang Nr. 3

Gästeankünfte und -übernachtungen in Eutin

Betr. Gewerbliche Beherbergungsstätten (mit 9 und mehr Gästebetten) einschl. Jugendherberge
Berichtszeitraum: 01. Nov. - 31. Okt. (Winterhalbjahr: 01. Nov. - 30. April; Sommerhalbjahr: 01. Mai - 31. Okt.)
Quelle: Statistische Berichte des Statistischen Landesamtes S.-H.

Fremdenverkehrs-jahr		Gästeankünfte	Index			Übernachtungen	Index			Aufenthaltsdauer
		absolut	insges.	Wi.	So.	absolut	insges.	Wi.	So.	Übernacht. pro Gast
1983/84	Winter	6.249		100		18.071		100		2,9
	Sommer	21.640			100	89.779			100	4,1
	insges.	27.889	100			107.850	100			3,9
1984/85	Winter	6.459		103		18.831		104		2,9
	Sommer	21.264			98	94.497			105	4,4
	insges.	27.723	99			113.328	105			4,1
1985/86	Winter	6.571		105		18.941		105		2,9
	Sommer	24.396			113	94.836			106	3,9
	insges.	30.967	111			113.777	105			3,7
1986/87	Winter	7.111		114		19.876		110		2,8
	Sommer	23.808			110	97.180			108	4,1
	insges.	30.919	111			117.056	109			3,8
1987/88	Winter	7.436		119		21.066		117		2,8
	Sommer	25.848			119	102.077			114	3,9
	insges.	33.284	119			123.143	114			3,7
1988/89	Winter	8.732		140		22.986		127		2,6
	Sommer	27.853			129	111.286			124	4,0
	insges.	36.585	131			134.272	124			3,7
1989/90	Winter	9.426		151		26.709		148		2,8
	Sommer	27.233			126	115.907			129	4,3
	insges.	36.749	132			142.616	132			3,9
1990/91	Winter	9.960		159		26.709		149		2,7
	Sommer	27.812			129	116.104			129	4,2
	insges.	37.772	135			143.091	133			3,8
1991/92	Winter	9.891		158		26.305		146		2,7
	Sommer	28.789			133	119.500			133	4,2
	insges.	38.680	139			145.085	135			3,8

Anhang B 161

Anhang Nr. 4

Gästeankünfte und -übernachtungen in Ratzeburg

Betr. Gewerbliche Beherbergungsstätten (mit 9 und mehr Gästebetten) einschl. Jugendherberge
Berichtszeitraum: 01. Nov. - 31. Okt. (Winterhalbjahr: 01. Nov. - 30. April; Sommerhalbjahr: 01. Mai - 31. Okt.)
Quelle: Statistische Berichte des Statistischen Landesamtes S.-H.

Fremdenverkehrs-jahr		Gästeankünfte		Index			Übernachtungen		Index			Aufenthaltsdauer
		absolut	insges.	Wi.	So.		absolut	insges.	Wi.	So.		Übernacht. pro Gast
1983/84	Winter	5.536		100			27.027		100			4,9
	Sommer	18.832			100		80.561			100		4,3
	insges.	24.368	100				107.588	100				4,4
1984/85	Winter	7.246		131			37.885		140			5,2
	Sommer	20.815			114		81.513			101		3,9
	insges.	28.061	115				119.398	111				4,3
1985/86	Winter	6.959		126			39.628		147			5,7
	Sommer	21.603			115		86.947			107		4,0
	insges.	28.562	117				126.575	118				4,4
1986/87	Winter	9.447		171			40.729		151			4,3
	Sommer	21.636			115		86.707			108		4,0
	insges.	31.083	128				127.436	118				4,0
1987/88	Winter	11.211		203			48.109		178			4,3
	Sommer	24.107			128		89.790			111		3,7
	insges.	35.318	145				137.899	128				3,9
1988/89	Winter	12.482		225			49.703		184			4,0
	Sommer	24.757			131		91.586			114		3,7
	insges.	37.239	153				137.689	126				3,7
1989/90	Winter	13.171		238			52.485		194			4,0
	Sommer	27.430			146		98.918			123		3,6
	insges.	42.605	175				151.403	141				3,6
1990/91	Winter	15.175		274			47.128		174			3,1
	Sommer	31.758			169		98.994			123		3,1
	insges.	46.933	193				146.122	136				3,1
1991/92	Winter	14.163		256			50.556		187			3,6
	Sommer	29.982			159		95.154			118		3,2
	insges.	44.145	181				145.710	135				3,3

Anhang Nr. 5

Gästeankünfte und -übernachtungen in Schleswig-Holstein insgesamt

Betr. Gewerbliche Beherbergungsstätten (mit 9 und mehr Gästebetten) einschl. Jugendherberge
Berichtszeitraum: 01. Nov. - 31. Okt. (Winterhalbjahr: 01. Nov. - 30. April; Sommerhalbjahr: 01. Mai - 31. Okt.)
Quelle: Statistische Berichte des Statistischen Landesamtes S.-H.

Fremdenverkehrs-jahr		Gästeankünfte	Index			Übernachtungen	Index			Aufenthaltsdauer
		absolut	insges.	Wi.	So.	absolut	insges.	Wi.	So.	Übernacht. pro Gast
1983/84	Winter	713.410		100		2.848.671		100		4,0
	Sommer	2.069.749			100	13.310.553			100	6,4
	insges.	2.783.159	100			16.159.224	100			5,8
1984/85	Winter	777.204		108		3.199.213		112		4,1
	Sommer	2.144.156			104	13.070.591			98	6,1
	insges.	2.921.360	105			16.269.804	100			5,6
1985/86	Winter	836.347		117		3.386.158		118		4,0
	Sommer	2.257.327			109	13.676.327			103	6,1
	insges.	3.093.674	111			17.062.485	106			5,5
1986/87	Winter	819.345		115		3.343.496		117		4,1
	Sommer	2.259.496			109	13.750.748			103	6,1
	insges.	3.078.841	111			17.094.244	106			5,5
1987/88	Winter	870.591		122		3.643.675		128		4,2
	Sommer	2.294.286			111	13.483.824			101	5,9
	insges.	3.164.877	114			17.127.499	106			5,4
1988/89	Winter	973.238		136		3.798.075		133		3,9
	Sommer	2.432.787			118	13.706.051			103	5,6
	insges.	3.406.025	122			17.504.126	108			5,1
1989/90	Winter	1.074.319		150		4.173.895		146		3,9
	Sommer	2.680.725			130	15.077.332			113	5,6
	insges.	3.755.044	134			19.251.227	119			5,1
1990/91	Winter	1.198.629		168		4.753.887		167		4,0
	Sommer	2.814.179			136	15.826.552			115	5,6
	insges.	4.012.804	144			20.580.439	127			5,1
1991/92	Winter	1.248.819		175		5.067.284		178		4,0
	Sommer	2.874.353			139	16.909.147			127	5,9
	insges.	4.123.172	148			21.976.431	136			5,3

Entwicklung der Beherbergungskapazität in Eutin   Anhang Nr. 6

Quelle: Beherbergungsstatistik des Fremdenverkehrsamtes Eutin

Erhebungszeitraum: 1984 - 1992

Jahr	Betten insgesamt		Betten der gewerbl. Betriebe		Betten der Privatvermietung		
	absolut	Index	absolut	Index	absolut	Index	%-Anteil
1984	1.576	100	909	100	667	100	42
1985	1.627	103	900	99	727	109	45
1986	1.687	107	987	109	700	105	41
1987	1.726	110	987	109	739	111	43
1988	1.731	110	1.016	112	715	107	41
1989	1.722	109	1.049	115	673	101	39
1990	1.720	109	1.057	116	663	99	39
1991	1.738	110	1.078	119	660	99	38
1992	1.748	111	1.088	120	660	99	38

Entwicklung der Beherbergungsstruktur in Eutin

Anhang Nr. 7a

Erhebungszeitraum: 1984 - 1992
Quelle: Beherbergungsstatistik d. Fremdenverkehrsamtes Eutin

A: Gewerbliche Betriebe/=Bettenkapazität

Jahr	Hotels		Gasthöfe		Hotels garni		Pensionen		Fewos		Kur- u. Erh.heime		Jugendherberge	
	absolut	Index	absolut	Index	absolut	Index	absolut	Index	absolut	Index	absolut	Index	absolut	Index
1984	181	100	76	100	51	100	100	100	206	100	111	100	184	100
1985	184	102	49	64	50	98	116	116	206	100	111	100	184	100
1986	265	146	39	51	48	94	116	116	225	109	110	99	184	100
1987	252	139	38	50	39	76	116	116	248	120	110	99	184	100
1988	334	185	16	21	39	76	90	90	239	116	114	103	184	100
1989	272	150	28	37	39	76	116	116	296	144	114	103	184	100
1990	273	151	30	39	39	76	116	116	302	149	114	103	184	100
1991	273	151	30	39	39	76	116	116	320	155	114	103	184	100
1992	273	151	30	39	39	76	116	116	330	160	114	103	184	100

Anhang Nr. 7b

Entwicklung der Beherbergungspotentiale in Eutin

Erhebungszeitraum: 1984 - 1992
Quelle: Beherbergungsstatistik des Fremdenverkehrsamtes Eutin

B: Privatvermietung/=Bettenkapazität

Jahr	Zimmer		Fewos		Pensionen bis 8 Betten	
	absol.	Index	absol.	Index	absol.	Index
1984	292	100	352	100	23	100
1985	291	100	409	116	27	117
1986	251	86	430	122	19	83
1987	266	91	454	129	19	83
1988	257	88	446	127	12	52
1989	231	79	430	122	12	52
1990	192	66	459	130	12	52
1991	189	66	459	130	12	52
1992	189	66	459	130	12	52

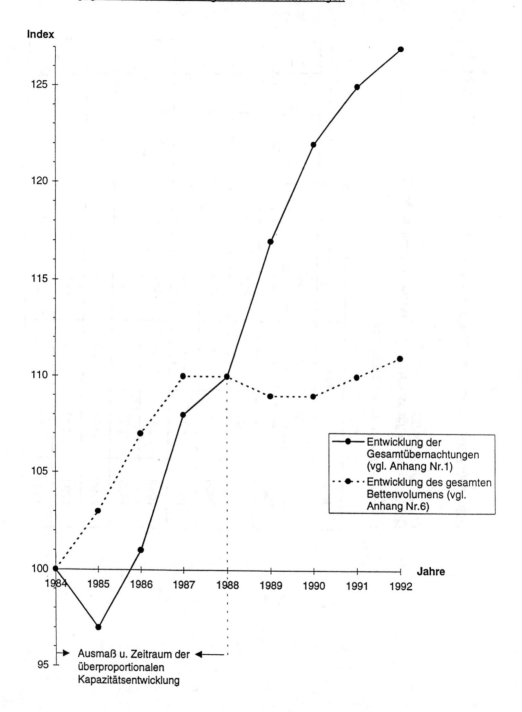

Die Abstimmung des gewerblichen Bettenvolumens von Eutin an die Entwicklung der Übernachtungen in den gewerblichen Unterkünften

Anhang Nr. 9

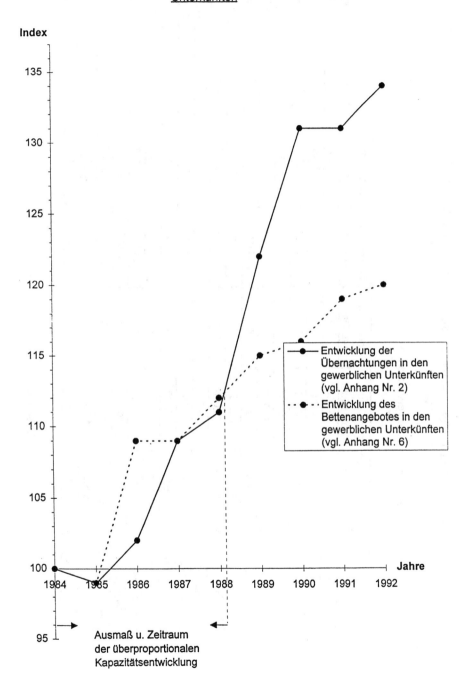

Die Nachfragesituation (Gästeankünfte u. -übernachtungen)* in Eutin im Jahresverlauf 1992

Anhang Nr. 10

Quelle: Jahresstatisik 1992 des Fremdenverkehrsamtes Eutin

Jahresverlauf	Gesamtzahl		Übernacht. pro Gast	in gewerblichen Unterkünften		Übernacht. pro Gast	Betten- auslastung
	Ankünfte	Übernacht.		Ankünfte	Übernacht.		
Januar	631	1.463	2,3	574	1.330	2,3	6,5%
Februar	1.499	2.680	1,8	1.409	2.437	1,7	9,3%
März	1.623	4.473	2,8	1.452	3.890	2,7	14,9%
April	2.720	9.903	3,6	2.409	7.923	3,3	30,2%
Mai	3.535	16.771	4,7	3.235	13.800	4,3	52,7%
Juni	4.605	22.745	4,9	4.032	16.173	4,0	61,8%
Juli	6.171	30.968	5,0	5.234	20.932	4,0	84,3%
August	5.622	31.078	5,5	4.533	20.617	4,5	83,7%
September	3.451	19.727	5,7	2.852	13.755	4,8	52,5%
Oktober	2.878	11.503	4,0	2.646	8.630	3,3	33,0%
November	1.638	5.147	3,1	1.458	4.476	3,1	17,1%
Dezember	1.541	4.758	3,1	1.391	4.138	3,0	15,8%
1992 insgesamt	35.914	161.216	4,5	31.225	118.101	3,8	36,0%
Winterhalbjahr	9.810	30.024	3,1	8.930	24.091	2,7	14,0%
Sommerhalbjahr	26.104	131.192	5,0	22.295	93.200	4,2	56,0%
% Winter	28,5%	18,6%		28,6%	21,0%		
% Sommer	71,5%	81,4%		71,4%	79,0%		

* ohne Jugendherberge und andere Massenunterkünfte

Anhang Nr. 11

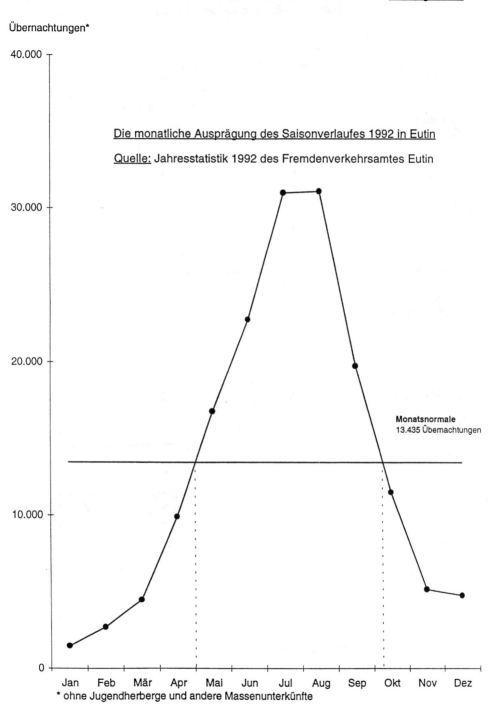

Gewerbliche Beherbergungswirtschaft in Eutin
(Betriebsgrößen und Leistungsstruktur)

Anhang Nr. 12

Beherbergungs-kapazität	Zahl der Betriebe	hiervon: mit umfassenden Gastronomie- u. Serviceleistungen	hiervon: mit separaten Aufenthalts-räumen
< 45 Betten = Kleinbetriebe			
Eutin - Stadt	4	1	1
Eutin - Fissau	4	1	—
Eutin - Sielbeck	7	—	—
Eutin - Neudorf	2	—	—
> 45 Betten = mittl. Beherbergungskategorie			
Eutin - Stadt	4	2	2
Eutin - Fissau	1	1	1
Eutin - Sielbeck	3	2	2
Eutin - Neudorf	2	—	—

= 5 Betriebe mit 360 Betten

hiervon 65 Betten in separaten Häusern mit Mehrbett-Appartements für 2-4 bzw. 2-5 Pers.

> 150 Betten = Vollhotelkategorie	—	—	—

Quelle: Gastgeberverzeichnis 1992 des Fremdenverkehrsamtes Eutin

Literaturverzeichnis

Verwendete Literatur

Bleile, G.: "Die wirtschaftliche Bedeutung des Fremdenverkehrs für einen Kurort" in: *Heilbad und Kurort*, Heft 10, 1982.

Bleile, G.: "Tagestourismus wird unterschätzt" in: *Der Fremdenverkehr + Tourismus, Kongress*, Nr. 11, 1988.

Christl, A. / Koch, A.: "Die Ausgaben der Erholungsreisenden in 9 ausgewählten südbayerischen Fremdenverkehrsgemeinden" in: *Schriftenreihe des Deutschen Wirtschaftswissenschaftlichen Instituts für Fremdenverkehr (DWIF) an der Universität München*, Heft 10, München 1957.

Hänssler, K.H. / Frommer, K.: *Die Umwandlung der Tourist-Information Konstanz von einem städtischen Amt über einen kommunalen Eigenbetrieb zur GmbH*. Hrsg.: Tourist-Information Konstanz GmbH, 1989.

Jendritzki, G.: *Bioklimakarte mit Informationsbroschüre*, Deutscher Wetterdienst, Freiburg 1986.

Kaspar, Cl. / Kunz, B.: *Unternehmungsführung im Fremdenverkehr*, Bern/Stuttgart 1982.

Kaspar, Cl.: *Die Tourismuslehre im Grundriß*, 4. Auflage, Bern/Stuttgart 1991.

Kiemstedt, H.: "Zur Bewertung der Landschaft für die Erholung" in: *Beiträge zur Landespflege*, Sonderheft 1, Stuttgart 1967.

Krippendorf, J.: *Marketing im Fremdenverkehr*, Bern 1980.

Lohmann, M. / Kösterke, A.: "Senioren: Ewig junges Reiseverhalten" in: *Reiseanalyse 1990*, Hrsg.: Studienkreis für Tourismus, Starnberg 1990.

Luft, H.: *Der Fremdenverkehr in der Holsteinischen Schweiz*, Dissertation Universität Kiel, 1974.

Luft, H.: *Gutachtliche Beurteilung zum Haus des Gastes im Ostseebad Sierksdorf*. Hrsg.: Gemeinde Sierksdorf, Mai 1990.

Luft, H.: *Gutachtliche Bewertungsanalyse der Beherbergungskapazität in der Stadt Eutin nach Maßgabe der Nachfragesituation*. Hrsg.: Stadt Eutin, Januar 1991.

Luft, H.: *Zur Frage der zukünftigen Fremdenverkehrsorganisation in Eutin: Leistungseffizienz der bisherigen Fremdenverkehrsförderung – Alternativdiskussion – Lösungskonzept*. Hrsg.: Institut für Technische Wissenschaftliche Innovation an der Fachhochschule Wilhelmshaven und Kurverwaltung Eutin, Februar 1993.

Schormann, H.: "Gegenwärtige Organisationsformen im Tourismus – ein kritischer Überblick" in: *Beiträge zur Fremdenverkehrspraxis*. Hrsg.: Fremdenverkehrsverband Nordsee – Niedersachsen/Bremen – e.V., 1990. Heft 79.

Wöhler, Kh.: "Innenmarketing in Fremdenverkehrsorten" in: *Materialien zum Tourismusmarketing* 5, Universität Lüneburg 1993.

Wöhler, Kh.: "Müssen sich die Kurorte umprofilieren?" in: Frieder Stadtfeld (Hrsg.), *Europäische Kurorte – Fakten und Perspektiven*, Limburgerhof 1993.

Zeiner, M. / Harrer, B.: „Die Ausgabenstruktur im Fremdenverkehr in der BRD" in: *Schriftenreihe des Deutschen Wirtschaftswissenschaftlichen Instituts für Fremdenverkehr (DWIF) an der Universität München*, Heft 41, München 1992.

Zolles/Ferner/Müller: *Marketingpraxis für den Fremdenverkehr*, Wien 1981.

Allgemeine Veröffentlichungen

- **Allgemeiner Deutscher Automobil-Club e.V. (ADAC):**
  Neues Denken im Tourismus, ein tourismuspolitisches Konzept für Fremdenverkehrsgemeinden, München 1989.
- **Deutsche Bundesregierung:**
  Bericht über die Entwicklung des Tourismus, Drucksache 12/7895, 1994.
- **Deutscher Bäderverband e.V.:**
  Deutscher Bäderkalender.
- **Deutscher Bäderverband e.V. / Deutscher Fremdenverkehrsverband e.V.:**
  Begriffsbestimmungen für Kurorte, Erholungsorte und Heilbrunnen.
- **Deutscher Fremdenverkehrsverband e.V.:**
  Die Organisationsformen im Deutschen Fremdenverkehr, Heft 2, Nov. 1993.
- **Deutscher Wetterdienst:**
  Die bioklimatischen Zonen in der BRD, Offenbach 1988.
- **Deutsches Fremdenverkehrspräsidium:**
  Deutscher Tourismus-Bericht, Bonn, im März 1994.
- **Landesregierung Schleswig-Holstein:**
  „Neue Verordnung für Kur- und Erholungsorte in Schleswig-Holstein" in: *Gesetz- und Verordnungsblatt für Schleswig-Holstein 1990*, Nr. 28.
- **Statistisches Landesamt Schleswig-Holstein:**
  Halbjahresberichte *Gäste und Übernachtungen im Fremdenverkehr*;
  Jahresberichte *Beherbergungskapazität im Fremdenverkehr*.
- **Studienkreis für Tourismus:**
  Urlaubsland Schleswig-Holstein, motiv- und meinungspsychologische Untersuchungen, 1978/79 und 1986.

Empfehlenswerte übergreifende Literatur

Becker, Chr. / Steinecke, A. (Hrsg.): *Kulturtourismus in Europa: Wachstum ohne Grenzen?* Hrsg.: Europäisches Tourismus Institut GmbH an der Universität Trier, 1993.

Bernecker, P.: *Fremdenverkehrslehre und Fremdenverkehrspolitik*, Bd. 1: *Grundlagen des Fremdenverkehrs*, Wien 1962.

Ebner, A. / Klambauer, H.-P. / Steindl, A.: *Fremdenverkehrslehre*, Wien 1988.

Freyer, W.: *Tourismus: Einführung in die Fremdenverkehrsökonomie*, 2. Aufl., München/Wien 1990.

Hahn, H. / Kagelmann, H.-J.: *Tourismuspsychologie und Tourismussoziologie. Ein Handbuch zur Tourismuswissenschaft*, München 1993.

Hunzicker, W.: *Betriebswirtschaftslehre des Fremdenverkehrs*, Bern 1959.

Kirstges, T.: *Sanfter Tourismus*, 2. Aufl., München/Wien 1985.

Opaschowski, H.W.: *Tourismus in den 90er Jahren*, Hamburg 1987.

Schönemann, K.: *Gemeinde und Fremdenverkehr*, 2. Aufl., Wiesbaden 1991.

Spalt, E.: *Allgemeine Fremdenverkehrslehre*, Innsbruck 1975.

Wolf, J. / Seitz, E. (Hrsg.): *Tourismusmanagement und -marketing*, Landsberg/Lech 1991.

Der Autor

Prof. Dr. Hartmut Luft vertritt das Lehrgebiet Betriebswirtschaftslehre mit dem Schwerpunkt Tourismuswirtschaft (Fremdenverkehrsämter/Kurverwaltungen, Fremdenverkehrsorganisation, Kur- und Bäderwirtschaft) im Fachbereich Wirtschaft an der Fachhochschule Wilhelmshaven. Darüber hinaus Gutachter-, Berater- und Seminartätigkeit für die Fremdenverkehrspraxis; zahlreiche Veröffentlichungen zum Kommunalen Fremdenverkehr.

Kontaktadresse:

Kolumbusring 75
26389 Wilhelmshaven
Telefon: 04421 / 87225
Fax: 04421 / 83103

Sachregister

Absatzfunktion 65 - 102
AIDA (4-Phasen-Modell) 41, 42
ambulante Kur 29 - 32
amtliche Fremdenverkehrsstatistik 124 - 126
Angebotspolitik (Produktpolitik) 36, 37
Anzeigenwerbung 43 - 45, 98
Ausflugsverkehr 14, 16, 140, 141 f.

Bäderstatistik 124, 126, 127
Beherbergungsangebot 7, 129, 130
Betriebsgrößen des Beherbergungsgewerbes 125, 135
Briefing 38

Campingverkehr 14, 17, 18, 140
Corporate Design 45
Corporate Image 40

Deutsche Zentrale für Tourismus 110 - 113
Deutscher Fremdenverkehrsverband 109, 110
Deutsches Fremdenverkehrspräsidium 109
Direktvertrieb 98
Distributionspolitik 97 - 102
Diversifikation 2 - 3

EG-Pauschalreiserichtlinie 95, 96
Eigenbetrieb 48 - 51, 54 - 62
• Entscheidungsstruktur 55 - 57
• kaufmännisch-wirtschaftliche Betriebsführung 57 - 60
Eigentouristik (Eigenveranstaltung) 80, 92 - 97
Erholungsort 27
Erholungsverkehr 14 - 18
• Kur- und Erholungsorte 24 - 29
• Marktsegmente 14, 15

Freizeitstättenverkehr 14, 16 - 18
Freizeittourismus 14, 21

Fremdenverkehrsabgabe 114, 115, 119 - 121
Fremdenverkehrsamt 49 - 54, 60 - 62
• mit Sonderrechnung 53
Fremdenverkehrsgemeinschaften 103 - 106
Fremdenverkehrsorganisation 32 - 102
• Organisationsformen/Organisationsträger 48 - 64, 68 - 78
• Orientierungsrahmen 34, 35
• öffentliche (gemeinwirtschaftliche) Aufgaben 35 - 37
• privatwirtschaftlich-orientierte Aufgaben 35, 79 - 103
Fremdenverkehrsort 1, 2, 3 - 13, 22 - 33
• Kur- und Erholungsorte 24 - 29
• Nachfrageaufkommen 13, 14, 15 f.
• Nachfragetendenzen 19 - 22
• Problem der Interferenz mehrerer Fremdenverkehrsarten 15 - 19
• Spezialisierung oder Globalisierung 15, 18
• touristisches Angebotspotential 3 - 13
Fremdenverkehrsstatistik 124 f.
Fremdenverkehrsverein 71 - 79
Fremdvertrieb 98
• Zusammenarbeit mit Reisebüros und Reiseveranstaltern 87 - 91, 98 - 100

Gebietsgemeinschaften 103 - 106
Gebietswerbung 46
Gemeinnützigkeit 74, 75
German Soft / City Soft 87 - 90, 98, 99
Geschäfts- und Dienstreiseverkehr 13
Gesundheitsstrukturreform 29, 30
• Gesundheitsreformgesetz 30
• Gesundheitsstrukturgesetz 30
• gewerbliches Angebot 7, 8
• Kostendämpfungsgesetz 30
GmbH 62 f., 68 f.
• Beteiligungsgesellschaft 68 - 71, An-

hang A
• Eigengesellschaft 62 - 64

Haftungsproblem 61, 62, 84 , 85
Haushaltsplan 52 - 54, 59
Heilbad 27, 28
Heilklimatischer Kurort 27, 28
Heilkurverkehr 29 - 32

Imagewerbung 36, 37, 38 f.
Incentive-Reisen 96, 97
Informations- und Reservierungssystem (IRS) 81 - 90
Infrastruktur 8 - 10
Innenmarketing 74
innere Werbung 43

Jahresrechnungsprüfung 57

Kameralistische Buchführung 53
Klima 4 - 7
Kneipp-Heilbad 27, 28
Kneipp-Kurort 27, 28
Kommerzialisierung 35, 67
Kommunalabgabengesetz 114, 115
Kommunikationspolitik 36 - 48
Komplementärsituation 2
Kongreß- und Tagungstourismus 14, 15
Kooperation 3
Kooperationsstrukturen 103 f.
 • interregional 103 - 106
 • intraregional 106 - 110
 • national 110 - 113
Koordinationsziele 3
Kur- und Erholungsorte 24 - 29
 • Anerkennungsvoraussetzungen 25 - 29
 • Begriffsbestimmung 24, 25
 • Unterteilung 25 - 28
Kurabgabe 114 - 119
Kurformen 29 - 32
Kurverwaltung (Eigenbetrieb) 48 - 51, 54 - 62

• Entscheidungsstruktur 55 - 57
• kaufmännisch-wirtschaftliche Betriebsführung 57 - 60
Kurzreiseverkehr 21, 92
Küstenbadeort 27

Landesfremdenverkehrsverbände 106 - 109
landschaftliche Gegebenheiten 3 - 7
Logo 40, 45
Luftkurort 27 - 28

Mailing-Aktionen 98
Marktbeobachtung 19
Marktforschung 19
Marktsegmente 14, 15, 38
Medien 39
Multiplikatoreffekt 143, 144
Mund-zu-Mund-Propaganda 43

Naherholungsorte 14, 25

Öffentlichkeitsarbeit 36, 37, 46 - 48
ökonomischer Effekt 16 - 18, 139 f.
Organisationsformen/Organisationsträger 48 - 64, 68 - 78
Ortsbevölkerung 22, 23

Pauschalangebote 61, 80, 92 - 97, 98 f.
PR (= Public Relations) 36, 37, 46 - 48
Prävention 29 - 30, 31
Presseaussendungen 47
Pressekonferenzen 47
Primärumsatz des Fremdenverkehrs 140 - 141, 147
Privatisierung 67
Privatvermietung 129 - 130
Prospektwerbung 40, 42, 43

Regiebetrieb 50, 51 - 54
Rehabilitation 29 - 32
Reiseintensität 19

Sachregister

Sales Manual 101
Seebad 27, 28
Seeheilbad 27, 28
Städtetourismus 14, 16, 21
START 87 - 90, 98, 99
stationäre Kur 29 - 32
Strandbenutzungsgebühr 16, 116

Tagestourismus 14, 16, 140, 141
Tagungstourismus 14, 15, 101
Tourismusmessen 101
Touristik-Service 81 - 87
touristische Angebotsfaktoren 3 - 13
Touristische Informations-Norm (TIN) 81, 87, 90, 102, 110
touristische Infrastruktur 8 - 10

überbetriebliche Einrichtungen 8 - 10

Verkaufsförderung/Verkauf 97 - 102
Verkaufswerbung 80, 92
Verkehrsverein 71 - 78
Vermarktungsaktivitäten 79 - 102

Werbung 36 - 46, 80, 92
 •Werbegestaltung 38, 39, 40
 •Werbemittel 39, 41 - 46
 •Werbeplanung 38 - 39
 •Werbeträger 39, 41 - 46
Wertschöpfung (aus dem Fremdenverkehr) 141 - 144, 147
Workshop 100

Zielgruppen 15 - 38
Zimmernachweis/Zimmervermittlung 81 - 87
 •Rechtsbeziehungen 84, 85
Zweitwohnungssteuer 121 - 123
Zweitwohnungen 14, 16, 17